城乡文化/文学关系
研究文丛

现实三重奏

中国当代城市文化分析

罗小茗 著

复旦大学出版社

序 言

罗小茗

勾勒现实,在任何时候都是一桩高难度的工作。在中国当代社会,尤其如此。整个社会体量庞大,现代以来的变动又十分迅疾,是一个原因;人们对于"何为现实"的理解不尽相同,则是另一个,而其中一个颇为隐蔽的难处在于文化在现实中的位置。

若只笼统地说,持续变动的现实是物质与人心胶着下的合成物,文化是此中介质,承担着磨合、协调与改进的作用,想来没有什么人会发表不同的意见。可在对现实展开认识和把握的实际过程中,文化的此种位置和作用,却常常为人忽视。它要么被视为一块有待挖掘与传承的活化石来供奉,要么被当做扭转颓势、促成经济结构转型的特效药来送服,要么被理解为消费社会里必然的吞吐物来批判,却忘记了:正是绵密悠长含混不清的文化,串联起物质人心,源源不断地生成社会现实。也忘记了,一个社会瞩目自身文化的首要目的,既非为了经济腾飞与软实力,也不旨在画地为牢自我辩护,而是要搞清楚身处其中,必须直面和有待改进的这一片现实。这种忽视和遗忘,使得社会中的文化很容易便被掐头去尾,取消作为中介的意义,继而否认其能动的特性。如此一来,人对文化的拿捏与规制自然方便得多,人们认识现实,将其勾勒分明,进而判断何以自处的能力,却也退化得多。而当普通人所遭遇的现实迅速膨胀,勾勒现实的能力却持续萎缩的时候,此消彼长之下,畏难情绪和回避心理难免高涨。

至此,如何在这轮自觉或不自觉的"退却"中,更充分地描摹和凸显"能动的文化",对其展开甄别,为我们辨认周遭的现实提供一些有用的线索,而非将勾勒现实的权利拱手让人,也就成为坚持这桩事业的人们要不断回顾和检讨的重点所在。

这也构成了本书的基本思路。

"辑一"侧重于锚定某一个现实片段中发挥着中介作用的文化的位置,据此重构那些看似已是事实的社会议题,看看它们的面目是否会由此不同,这些不同又预示着何种在社会过程中重视文化的契机。

其中,《"社会生活噪音"的诞生》的写作,源于一条社会新闻和一堂文化研究的方法论课。彼时,上海市政府正大力推广《上海市社会生活噪声污染防治办法》。为此，报纸[1]和新闻节目针对社会噪音的现象做了大量且持续的报道，"广场舞大妈"的形象被一再凸显，成为众矢之的。当时，在我租住的小区楼下，也有几支这样的队伍，每日华灯初上时便开始《何日君再来》的循环放送，让人不堪其扰。也是这个时候，上海大学文化研究系开设了文化研究方法论的研究生课程。首先需要解释和示范的一个问题，便是如何既区别于媒体所呈现的社会文化议题，又区别于基于生活感受的日常观察——绝大多数时候，这两者恰恰是相互映衬着构成合围之势，形成文化研究的独特对象。显然，在社会文化现象成为热点后被反复乃至过度报道的网络时代，从中发明和辨识出独特的研究对象，既是文化研究的特色所在，也是一大难点。有感于此，备课时便从噪音防治这样一个"社会事件"出发，以"社会生活噪音"为起点，搜集了当时报纸、新闻、论坛里关于"噪音"问题的材料，通过这些材料重构出这样

---

[1] 记录到此处，不由感慨，那个时候不仅人们还习惯于阅读报纸，上海街头也还有售卖各种报纸期刊的"东方书报亭"；短短十年间，改变的不仅是人们阅读的习惯，更要紧的是接受信息的基本框架。当头条新闻在 APP 上每过一个小时都有所变化的时候，当每个人订阅的公众号各不相同的时候，甚至于当公众号的编写为了追求速度而不再那么严谨的时候，不仅"头条"实际上变成了"更新"，"喉舌"这样的词汇失去了过往的含义，就连"高级黑"和"低级红"之间的界线也彻底模糊了。这无疑给研究带来了巨大的挑战：倘若在今天中国这样的媒体环境中，霍尔们会用什么样的方法来做"管控危机"这一类的研究呢？

一个现实的片段:"社会生活噪音"并非物理性的存在,而是由商品房的市场运作方式、转变中的城市公共空间、由此成型的私人空间和普通市民处理社会生活问题的可用之法,以及城市的公共政策和法律法规这几方面彼此接洽搭配、挤压而出的顽疾。仅以"广场舞大妈"为对象的整治,自然无力解决被如此挤压而成的"噪音"。因为真正催生出"噪音"的,并非精力旺盛的大妈们,而是中国式的"住房问题"。

锚定和凸显文化在中国式"住房问题"中的位置和作用,是王晓明老师主持的"今日都市青年的'居家生活':1990年代以来新的文化生产机制分析"这项研究的核心问题。[1]《城市青年的"居住理性"》便是基于该项调查数据的一篇短文,讨论在年轻人一致认为"我要买房"的背后,凝聚的是一套什么样的"居住理性",它不仅综合了经济计算、市场意识、价值观念,还包括对公共服务、稳定生活和未来社会的一系列的理解和预判。[2] 时至今日,"住房问题"业已有所变化。要么是过高的房价,早早让人放弃了攀登高峰的妄想,要么是家里有房,不必再操心"买还是不买"的问题。

---

[1] 该项目的集体研究成果,见王晓明等:《1990年代以来上海都市青年的"居家生活"》,上海大学中国当代文化研究中心、《探索与争鸣》编辑部,2016年10月。
[2] 颇感惭愧的是,在中国当代文化研究中心完成并出版了集体研究报告后,这一部分研究便被搁置了,以至于那些访谈资料至今都在我的电脑里"睡大觉"。

更何况，2023年初以来，经济下行，市场不佳，在大多数年轻人的心中，"工作"已经代替"住房"，成为更为吃紧的难题。然而，对中国人来说，只要住房的产权依旧和城市准入机制、子女受教育权和社会医疗保障等问题高度捆绑在一起，只要购买商品房仍是人们解决社会生活问题的支配性方式，那么，围绕"住房问题"而构建起来的城市式"居家生活"便没有真正的松动与改观，中国式的"住房问题"也依旧突出，深描与凸显作为中介的城市式居家文化，便仍是"刚需"。

如果说，前两篇是对由"住房问题"而来的城市文化的小小突袭，那么《参与"城市"：来自市民论坛的思考》《现实三重奏：作为社会文化事件的"我的诗篇"》和《"业余"的位置：当"彩虹"开始合唱》，则是聚焦于"文化如何积极介入现实"的三个具体个案。其中，《参与"城市"》是对2012—2015年期间"我们的城市"市民论坛的记录与反思。这个论坛，既是围绕当代城市问题——公共交通、住房、户口、公共卫生、城乡关系、假日调休等——展开的系列讨论，也是文化研究在上海这座城市里寻找空间，试验理性公开讨论，建设城市文化的一段历程。[1]《现实三重奏》一文捕捉

---

[1] 2017年2月26日，"我们的城市"市民论坛在季风书园上海图书馆店举办了第20期也是最后一期——"安家落'沪'？城市包容与第二故乡的可能"。2018年1月底，长期支持市民论坛、提供免费场地的季风书园关门。

的，是"工人诗歌"及其纪录片《我的诗篇》在当代城市文化生活中引发的层层涟漪，其呈现的是在城市梦和中产梦破灭后"个人往何处去"的困境。文章试图勾勒的，是这个现实困境——无论是身处这一困境中的个体还是于此看到了商机的资本的力量，正通过调用既有的观念（比如，"工人阶级"和"个人"），重启乃至争夺封存中的思想和历史资源（"诗歌""工人阶级的历史"），运用现成的媒介手段（众筹和云端放映等），将变动中的各个要素重新组织起来。如此一来，不仅新的个体如何形成的问题被正视和修正，个人与"工作"的关联需要重新解释，就连何者为"有"何者为"无"的界定，也在"工人的诗意"中被重新审视。《"业余"的位置：当"彩虹"开始合唱》，则借由上海室内彩虹合唱团凸显的"业余"在城市生活中的位置，进一步讨论正处于激烈变动中的"工作"与"业余"的关系。显然，在因《张士超你到底把我家钥匙放在哪里了》《感觉身体被掏空》等合唱视频而走红的"彩虹合唱团"身上，既早早凝聚了由AI来袭才被人们充分热议和重视的"人之多余"的工作问题，也从"操持休闲"入手，为思考这一问题提供了完全不同的路径。那就是，对工作的厌恶越是强烈直接，工作越是能以一种更为深刻和隐秘的方式支配着自身的喜好与取舍，不费心劳力的以消费为主旨的休闲，也就越发顺理成章地接替工作，成为注意力经济时代的另一重剥削之法。在这样的时刻，个体和业余/娱乐的关系，势必成为破局的关键。

最后，上述思考在《独异性社会中的文化赋值与数字劳动》中被进一步落实到"文化赋值"这个根本问题之上。一方面，经由文化的赋值与去值而生成的独异性逻辑，构成了当前不断关联起"数字技术"与"劳动"的核心动力，而这一切又离不开现代社会中人们对于"独一无二的个体"的假定、理解与追求。另一方面，由数字劳动所实现的技术体外化的过程越是顺滑迅猛，对个体的形成过程所造成的损害，却也越是巨大且无可挽回。这些都意味着，想要在数字劳动的"泛滥"中重新理解工作和个体的问题，就离不开在新的社会形势下对于文化、价值、劳动，乃至创造等一系列"常识"及其相互关系的全盘思考。

概括来说，"辑一"的讨论可以视为这样一种努力：既立足于文化的能动性，来重构社会现实的片段，又试图在整体性的社会图景中评估这一能动性，考量其可能的方向与前景。也是这一系列的讨论，指出了这样一个基本状况：文化既可能是涌动着的潜在动能，也可能是淤积中的巨大惰性。因此，真正推动社会、改善其自身状况的，并非形形色色的既有的文化，而是该配合上社会对它的反思，方有可能进步。换言之，在这里，过于忽视和一味依赖优良文化的能动属性，都不可取。尽管当社会整体状况不佳时,人们更容易犯的往往是后一类一厢情愿的错误。

顺着这一思路,"辑二"展开的,是对那些已经发挥了相当作用的文化作品的讨论。在这里,反思的对象是一般意义上的更为狭义的文化。展开批评的依据,却并非立意或审美,而是始终将它们视为一种正在发挥中介作用的文化,考察其解释与接合的作用,以及这种作用最终凸显的城市文化不得不面对的基本困境。换言之,"辑二"试图瞄准的,是正在发挥作用的文化中的动能与惰性。涉猎的对象,既包括现当代文学作品、流行一时的影视剧,也包括海派清口这一类的表演作品、过往的文化批评和御宅族文化。

其中,《组织起来》是在2008年前后对柳青《创业史》的重读。其潜在的对话对象,是那个时候开始流行起来的"重返社会主义"的文学研究,或者说,是因对现实的不满,而将自己空投到那段时间里,寻找"正面典型"的那一类研究。这样的空投是在"火中取栗"[1],还是当前畏难情绪和回避心理的另一重表现,是我至今仍感到困惑的事。《想象国家的方式》和《月光宝盒里的"归来"》则通过分析国产电视剧(《我的团长我的团》《生死线》《暗算》等)、电影《归来》

---

[1] "火中取栗"是竹内好辨析日本"前近代"思想史时主张的思想方法。

以及相关评论,来指出这种畏难和回避同样可能在影视文本中以认同和感动的方式发生。如此看来,"革命"也好,"理想"也罢,在对它们不甚可靠的重塑中透露出的,不过是郁结于中的如爱伦·坡笔下的"失窃的信"一般的秘密。由此,文化的惰性可见一斑。

《时事的滑稽》《城市结构中的"个人悲伤"》则进一步讨论此种狡猾的惰性。前者以周立波的海派清口为对象,指出有所选择的时事与由此制造的笑声,凸显的是对既有规则的遵从与默认。后者则围绕《涂自强的个人悲伤》展开,这篇受社会新闻的启发而写就的小说,在当时引起了不小的社会反响。当小说既伤感又含混地写道:"他从未松懈,却也从未得到。他想,果然就只是你的个人悲伤么?",实际引出的是如何判断此时正在当代中国社会中不断累积起来的悲伤的基本属性这个问题。通过分析小说呈现的个人命运的必然性,文章指出,作者对于"个人悲伤"的控诉,很大程度上仍是在既有的社会、城市和个人的结构性关系中发生的,隶属于改革后风行一时的城市梦破灭后的本能反应,却始终未曾出现突破这一结构、越出雷池的自觉。以至于在这样一次以文学的方式指认出社会悲伤的努力中,"继续活着,仍须被动地奋斗,这样的人生是否悲伤"这一类更为现实也更为严峻的追问,被悄然回避了。

如此看来，在当前的现实中，狭义的城市文化总是既潜藏着动能，又有着强大的惰性；它的作用，往往是以进一步而退两步的方式在发生。特别是，当人们普遍缺乏挑战既有但显然是暂时的"三观"和由此而来的安全感的心理时，更是如此。

在"辑二"的最后，通过对东浩纪的讨论，《压倒性便利下的"御宅"》引出了在由树状图模式转向资料库模式的过程中，个人的世界观如何真正形成的难题；也同时指出，对于虚拟文化的强势拥抱，从来不仅是文化侵略或市场操纵的产物，同时也必然是负有公众教育之责的媒体和公共部门与之密切合作的结果。

如此一来，也就导向了"辑三"，同时也是城市文化中不可或缺的重要层面：教育。如果说"辑二"中的文化，往往扩散弥漫在整个社会之中，需要通过文化作品加以定型，方能得到较好的把握和审视的话，那么学校教育则承担着有组织地传递社会中既有的文化的重要任务。"辑三"针对学校教育的讨论，既包括上海高中课程究竟传递了何种事关"社会生活"的理念，也包括在大学积极推行的通识课上，学生与知识、兴趣之间的新关系。

其中，《"社会生活"的障眼法》讨论的是上海二期课改中学校教育遭遇"社会生活"时的困境。有意思的是，时隔多年，我们发现，当年这一中学教育仓促应对"社会生活"，以至于进退失据的状况，已经蔓延到本科乃至研究生的教育之中，因为"一旦失去了解释和评价'社会生活'的这一环节，仅仅依靠实用性技能的传授，学校教育也就很难真正完成指导学生把握、理解，乃至创造性地想象社会生活这一教育的根本责任"。于是乎，在这样的混乱中，"文科无用论"的老调势必被反复弹奏，学校教育——无论哪一个阶段，却失去了定位自己进而捍卫自身价值的能力。《遥望的"生活感"》和《通向未来的船票》，既是对21世纪以来，文化研究参与在大学努力推行的通识教育中的自审，也是对这一进退失据、丧失判断力的状况蔓延至大学课堂的基本形势的刻画。

如果说，自改革开放，特别是1992年以来，仰仗于中国市场的蓬勃发展，中国大学似乎总可以有恃无恐地放任自流，那么现在，恐怕终于不得不到了面对这一切的后果的时刻。一时间，各种饮鸩止渴的方案源源不断地被输送到它的体内，独独事关"何谓教育"这一重要的文化问题，被高高挂起。《作为空间的中国大学》试图在网络教育空间快速扩张这一新的状况中，再次提出中国大学何以自我理解的问题。可惜的是，此后随着高校网络课程的迅速商业化和制度化，网络课程往往被视为既有教育中的一重添加物，而非新的教育关系出现的契机,重新思考大学教育的窗口期,就此关闭。

最后一篇《"做土"的问题》,无论是作为该辑的小结还是作为全书的尾声,都颇为合适。这是因为,它试图进一步明确"文化事实"这样一个概念,文化研究所欲把握和理解的现实,"既非泛泛言之,也不是一般的社会论断或主流媒体的话语呈现,而是明确指向以完成漫长的'文化革命'为目标而被持续捕捉,以便展开分析、批判、改进和累积的'文化事实'"。不仅如此,而且建议在大学体制内展开的文化研究,其步骤需要被调整为"首先是捕捉、辨别和整理一部分的社会现实,将其整理归纳为'文化事实',其次是从良性的社会文化生产的角度,就这一部分事实展开分析和判断,最后才是据此做出相应的诊断、建议和进一步的理论概括"。

若以这篇文章的建议来评价本书的话,便不难发现,一方面,作者是自觉或不自觉地向着这一个方向努力,但另一方面,事后来看,这样的"文化事实"的记录又是多么不充分。

行文至此,既是为这本小书做了一个相对完整的介绍,方便读者选择和阅读,也仿佛一镜到底,看到那个十五年来一步一步走近的自己。十五年的时间,说短不短,说长不长,它在历史长河中将得到什么样的评价,我们这些亲历者很难真正洞悉。好在不管世事如何变幻,文化研究依旧是天地之间那一片充满野性的土地,也是这样的土地,让人继续保留下一些奋不顾身的野气。无论怎样的天气，总有播撒四处的种子在泥土里，默默顽强地生长。就此而言，记录也好，教学也罢，都是野气和顽强的一部分，从来如此。

借此机会，感谢我的导师和同事王晓明先生。不仅因为他从中国现当代文学中发展出来的这一种文化研究颇为特别，于当下中国有着特殊的意义，更是因为，十五年来他在做人做事的过程中所示范的"文化研究"，既非纸上谈兵，也从不浪费或让渡一丁点展开思考和记录的权利。感谢"我们的城市"市民论坛的陈映芳和朱芒两位老师。虽然"我们的城市"已经告一段落，但它对于我理解中国大陆的文化研究，理解今天的城市问题，理解什么叫"力所能及"，都有着极为深远的意义。感谢刘睿、张珊珊曾为市民论坛设计出那么多出色的海报。感谢秦晓宇、陈畅涌、姚建华、王智明、陈光兴、张慧瑜、周志强、雷启立、胡疆锋等诸位师友，没有你们的组织和"催逼"，便没有这些记录的可能。

同时，特别感谢艺术家刘鼎老师的慷慨授权。本书的封面来自他于2021—2022年期间创作的系列作品《十字街头的信使》[1]

---

[1] 《十字街头的信使》一共包含四幅画作，分别为"解冻""抱歉我听不到你在说什么""孤云"和"葬歌"。该作品于2022年9—10月间在"星空间""信使刘鼎个展"中展出；详见"星空间 StarGallery"公众号：《刘鼎个展"信使"将于9月3日开幕》，https://mp.weixin.qq.com/s/w8HnPmNpFYFmOheb4NaFBw。

中名为"解冻"的这一幅。《十字街头的信使》记录了这几年里中国人特有的焦灼与苦闷。这样的焦灼苦闷,以及由此而来的躁动不安,甚至激愤与沉痛,既是"现实三重奏"的重要组成部分,是当代城市文化分析必须直面与辨析的对象,也为多重声部的长期合奏或冲撞保存下了炽热与憧憬,为更长久的美好生活做出更为坚韧的准备。细心的读者可以在这幅画作中觅到杜运燮 1957 年于"百花运动"后创作的诗歌《解冻》中的片段:

野花 没有被忘记 它也不自卑
迎风歌颂着丰盛的光和热
一个姑娘摘下一朵它:"它陌生,但也美丽!"

最后,也要谢谢本书的责任编辑杨骐和封面设计杨倩倩两位老师的辛勤工作。没有她们认真负责的考量与协调,本书便不会是如今这番模样。《现实三重奏》虽是针对当代中国城市文化的分析,但显然无法超然于时代的基调,而只是其中的一个小小片段。就此而言,它必然是多人通力合奏的产物,也由此记录下这个时代的心情与能量、限度与可能。

期待读者的批评和建议!

2023 年 12 月 19 日
上海,阴雨肃杀的冬日

目 录

序言

辑 一

"社会生活噪音"的诞生 　　2
城市青年的"居住理性" 　　33
参与"城市":来自市民论坛的思考 　　45
现实三重奏:作为社会文化事件的"我的诗篇" 　　67
"业余"的位置:当"彩虹"开始合唱 　　102
独异性社会中的文化赋值与数字劳动 　　126

辑 二

组织起来
　　——《创业史》阅读笔记　　150

想象国家的方式
　　——从热播的国产电视剧谈起　　177

时事的滑稽："城市"续篇　　198

月光宝盒里的"归来"　　213

"大众"何以"文化"？
　　——重读《大众文化的隐形政治学》　　227

城市结构中的"个人悲伤"　　242

压倒性便利下的"御宅"　　266

辑 三

"社会生活"的障眼法：来自课程改革的思考　　282

遥望的"生活感"：来自大类通识课的思考　　322

校外教育的歧路　　337

通向未来的船票：作为通识教育的文化研究　　353

作为空间的中国大学：来自文化研究的"课堂"观察　　382

"做土"的问题：文化研究"建制"在上海　　406

辑 一

"社会生活噪音"的诞生

> 我们可以从一个政治权力对噪音的立法,以及它控制噪音的有效性,判断这个政治权力的实力。此外,从噪音控制以及导引噪音的历史中,我们也可以看出今日正在构成的政治秩序的端倪。
>
> ——贾克·阿达利《噪音》

声音是城市生活必不可少的组成部分。人们无法想象一座悄无声息但运转自如的城市,却也对声音在城市里毫无节制的扩散感到不安。于是,充斥于城市空间中的声音,既为现代生活带来节奏、快感和刺激,又往往被看作需要驯服或重点管制的对象。一部治理"噪音"的城市历史由此展开。这意味着,对城市而言,"噪音"从来不是一个物理概念。人们对声音和城市空间之间关联的基本态度,决定着何谓

"噪音",而在此背后发挥作用的,则是既有的城市生活形态及其内在逻辑的变迁。在这一意义上说,城市驯服"噪音"的过程——这不仅包括什么样的声音被允许,什么样的声音被排斥,更包括了什么人需要对声音负责,什么人又拥有裁判声音的权力等等,本身便是对当前城市生活的社会关系和内在逻辑的持续调节和训导。

对中国城市的管理者和居民来说,"噪音"是20世纪80年代后期,由城市经济发展而来的一个新问题。此后,随着经济高速度的发展、城市大规模的扩张,"噪音"问题日益严重。和"噪音"相关的社会事件和媒体舆论,成为讨论城市发展问题时挥之不去的深沉低音,盘旋在城市上空。整个2013年,这一低音主要由两个方面共同构成。其一,是各地新闻中对"广场舞"等扰民噪音和相关事件的报道越来越频繁。这一类报道的重点,往往落在周边居民忍无可忍的过激举动(鸣枪、泼粪、扔酒瓶等)和要求政府加强管制之上。[1] 其二,是各地方政府着手制定相应的管制条例。其中,2013年3月,上海市政府出台了《上海市社会生活噪声污染

---

[1] 比如"广场舞扰民,男子鸣枪放藏獒""大妈跳广场舞扰民,家门前遭扔死老鼠""健身惹来大麻烦,纽约华人公园跳舞音乐扰民被铐走""大妈跳广场舞被泼粪,多次扰民被投诉"等。

防治办法》(以下简称《防治办法》)。[1] 围绕这一《防治办法》,上海地区的媒体更是有意识地展开了一系列的社会宣传和后续报道。

有意思的是,尽管在整个城市改造和扩张的过程中,甚嚣尘上的噪音往往由源源不断的工地噪音、房屋频繁买卖导致的装修噪音、越来越多的汽车和高架道路带来的交通噪音,以及日益密集的商铺贡献的商业噪音共同构成,而大妈们的"广场舞"不过是夹杂其中的小小音符,却在这一轮治理"噪音"的社会运动中,成为瞩目的焦点,因健身而扰民的大妈们,更是成了众矢之的。

显然,城市企图驯服的"噪音",从来也不是单纯的外来之声,而是在城市内部源源不断地产生,却被权力判定为多余的声音。在当前这个政府与市民看似彼此配合、共鸣不断的讨伐"噪音"的过程中,权力——既包括政府制定的法律法规,也包括媒体主导的社会舆论,究竟依据何种标准,将

---

[1] 地方政府出台的防治法规,呼应了普通市民对噪音加强管制的要求,自然是顺应民意之举。在一篇名为《〈上海市社会生活噪声污染防治办法〉实施有反响》的报道中,记者指出:"统计数据显示,《办法》实施第一周(2013年3月1日至7日),市民热线受理的社会噪声的来电数量为315个,比前一周(2013年2月22日至28日)的179个上升近76%,其中咨询类来电46个,数量较前一周翻番;求助和投诉类265个,比前一周增加73%,这显示出社会噪声问题的确给很多市民的生活带来了不小的困扰。"《新民晚报》2013年3月11日。

"广场舞"噪音判定为多余?这一标准何以形成,又呈现出当前城市权力的何种特征及其对"公共"的实际理解?最后,在既有的城市空间里,这一评判方式为何无效?对城市生活而言,这一类评判可能的效果又在何处?如果说,治理"噪音"同时也是一场城市自我保护运动的话,那么,这场运动实际上将人们导向了何处?在这里,真正的问题从来不是大妈素质的好坏,而是这一避重就轻的治理过程所凸显的城市权力对"公共"的基本理解,是这一理解得以壮大的基本逻辑与可能指向。

一、持续膨胀的"噪音"

略略回顾一下 20 世纪 80 年代上海市政府发布的管理噪音的法规,便可发现,这座城市中的"噪音"日渐膨胀,充斥于各色空间,进而被严格监管起来的轨迹。

1986 年 2 月,上海市政府发布《上海市固定源噪声污染控制管理办法》。此时,"噪声"被视为和固定设备、器材相关的声音[1],对这一噪声污染展开控制的适用范围则是"本市范围内的机关、团体、部队、企业事业单位和个体户"。尽

---

[1] 该《管理办法》一开头就说明:"本办法所称的固定源噪声污染,系指各种相对固定的设备和器材,在操作使用时发出的具有相当强度,超过规定标准,影响正常生活,危害公民身体健康的持续性声响。"《上海市固定源噪声污染控制管理办法》,http://www.shanghai.gov.cn/shanghai/node2314/node3124/node3177/node3185/userobject6ai720.html。

管该管理办法的第十条"禁止任何单位或者个人在室外使用影响生活环境或者危害居民健康的广播喇叭和其他音响器材",但对违反第十条者并无处罚措施,只是指出受噪音危害的单位或个人"可以向区、县环境保护部门提出消除此种影响或者危害的申请"。显然,在这一管理办法中,噪声被视为社会生产过程中出现的问题,是社会生产性或经营性活动导致的声音的冗余,而非个人生活事务的结果。其监管对象,往往是单位、企业、机关或团体。在不同单位、企业和各级政府之间的协商和协调,也就成为此时处理噪音的主要手段。在此过程中,作为个体的市民,既非制造噪声的主要责任者,也不被视为噪音的主要受害方。

不过,仅从生产角度认定和防治"噪音",显然无法跟上城市生活的变化。2008年,环境保护部、国家质量监督检验检疫局发布的《社会生活环境噪声排放标准》便明确使用了"社会生活噪声"(community noise)这一概念。[1] 新一轮法规对噪音的界定,不只和生产活动有关,更须与一整套城市社会生活的展开密切相关。鲜明体现这一点的,是2013年上海市政府出台的《上海市社会生活噪声污染防治办法》。该

---

[1] 此时,"社会生活噪声"指的还只是"营业性文化娱乐场所和商业经营活动中使用的设备、设施产生的噪声。"同时,这一《排放标准》在"医院、学校、机关、科研单位"之外,将"住宅"列入了需要保持安静的"噪声敏感建筑物"的范围。

《防治办法》不再费心明确噪音的来源，而是通过对城市空间的说明，定位和监管"社会生活噪声"。若对这些空间进一步归类，那么《防治办法》勾勒的实际上是三类城市空间。第一类仍和生产有关，但重点已经转移到了商业经营活动之上。在这一类空间中，不管是商业活动本身还是相关设施产生的噪音，都在防治之列。第二类空间，则集中在由商品房开发而来的居住空间之上。对这一空间中噪音的规定，围绕以居住为核心的个人生活展开；从装修噪音、家庭娱乐的声响、车辆的防盗报警到宠物的动静，它要求居民不仅要管好自己的车，也要管好自己的狗。而最后一类空间，则是城市中非营利的公共场所，包括公园、公共绿地、广场、道路、学校，以及新建住宅小区的公用设施，等等。针对这一类空间中急剧增长的噪音问题，《防治办法》特别区分了"公共场所"和"特定公共场所"。而"特定"之所以特别，只在于它已经是"健身、娱乐等活动噪声矛盾突出"的公共空间。[1]

根据城市空间类型来定位噪音，这一做法并非偶然。如果说在20世纪80年代，生产性活动是制造噪音的首犯，那么如今，恰恰是变动中的城市空间，构成了城市噪音最重要

---

[1] 有意思的是，正是人们对这些空间的运用方式——一起而非单独的健身、跳舞、唱歌，带来了"谁有权判定何者为噪音"的冲突，使得这一类空间变成了主管部门眼中"特定公共场所"。在这里，正是权力对"噪音"的界定，让"公共"一词变得越发暧昧起来。

的驱动力。而主导这一时期城市空间变动的,是90年代以来大规模的商品房开发。围绕着商品房这一新型居住空间,以及由此增长的商业空间和公共空间而出现的噪音问题,被事无巨细地写入《防治办法》,成为其主要内容。这意味着,新型居住空间带来的噪音,已经替代生产活动中的噪音,成为城市防治噪音的重点对象。

与这一变动相呼应,该《防治办法》保护和防范的对象,也转移到了居民或业主身上。虽然"和各级政府、居委会和有关部门协商解决"仍被写入其中,但一个重要的变化是,作为个体的居民不仅可以"向环保部门和公安机关投诉、举报","要求行为人停止侵害、消除危险、排除妨碍、赔偿损失",而且"对侵害自己合法权益的行为,可以依法向人民法院提起诉讼"。在这里,《防治办法》明确将作为个体的居民,视为被噪音污染的首要单位,阐明了其保卫自身权益的途径。

乍看之下,无论是诉诸保卫自身权益的主体,还是处罚制造"噪音"的个人,都不过是住房私有化和个人权益意识提高的后果。在这一意义上,驯服"噪音",尤其是那些伴随着新的生活方式而来的噪音,顺理成章地成为了居民个体之间的战斗。不过,问题在于,城市中日益膨胀的"社会生活噪音",果真只是那些享受着现代生活的便利,却又自私自利、毫不顾忌他人感受的居民个体——跳"广场舞"的大妈不过是这一形象的代表——生产出来的吗？

二、"噪音"的缩略

《防治办法》对"社会生活噪声"的分类和描述不可谓不详细。不过，倘若对比一下人们在日常生活中抱怨的"噪音"，便会发现，法规定义的只是城市生活噪音的缩略版。

仅以上海居民为主要用户、讨论社会生活问题的"宽带山"论坛为例。在2006年6月到2014年2月间，讨论生活噪音问题的帖子共有400多个。涉及的噪音种类颇为多样，既包括邻里之间的生活噪音、"广场舞"噪音，也包括飞机起落的噪音、工地夜间违规开工的噪音、高楼居民的马路噪音、轨交车辆的进站噪音、高架道路的噪音、公共交通的广告噪音、商业活动的演出噪音等等。其中，最受关注的是两类噪音。一类是公共场所噪音。不过，较之于《防治办法》明确规定的公园、广场等场所，议论频率更高的是机场、高架、轨交、工地、商业街道上的广告等带来的噪音污染问题。比如，充斥于公共交通和出租车的屏幕广告的噪音对人的干扰不可谓不严重，却往往因为它所处场所的公共性质模糊，纠缠于其中的商业利益又着实巨大，被搁置起来。另一类则是《防治办法》努力规范的邻里生活中的噪音。虽然大多数网友控诉的都是投诉无门的惨痛经历，进而指责邻居道德水准低

9

下,但也有网友指出,这些邻里矛盾主要是因为"上海的房子在设计建造的时候,都没有考虑过噪音的问题。楼板薄,墙体薄。靠马路没有隔音层。大多数人都暴露在噪声中。由于房子太贵,也不太能轻易换房。……房屋质量导致的,楼上轻轻的动作,楼下就被放大到很响"[1]。在这一分析中,住房质量和高企的房价,构成了邻里之间因生活噪音而发生矛盾的深层原因。

尽管论坛实际形成的讨论,对"社会生活噪音"的看法不一,且习惯于将公共问题转化为个人居住的难题,不过由"宽带山"论坛用户描摹的这一张社会生活噪音的地图,仍凸显出现有法规在定义"噪音"时的缩略之法。

显然,在《防治办法》中,权力更愿意判明和规定的,是由个人造成的也因此更容易明晰责任的噪音,而对同时纠缠着商业利益和公共利益,因此更难规范和处理的噪音,则倾向于做笼统和含糊的处理。比如,针对噪音源头,《防治办法》只是要求"市和区(县)规划行政管理部门在组织编制城乡规划时,应当根据各类社会生活噪声可能对周围环境造成的影响,合理确定规划布局","隔声设计要求的落实情况

---

[1] http://www.kdslife.com/thread_1_15_7229974.html。有趣的是,尽管这位网友愿意向人们指出房屋质量是导致噪音的根源,但他并不认为改变现有住房的设计是可能的,而是认为唯一的解决是:"除非去买独栋别墅"。

应当作为验收内容之一"。然而，城市生活对"安静"的要求，从来也不是一个物理概念，它总是随着人们对社会生活理解的变化而改变。当对噪音源头的规定，回避了对社会生活的公共属性的讨论时，也就只能依赖于含糊的技术规定来预防噪音。

小心翼翼绕开一切可能的难题，无意于挑战任何既得利益，以至于总是在那些更容易处理的问题上展布权力，这也许是今天地方政府在制定大多数行政法规时的通病。这一避重就轻、详略不均的"社会生活噪音"的定义，在整个法规的宣传过程中，势必衍生出进一步的后果。

为配合《防治办法》的出台，从2013年开始，上海地区的电视台、报纸和网站等展开了相应的专题报道。在这一轮报道中，装修噪音、邻里相处的生活噪音、商业场所的噪音、公共交通的广告噪音等，几乎全部消声。无论是"新闻透视"这一类的专题节目，还是报纸上的豆腐干文章，都不约而同将广场舞或健身扰民噪音视为"社会生活噪音"的典型。而当网上爆出"大妈纽约跳广场舞被拷"的新闻后，"广场舞"更是成为人们发泄不满的重要出口[1]，由"广场舞"扰民而

---

[1] 根据这一热点新闻，网易微博发起了"你觉得广场舞是否扰民"的投票活动，75.5%的网民认为"广场舞特别吵，非常扰民"，http://t.163.com/debate/1376277988230#fr=email。而在新浪发起的投票中，则有73.4%的人认为广场舞扰民，"非常困扰，制造噪音没有公德心"，http://ent.sina.com.cn/j/w/2013-08-12/10283985298.shtml。

来的暴力举动，也越发成为夺人眼球的新闻。

这一对"社会生活噪音"的议题设置，并非随意选择的结果，而是由新闻对"公共性"的要求决定的。对新闻报道而言，如果不想把邻里生活噪音、装修噪音等冲突，解释成家长里短和个人恩怨，以至于变为调解纠纷的生活类节目的话，就必须去探究导致冲突的更为深层的社会根源。这自然涉及到对那些更为根本的问题的揭示和挑战，比如，对二十多年来拔地而起的商品房质量的质疑。而如果这一类的挑战几乎不被允许，或压根懒得去挑战，却又不得不报道一些相对而言具有公共性的"社会生活噪音"问题，那么"广场舞"无疑是最佳选择。

不过，问题在于，大妈们的"广场舞"，在"社会生活噪音"被定义的过程中——这不仅是法规条文中的规定，也包括这一规定被社会舆论广泛接受、认可以及付诸实践的过程，究竟具有一种什么样的"公共性"？尽管在当代社会，多数人的参与或同一现象的重复出现，往往被假定为"公共"，不过，正如哈贝马斯所言，这实际上是将大众性和公共性混为一谈。因为消费者的集合，只是大众性的体现，并不直接构成公共性。有意思的是，他紧接着指出，"没有公共性，大众性也不能长久地维持下去"[1]。这意味着，我们既不能将人多

---

[1] 哈贝马斯：《公共领域的结构转型》，曹卫东、王晓珏、刘北城、宋伟杰译，学林出版社，2002年，第251页。

势众等同于"公共",也不必刻意往别处去探寻人们对"公共"的真实理解。需要进一步挖掘的,正是隐匿在人多势众的"大众性"之中的"公共性",看看它实际给出的到底是一种什么样的公共意见,得以维持将"广场舞"视为"噪音"典型的社会舆论。下面这篇企图规劝跳舞者"换位思考"的小文章,正可以帮助我们理解和分析这一点:

妈妈80多岁了,每次请她来我家吃晚饭,总想留她住下来。可是,她老是拒绝,再晚,也要回去。理由很简单,她每天四五点钟就起床了,怕影响我们睡觉。

写这个,倒不是想说我的妈妈有多伟大,我想,为儿女着想,几乎是每一位母亲的本能吧?

每天清晨,在公园、绿地、街角上,放着响亮的音乐欢快健身的人们,基本上都是为人父母的中老年吧?他们为什么不考虑到这么响的音乐,对于在酣眠的年轻人来说,却是噪声啊。难道,别人家的孩子,就可以不管不顾了吗?

当然,发出噪声的,不仅仅是一些晨练者。一些工地、商家,对周边人家的骚扰,有过之而无不及。治理噪声,已经成为一个民生难题。《上海市社会生活噪声污染防治办法》的发布,为此提供了法律依据。

对噪声,依法治理当然很重要。与此同时,也要提醒每一个商家和每一位市民,不妨换位思考——您自己也不愿意被噪声影响睡眠和生活吧?推己及人,如果因为你的行为,影响了他人,不脸红吗?[1]

较之于暴力交涉和网上的责骂之声,这篇文章的态度要温和得多。不过,作者的判断却毫不含糊,那就是跳"广场舞"制造噪音的中老年人,完全不考虑他人的感受,是自私自利的个体。这也是她展开规劝的前提。不过,在文章中,这一前提之所以成立,显然归功于以下几类区分。首先,是工作和休息的区分。在作者看来,如果对一个家庭而言,家庭活动应该围绕挣工资或支撑家庭经济的人的作息时间表展开的话,那么对一个城市来说,也是如此。保证工作者的休息,是毋庸置疑之事。因与工作无关的休息活动而影响这一类人,是不可取的;毫不顾忌地肆意吵闹,更是不体谅或搞不清状况的表现。其次,接着这一区分而来的,是青年和老年的差别。在这座城市中,持续创造经济价值和维持城市运

---

[1] 江砚:《换位思考》,《新民晚报》2013年01月08日。有意思的是,在上海地区,《新民晚报》的读者恰恰以中老年人为主。

作的是青年,他们的作息时间和生活状态,应该被优先保证和尊重。而老年人的休息活动,既不创造经济价值,也就可有可无,理应让位。对此,老年人应该保持谦逊的态度。到了这一步,文明和不文明的区分也由此出现。如果不接受上述的区分,不遵循这一由城市经济所支配的逻辑——工作与休息、付费与免费的等级关系,那么就成了不文明和没素质的表现。反过来说,对一个城市文明人的基本要求,就是认同上面这些区分和判断,并努力使自己的行为与之相符,受其驱使。

在这里,工作与休息、青年与老年、文明和不文明的区分与标准,并非因"广场舞"噪音才特别提出。它们不过是贯穿在今天的城市生活之中,一套完全受经济逻辑支配,且被绝大多数人不假思索接受了的价值观念:休息应该为创造经济价值的工作让路,不付费的休息活动更是如此。[1] 据此展开对大妈们的规劝,或理直气壮地要求他们"换位思考",则意味着,这是城市居民都应该遵守的无需讨论的"共识"。如果说《防治办法》对"噪音"的界定,还不敢带有如此鲜明的价值判断的话,那么媒体在讨论噪音问题、提供公共意见时,则充分运用了这一套价值观念,成功制造出了这一公共事件中的"他者"——不顾他人的自私大妈。

---

[1] 这一价值观念的另一面则是,那些拉动消费、创造着 GDP 的"休闲"方式,无论其实际的社会效果如何,一律理直气壮、备受推崇。

不过，有意思的是，这篇小文章在充分体现这一"共识"和判定逻辑之时，却也毫无意外地暴露出其所欲确立的"他者"形象，是脆弱而模糊的。这是因为，当文章企图通过"自己的妈妈"和"别人的妈妈"的对比，来确证上述意见时，却也带出了这样的疑问：那位平时总是4、5点就起床、不愿打扰子女的妈妈，在起床之后通常都会做些什么呢？一个可能的推测便是，这位老妈妈在自己家早早起床之后，加入的正是周边公园里健身娱乐的队伍。甚至于，正因为她热衷于这样的清晨健身活动，才不愿意住在子女家，一味遵守年轻人的时间表，而是希望尽快回到"自己的队伍"中。于是，在这里，与其说文章成功确立了"广场舞大妈"的他者形象，不如说正是此类论述方式提醒我们：尽管人人家里都可能有上了年纪的退休老人，他们也都可能成为健身大军中的一员，但在讨伐"社会生活噪音"的公共舆论形成的过程中，人们宁愿忽视这一点，坚持把跳着"广场舞"的"别人的妈妈"作为面目模糊、可供指责的"他者"。[1] 这让人不由

---

[1] 在搜狐焦点网展开的《跳广场舞扰民被泼粪你怎么看?》的网络调查中，"在你的家庭成员中，有人跳广场舞吗?"一题的回答中，28.49%选择"有，经常"，35.04%的人选择"有，偶尔"，36.47%的人选择"没有"。http://house.focus.cn/news/2013-10-30/4229772.html。这意味着，至少超过60%的受访者家中便有这样的广场舞参与者。如果算上其他活动的爱好者，这一比例会更高。

想起雷蒙·威廉斯在讨论"群众"时提到的那个浅白的事实，那就是谁也不会把自己的亲戚、朋友、邻居、同事以及其他熟悉的人当成"群众"。这意味着，"事实上没有所谓的群众，有的只是把人理解为群众的观察方式。"[1] 于是，在这里，我们看到的，不过是在定义"社会生活噪音"、形成公共舆论的过程中，一种特殊的观察方式的鲜活运用。这一观察方式，与其说是讨论噪音问题，不如说是通过设定一群面目不清的"广场舞大妈"，来取代对"噪音"的社会根源的实际讨论。

至此，这场将"广场舞大妈"视为"社会生活噪音"典型的公共舆论，其蕴含的"公共性"实际上是，再次确认城市生活中以经济为唯一标准的支配性价值观念，形成一种特殊的观察方式，供人使用。[2] 这一类的公共舆论，表面上表达了居民的共同诉求，但其依据的是经济的有效性原则，不断排斥对经济不再有用的人群，对其展开道德判断，往往成

---

[1] 雷蒙·威廉斯：《文化与社会》，高晓玲译，吉林出版集团，2011年，第315页。需要说明的是，单就是否将家人和朋友视为"群众"或"大众"这一点而言，中国社会的情况有所不同。由于特殊的历史经验所造就的社会记忆，对中国人来说，并无将熟悉的人或自己视为"群众""大众"或"屌丝"的社会文化障碍。不过，这并不影响威廉斯的论断的效力，即这些概念实际上都不过是一种社会性的观察方式。区别只在于，中国人对观察方式的使用之法不同。

[2] 此后，进一步的论争往往围绕大妈是否具有休闲的权利展开，"社会生活噪音"这一问题的焦点——城市空间改造以及在此过程中公共空间的确立与使用，也就此被转移。

为这一诉求的实际推动力。如此呈现的诉求，最终不过是在公共舆论层面，经济进一步脱嵌于社会的表现形式。[1] 它的效果，是将日益严重的"社会生活噪音"问题进一步"去公共化"。

不过，仅仅批评这样的公共舆论不够"公共"，或重申对"公共"的理想定义，恐怕无效。在这里，更需要检讨的是，在这一轮城市改造和空间再组织的过程中，由噪音这一社会生活问题涌动起来的广泛的不满与争议，为何无法催生出有效的公共性议题，形成对经济"脱嵌"于社会的反向制约，反而使之沦为了纯粹的个人事务？这一"去公共化"的过程，究竟受制于何种支配性的社会关系，完成了何种"趋利避害"的工作，又在保障什么人的利益？

三、公共空间与"噪音"生产

无论是《防治办法》、新闻媒体的宣传，还是由此形成的舆论，在某种意义上说，都是打着公共议题的旗号，将人们的注意力越发集中于个体行为之上。尽管如此，对此类讨论

---

[1] 在卡尔·波兰尼看来，市场社会始终包含了两种对立的力量，一种是自由放任，以扩张市场，一种是反向而生的社会保护运动，以防止经济脱嵌。这两种力量的对峙和相互作用，在各个层面展开，并不断创造出市场镶嵌于社会的新形式。参见卡尔·波兰尼：《巨变：当代政治与经济的起源》，黄树民译，社会科学文献出版社，2013年，第31—33页。

方式的分析，仍然把我们带回到了公共空间和"噪音"生产的关系之上。在此背后，则是空间生产和公共性得以形成的可能性之间的新一轮关联。

2013年末，在一份标榜为"中产和白领的报纸"上，一篇名为《取缔广场舞不缺法理支持》的短文，重申了之前那篇小文章的逻辑，只是把它说得更加直白了：

> 就算跳广场舞是"大妈"们的权利，我们也得把"大妈"们的权利与一般居民的权利放在一起进行比较，看看何种权利具有优先顺序。居民在居民区休息、学习、写作甚至线上上班，这些属于基本权利；跳广场舞有益"大妈"们的身心健康，但充其量也就是给生活锦上添花。况且任何权利的行使应以不妨害他人的自由和权利为原则，跳舞不能扰乱公共秩序，正是在这一点上，广场舞作为一项权利并不能得到法律的充分支持。[1]

和绝大多数对"广场舞"的报道一样，这篇评论按照噪音制造者和受害者的逻辑，区分出"大妈"和"居民"，并将

---

[1] 杨于泽：《取缔广场舞不缺法理支持》，《新快报》2013年11月26日，参见 http://epaper.xkb.com.cn/view/898373。

这一区分视为理所当然。而与这一分类法互为因果的是，评论认为，在这座城市中，某一部分人的休息权、工作权和学习权具有优先性。不过，也正因为如此，它带来了新的困扰。那就是，"大妈们的权利"和"一般居民的权利"究竟如何区分？显然，在日常生活中，这并非迥然有别的两类人，因为"大妈"往往也是"居民"。[1] 没有谁会坚持跑去离家很远的公园或社区跳舞健身，这一类持续的健身活动总是就地取材、就近展开。在今天的城市发展过程中，一个更为普遍的现象是，商品房开发到哪里，哪个小区的业主开始入住，那么不出一两年的时间，附近的空地——既可能是社区的公共地带、街心花园，也可以是路边相对宽敞的空地、商场门口，便开始聚集起健身或娱乐的人群。其中，不光有成为众矢之的的"广场舞"，也包括太极、交谊舞，以及小孩子们的溜旱冰等活动。参与其中或驻足观看者，既包括大妈们，也包括吃完晚饭出来散步的父母和孩子。

就此而言，认为"广场舞"就是便宜的，乃至免费的

---

[1] 哈贝马斯指出，福柯指认的建构他者的排斥机制，是一种内部与外部不存在交流，话语参与者和持反对态度的他者之间不存在共同语言的公共领域的建构方式，因此排斥和被排斥者之间构成对立且唇齿相依的关系。（哈贝马斯：《公共领域的结构转型》，第9页。）但在"广场舞大妈"的排斥机制中，这样的对立显然无法成立，人们的认同和彼此之间的指认，实际上由他们所处的具体空间决定。

休闲活动,进而将中产阶级和底层的休闲方式对立起来理解这一类生活噪音的产生,并不可取。因为如果拥有一套几百万的住房便算是踏入了中产阶级的门槛的话,那么参加这一类广场活动的中老年人便很可能位列"中产"。而指出这是革命年代中成长起来的人才会采用的活动方式,以便聚焦和指责某一年龄段的人群,也不完全合乎实际。[1] 因为如果把活动内容扩大一些,那么参与此类群体活动的,就不只是中老年人,青壮年和孩子往往也在其中,乐此不疲。

至此,无论是诉诸阶级还是诉诸历史文化,将噪音问题归咎于"广场舞大妈"这一特殊群体的解释,其效果都是使得由近20多年来的城市开发所造成的公共空间和噪音生产之间的关系问题,隐而不显。商品房开发带来的城市空间的巨大矛盾,也由此被遮蔽。实际上,越来越严重的社会生活噪音,恰恰是在购买商品房成为主流的获取住房的方式后,城

---

[1] 这也是媒体惯于采用的一个说法,虽有部分的解释力,但这样的解释力却只有在将"广场舞"作为一个"他者"孤立对待时方才成立。这是因为,此类利用公共空间、展开群体活动的做法,并非拥有革命青春记忆的中国大陆的独创。比如,郭恩慈对香港屯门公园事件的研究,便说明这一类对生活空间的要求,在香港社区同样存在。《"嘉年华式狂欢之躯体"的斗争——屯门公园长者之空间创造》,郭恩慈:《东亚城市空间生产:探索东京、上海、香港的城市文化》,田园城市文化,2011年。而在新加坡的街头,同样可以看到街头跳集体舞的场面,参加者多为外籍保姆。

市居民使用与之伴随的公共空间时出现的新问题。[1] 那就是，当购买商品房这一方式推动着城市空间的重新组合之时，可以供人免费使用、自由展开社会交往和群体活动的公共空间究竟处于何种位置？它往往以什么样的形式被纳入人们的居住生活？在此过程中，其公共属性发生了什么变化？一旦把"广场舞"之类的社会噪音放在这一背景中来理解，就会发现，它不过是近几十年来，城市空间的公共属性发生转变，且日益模糊之后呈现出来的具体"症状"罢了。

在中国，城市土地归国家所有。这使得在 20 世纪 90 年代房地产大开发之前，城市中绝大部分的空间，都有着明确无疑的公共属性。定义和认可空间的公共属性，对政府和老百姓来说，从来不是一个问题。[2] 然而，当越来越多的土地使用权被出售，供商业和民宅的开发使用，越来越多的城市空间在这一售卖中转化为私人空间且不断升值的时候，城市空间如何具有公共属性和具有怎样的公共属性，就不再只是

---

[1] 这当然不是说只有 90 年代以后新兴小区才有这类使用公共空间产生噪音的问题，而是指，当新旧小区中的住宅一律成为商品，可以被自由买卖之后，公共空间和私人空间的关系问题，也势必以新的面目开始出现。

[2] 这并不是说在这一时期，城市空间的公共属性就是铁板一块的。相反，在这一公共属性中，实际上仍有各种不同性质的归属权问题，比如属于单位、军队、地方政府等等。邢幼田指出，正是这些不同的公共属性，构成了城市大开发和土地买卖的前史。参见 You-tien Hsing：*The Great Urban Transformation：Politics of Land and Property in China*，Oxford University Press，2010。

"未被出售"或"仍受政府支配而非私人拥有"这么简单了。这是因为,空间获取其属性的方式,从来不止步于法律条文的规定,而是受制于整个城市空间结构的变化,受到在此过程中实际发生的社会关系对它的支配。

一个简单的例子,便是城市的公园绿地。表面上看,它向所有人免费开放,具有毫无疑问的公共属性。然而,随意翻看报纸上的房地产广告,"景观房"一类的命名意味着,无论是社区内部的景观绿地,还是社区之外的城市公园,都是为该处房产加分和加价的重要条件。[1] 房地产商无一例外地强调,在现有的城市空间的制约下——拥挤、嘈杂、缺少绿色,购房者只有通过付出更多的金钱,购买"景观房"或靠近公共绿地的房产,才能获取个人和自然景观之间安静且隐秘的"私享"关系。

当然,在现实中,这一类的允诺往往是空头支票。在针对"社会生活噪音",尤其是公共场所噪音的后续报道中,我

---

[1] 比如,"艾格美国际公寓掩映于人民公园、静安雕塑公园、复兴公园、静安公园、延中绿地等城市公园之中,在城市万千车水马龙的喧嚣之中据守最后一块静谧之所。私享项目内超大景观绿地,包括约 8 000 平方米中央湖景。前拥国际都市的繁华景象,后享延中绿地静谧生活,艾格美国际公寓犹如优雅的城市绿洲,让绿色生态礼赞生命真谛",《都心豪宅与国际酒店的完美融合》,《东方早报》2013 年 11 月 28 日。再比如,"万科悦城中心景观楼栋应市推出,震撼登场!该楼栋位于两条环绕水系交会处且远离社区外部主干道,实现无遮挡观景的同时更能享受安静、私密的家庭生活。楼栋前方紧靠社区全龄层景观带,内外观景视野俱佳",《年度感恩巨献 幸福由你选择 万科悦城年度大回馈》,《东方早报》2013 年 11 月 28 日。

们一再读到这样的抱怨：

> 家住大宁灵石公园附近的沈女士，本以为房子买在公园附近，可以给生活带来一抹绿色的安宁，不料却带来了夜夜连续不断的噪音困扰。她曾多次向有关部门反映，却没有什么效果，"究竟谁能还给我们安宁的生活环境呢？"[1]

> "当初选择这里的房子，旁边有公园还是加分因素，后来每天被噪音吵醒，严重影响了我们的生活质量，和公园做邻居反而减分。希望这个'办法'出来后，真的能还我宁静生活"，居民李先生提起噪音，一肚子苦水。[2]

显然，在整个规划城市和开发商品房的过程中，政府越是缺乏对公共空间的明确规划和有效供应[3]，缺失对房地产

---

[1] 《治理公园健身噪音将不再是"老大难"问题》，《上海法治报》2012年7月30日。
[2] 《闸北公园降音锦灏佳园舒心》，《晨报社区报》2013年3月13日。
[3] 当前，在为社区进行配套建设时，政府优先强调的是围绕居民日常生活展开的交通、购物、教育、医疗等公共服务的空间规划。当这一类公共服务的空间规划仍一再成为地方政府与房地产商间讨价还价的项目时，对居民展开共同活动的特定空间的规划，更是阙如。

商所需承担的社会义务的具体要求,那么公共空间的稀缺状态,就越是难以得到改善。在此种状况下,公共空间自然变得奇货可居;通过竞价获得优先使用权,成为合乎市场逻辑的消费行为。于是,在商品房市场中,公共空间及其优先使用权,不可避免地和个人的居住空间捆绑到了一起,进行销售。"景观房"不过是其中的一类罢了。[1] 然而,越是高价购买,越是理所当然地具有使用这一公共场所的权利,却也成为隐藏在高价兜售的"景观房"背后的逻辑。因为就近使用的特权一旦被如此出售,那么无论是房产广告推崇的象征着中产阶级趣味的人与自然之间的静谧关系,还是大妈们聚到一起的公开活动,都不过是"私享"的不同方式而已。随着居家空间的倍增、公共空间的匮乏而出现的"广场舞"噪音,实际上是同一类消费者采取的不同私享方式间的冲突。至此,围绕着城市中可供自由使用的公共空间,政府、房地产商、购房者和使用者之间已经形成了一条环环相扣的利益的链条。空间的公共属性在这一利益链条中,早已变得模糊不清。

---

[1] 大卫·哈维早就注意到了在资本主义制度下,这一类必须占领具体地点的公共场所的特殊性。就此而言,无论是公园绿地、轨交车站,还是图书馆、医院和学校,尽管它们都是公共的,却不可避免地属于一个具体的地点,使居住在这一地点周围的居民更多地受益。就此而言,公共场所的公共属性,并不是那么理所当然的。也正是这样,空间平等的问题,被凸显出来。David Harvey: *Social Justice and the City*, University of Georgia Press, 2009.

此时，再来考察一下讨论"广场舞"之类的公共场所噪音时的另一种声音，是有意义的：

> 老百姓日益强烈的健身、娱乐欲望，与当下逼仄的公共空地形成的强烈对比。城市规划设计时，如果一开始就考虑到居民的社交、娱乐等需求，那么就能从空间上协调好不同群体的利益，将矛盾遏制在萌芽阶段。[1]

这是少见的对政府缺乏规划和疏于考虑的批评之声。不过，如果把这类意见放到由政府、房地产商、购房者和使用者共同构成的对公共空间的现有支配模式中去看时，便会发现，这一类的批评并不像它表现出来的那样尖锐。因为在当前业已形成的这一"稀缺—销售—私享"的模式中，公共空间的增加，往往只能一再陷入这一跟随或弥补房地产开发的弊端而来的使用模式之中。更糟糕的是，在这一模式中，政府刻意或高调规划的公共空间，往往成为房地产商进一步获利的手段。而消费者对新出现的公共空间的理解和使用，则受制于高房价，被越发牢固地限制在私享关系之中。

---

[1] 《广场舞噪音扰民 究竟谁来管》，《解放日报》，2013 年 11 月 26 日，http://data.jfdaily.com/a/7329004.htm。

显然，在这座城市中，商品房及其对公共空间的搭售方式，已经改变了既有的公共空间被定义的方式和实际含义。此时的公共空间，既不是社会主义时期被单位、机关或政府明确赋予组织含义、展开集体活动的场所，也不符合市民社会理论所设定的理想类型，而是由彻底商品化了的城市空间挤压而出的剩余物。其公共属性，既非由政府规划界定而来，也不是由人们公开和共同的自由使用所赋予，而是在其为周边商品化的空间提供附加值之后，被不同的私享方式催生出来的。这意味着，仅是呼吁公共空间在数量上的递增，并不能改变由商品化的空间来支配和定义公共空间的现实。只要不改变这种由房地产市场主导的对公共空间实际定性和征用的方式，那么由对公共场所的不同私享方式而出现的社会生活噪音问题，便很难得到真正的解决。公共场所噪音和由此而来的社会矛盾，将在那些通过竞价获得使用权的人们之间源源不断地爆发。

四、"微时代"的社会保护运动

不难发现，在政府出台的《防治办法》和其对社会生活噪音的监管方式中，并没有重新定义公共场所的企图。它所加入的，是这一既有模式的行列。那么，其加入的实际效果是什么呢？或者说，它所实际展开的，究竟是一种怎样的治理过程？

表面上看，它更像是上述模式产生的社会后果——"噪音"——的被动承担者，一则疲于奔命、四处灭火但缺乏效力的法规。报道显示，在该办法出台后，"12345"市民服务热线中有58件针对特定公共场所如健身、娱乐活动所发出的噪声投诉，但在抽查其中32件时则发现，仅有7件解决，解决率垫底，以至于投诉市民普遍对处理结果不满意，批评职能部门不认真处理噪声扰民事项。[1] 不过，如果不限于管制"噪音"的实际成果——之前的分析意味着它不可能成功，那么，《防治办法》就不是一个被动的承担者，而是对"社会生活噪音"这一问题中的制造者、受害者和监督者，以及它们之间的关系，展开了积极的重新定义。或者说，通过治理"噪音"的方式，将上述模式中不同角色间的关系，进一步明确下来。

首先，作为主导城市空间生产的推手，地方政府和房地

---

[1] 《限定"70分贝"能"降噪"吗?》，《解放日报》，2013年7月23日，http://newspaper.jfdaily.com/jfrb/html/2013-07/23/content_1063572.htm。这一类的报道并非个案。在《防治办法》出台之后，有多篇报道指出《防治办法》治理噪音不力。比如，《噪声依旧！小播放器与吹敲乐器齐飞》（《i时代报》2013年3月6日）、《新法实施已月余噪声扰民仍依旧》（《解放日报》2013年4月22日）、《"禁噪令"实施一月余 噪音扰民依然不绝》（《上海法制报》，2013年4月15日）等。有意思的是，该报道还透露了在这一时期，"12345市民热线"中噪音问题的投诉有254件。这意味着，针对《防治办法》所定义的"公共场所"的噪音投诉，在噪音投诉中只占22.8%。

产商理应承担社会生活噪音生产的最大责任。但《防治办法》的实施意味着,它们的所作所为是"噪音"治理的前提。无论是由哪一个部门出面监管社会生活噪音,都不可能对这两者进行警告和惩治。而在它们被彻底免责的同时,那些被动地购买和使用现有的城市空间的普通市民,成为制造噪音的主要责任人。

其次,更意味深长的是,在该《防治办法》中,地方政府再次确认了它在"社会生活噪音"问题上的管理者和调解人的角色。在驯服"噪音"的过程中,地方政府只是此类矛盾的裁判者,而非制造者。只有当其对居民个体或各色团体缺乏管理或惩罚能力时,政府才被追究责任。

最后,这意味着,居民想要拒绝"噪音",其抗争的对象,自然变成了每一个和他们一样,在有限的被规定的空间里生活着的个人。此时,尽可能地扩张个人利益,使得自身的权益得到保障,成为处理社会生活噪音问题的焦点。于是,就像那位一方面知道邻里生活噪音由住房质量造成,但另一方面仍把"买别墅"作为唯一解决办法的网友那样,人们越是企图解决社会生活噪音,就越是被驱赶到以个人私有的方式来处理和想象公共问题的轨道之上。

至此,如果把整个社会生活噪音的治理过程视为一场社会自我保护运动的话,那么实际完成的,不过是借助于人们对"噪音"的不满和反抗,重申了主导城市生活的经济逻辑,使人们进一步远离"公共",陷入更为被动的原子化状态。在此过程中,经济"脱嵌"于社会的进程,并未被真正制止,而是加速运行。它既表现为在城市化这一大规模的空间变动中,政府不愿履行定义"公/私"界限的职责,将这一权力拱手让给了市场;也表现为在房地产市场中,地产商们对公共空间踊跃地夹带私售,消费者们对此种搭售方式的积极认可和追捧;更表现为,当这一空间属性的难题以"广场舞"噪音的形式出现时,公共舆论无力挣脱商品化空间对个人利益的约束,难以形成对社会整体利益的切实判断。[1]

这样的结果显然无法让人满意。究竟如何在社会生活噪音越来越严重的时代,展开方向正确的保护运动,也就成了希望城市更为宜居的人们——既包括政府,也包括普通市民,应该认真思考的问题。就此而言,重新理解由"广场舞"或其他自发的居民活动所表现出来的城市空间公共属性问题,应该成为第一步。显然,这些活动说明,尽管公开自由、可以被市民任意支配的公共空间,总是落在由政府、房产商和

---

[1] 此后,人们只能通过更为经济的方式——购买更安静的居所或要求经济的赔偿,来驱赶"噪音"。管理部门越是推卸定义"公共"的职责,退守调节者的角色,由市场行为引发社会噪音矛盾的可能性就越是倍增,由此出现的社会矛盾也就越是激烈,对管理部门的指责,自然也就成倍增加。

媒体所共谋的空间商品化进程及与之相配套的生活方式之外，但只要这一共谋无法容纳实际的生活需求和共同生活的愿望，新的联合便会出现。人们需要做的，恰恰是正视实际生活中各式各样的联合形式的萌芽，抵制归咎于"他者"的诱惑，反思经济支配一切的价值观念，进而探索在这些联合中蕴藏着的重新定义城市空间公共属性的可能。

最后，无论结果如何，对整个中国社会而言，这一场围绕着"社会生活噪音"展开的治理过程，都具有相当的隐喻性。表面上看来，噪音是并不那么严重的社会矛盾，既不关乎经济，也不涉及生存，它影响的似乎只是城市生活质量的高低。这也正是人们乐于将这个时代理解为"微时代"的基本逻辑，既不再有生死存亡的大问题，也不再有大是大非的"主义"之争，一切都被理解为"以提高现有的生活质量为目的"的微调。然而，实际展开的驯服"噪音"的过程，则意味着，此类假想中的"微调"不可能成功。在任何看起来微不足道的城市治理的细节之后，都是主导着城市生活的政治经济领域的基本矛盾，是政府所应履行的公共权力与市场经济积极主张的私权之间的分寸之争，也是中国社会各阶层针对方生未死之间的"公共性"展开的激烈暗战。至此，"微时代"的命名看起来更像是一个骗局。因为只要不去思考支配着具体治理方式的主导性逻辑，不去理解固有的政治权力、行政权力、市场以及媒体话语如何规定乃至操纵人们对既有问题的思考方式，不去警惕由此催生出来的似是而非的公共议题和貌似正确的社会自我保护运动，那么，和城市中的声音问题一样，所有的社会难题都将被挤压到一条单一的音轨上，变得越发含混嘈杂、难以辨识，以至于积重难返。

2014 年 3 月 31 日

原刊于《文化研究》2014 年夏第 19 辑

城市青年的"居住理性"

一、住房经济下的"居住理性"

青年人的所作所为,一直是当代社会关注的焦点。21世纪以来,这一关注明显增加了新的议题,那就是城市青年与居住问题。这倒不是说,在过去,城市青年没有居住上的困难;而是说,居住从来没有像今天这样,潜移默化地影响年轻人,大规模地更新他们在日常生活中的行为方式和判断标准,牵制他们的热情和想象力,甚至改变了原有的理想、事业和爱情之间的格局。

可惜的是,到目前为止,人们总是把重点落在"是否应该买房""如何顺利获得住房"等经济考量或制度建设之上,而忽略由住房经济所主导的城市青年在经济感觉和社会想象上的整体变化。然而,当"裸婚"需要被大声喊出并论证其对错的时候,当"房怒族"(即虽工作勤勉但无力购房,由此感到低人一等的易怒青年）需要被特别命名，以示警惕的时候，这样的变化不可谓不鲜明。如何思考和理解这一青年自身的变化，也就变得格外要紧。

显然，居住之所以有如此巨大的影响力，和这一时期的社会发展方式密不可分。首当其冲的就是二十多年来中国城市的大规模扩张，不仅就业机会高度集中，教育、医疗、文化等公共资源也聚集于此。受此驱使，年轻人源源不断地涌入城市，寻找属于自己的安身立命之地。不过，等到他们登上城市这个舞台的时候，城市住房制度改革已基本结束，商品房市场一家独大的局面业已形成。将住房视为商品，成为社会主流的看法，在城市中获取居住空间的方式，也随之定型。于是，日日高升的房价，不仅每每指引年轻人对事业和理想的选择，就连爱情和婚姻生活，也和它挂起钩来。这既表现为，城市青年希望拥有一份收入稳定的工作而非轻易跳槽换岗，也表现为他们对结婚对象有相当的经济要求，更表现为越来越多的人将"居住空间"和"产权房"画上等号。

表面看来，城市青年对待住房的态度，几乎千篇一律，绝大多数人的心声都是"我要买房！"这样的态度，也很容易被看成新自由主义大获全胜的又一例铁证。不过，如果仔细考察的话，便会发现，在这千篇一律的背后，实际上是一套综合了经济计算、价值观念、欲望与审美、对公共服务的考量、对稳定生活的理解、对未来社会的判断等多重因素后形成的新的"居住理性"。它既非铁板一块，也并不那么斩钉截铁，反而常常自相矛盾，既充斥着生活的正常感觉，又不乏妥协和盲从。至此，如何理解其中的矛盾，伸张生活的正常感觉，指出混乱与盲目，为后续思考提供新的线索，也就构成了讨论"居住理性"的基本目标。

二、住房是资产吗？

对持续膨胀的商品房市场来说，人们仅仅知道"住房是一种商品"仍是不够的。一个更为基础和重要的"常识"还在于，"住房即资产"。卡尔·波兰尼指出，这一类的信条，是市场经济重要的虚构之一。然而，正是这样的虚构，构成了商品房市场迅速发展的基石，成为地方政府、房产商和主流媒体合力普及的新知。

通常人们会认为，在商品经济的熏陶下成长起来的城市青年，对这一信条的接受程度自然更高。尤其是在他们花了大价钱购买产权房之后，更是应该将住房视为资产无疑。不过，实际的情况显然要比这一笼统的判断来得复杂。

首先，虽然在调查中，有54.1%的人拥有产权房，59.7%的人将房产视为家庭资产，不过，如果仔细分析这个"59.7%"的话，便会发现，它所包含的群体，并不与"54.1%"重合，反而由一系列奇怪的错位构成。其中，最引人注意的是三类青年。他们在住房市场中的位置不同，对"住房即资产"的态度，也不尽相同。

一类是租房居住者。他们虽然没有产权房，却有 22.3% 的人选择将住房视为自家的资产。之所以出现这一状况，有两种可能。一是他们暂时还没有属于自己的住房，但在住房经济的熏陶之下，不假思索地认可了"住房即资产"的说法，以至于认为家庭资产就应该包括房产才对。一是他们虽然在上海工作居住，却已经在老家购买了的商品房，并视之为家庭资产。之所以如此，是因为目睹了大城市房价的迅速上涨，了解了"住房即资产"的知识却又无力购买，只能退而求其次，在房价较为便宜的家乡积极入市，占得先机。他们很有可能也因此具有双重身份，在上海是房客，在家乡是房东。不管是哪一种情况，这都意味着，尽管一部分城市青年在住房经济中处于非常不利的位置，但这并不妨碍他们接受"住房即资产"的说法，按此判断或行事，进而将大城市中形成的"住房即资产"的信条，扩散到周边乃至边远地区。

与之形成对比的一类，是还清房贷的购房者。按照一般的理解，他们已经无债一身轻，完全可以理直气壮地把住房视为家庭资产的一部分看待。不过，在他们中，却仍有 25.6% 的人不接受这样的看法，拒绝将住房视为自家的资产。

显然，在这 25.6%的人看来，一旦付清了贷款，住房便退出了市场，不再是有待买卖的商品，而只是自己的居所。房价的涨跌，资产的增值缩水，这一套交换价值的说法，虽然听起来激动人心，但都和自己的居所没有关系。对他们而言，"住房即资产"这样的信条，在"产权房"被彻底还原为"居住空间"之后不攻自破。

最后一类青年是购买了住房、但仍在还贷征途中的"房奴"。在城市青年中，该群体接受"住房即资产"这一观念比例最高，为 81.9%。更有意思的是，在他们中，每月房贷占据工资的比例越高，认为住房是家中资产的比例也越高。乍看之下，这一点颇为奇怪，实际上却更符合"住房即资产"的本意。毕竟，只有当住房仍属于市场中的商品时，价格的涨跌才具有意义，也方能构成所谓的"资产"。对"房奴"们来说，只要贷款一天没有还清，住房就一天没有彻底退出市场。而贷款的数额越高，其参与市场、与市场共振的程度也就越深，住房作为资产的含义也才越发鲜明。

如果说，上面这几类城市青年对"住房即资产"的态度，并不合乎人们的一般想象的话，那么，把他们自认为的态度和对家庭财产增长的估计联系起来看时，其中的差距就更显得惊人。尽管有 59.7%的人将住房视为家庭资产，但在估算近五年来家庭财产的增长时，却只有 14.9%的人将房产的增长计算在内。如此估算的结果,是只有 5.1% 的人,认为近五年的家庭财产增长在 15 万以上;而超过 70% 的青年认为近五年来,排除物价因素,家庭财产没有增长或增长缓慢。倘若把如此悲观的估计,和 2009 年以来迅速飙升的房价放到一起来看的话,就会发现一个有趣的事实:看起来大多数青年认可"住房即资产"的信条,更有 14.9% 的人主张将其计算在财产增长之内,可是,这样的经济知识显然并未转化为他们对家庭财产的实际估算。或者说,当被问起住房是否属于资产时,不管他们的主观态度如何,对他们中的绝大多数来说,在对家庭财产增长的第一反应中,实际上都没有把住房作为资产的增值考虑在内。

把上面这些现象综合起来看的话,或许可以得出这样几个推论。

首先,城市青年对住房和资产之间关系的理解,既不是二十多年来主流媒体和住房市场普及教育的当然结果,也并非"拥有产权房"这样"物质基础"便可以生产出来的"上层建筑"。相反,在目前的这一套"居住理性"中,住房是否应该被视为资产,在何种程度上能够被视为资产,这种对资产的认识是否真正进入日常生活的经济核算,仍有相当含混不一的理解。

其次,城市青年又的确是在市场经济中长大的一代。因为此类理解上的含混与分歧，并非对"住房即资产"感到陌生，而恰恰由更深入的理解而导致的。这一方面表现为，他们中的大多数自认为认可了这样的定义，据此理解住房和资产的关系，也表现为他们中的一部分人，对流动之于资产的意义，显然有着更明确的认识。正是基于这样的认识，他们有能力对此做出自己的判断，更灵活地把握"住房即资产"的信条。

最后，更值得注意的是，也是这样的城市青年，头脑中认可的经济信条和实际执行的日常生活经济之间恰恰是断裂的。"住房即资产"，从来也没有真正进入日常生活的经济计算之中。在这里，现实生活似乎在居所和资产之间画上了无形的界线。城市青年既没有被不断高涨的房价冲昏头脑，也就没有将住房视为资产的跨越雷池的野心。

至此，如果说，商品房市场得以膨胀的一个重要前提，是越来越多的人将住房视为资产，加入投资队伍的话，那么，这个前提在城市青年中仍未真正确立起来。对城市青年来说，居住空间与产权房之间虽然被画上了等号，但这样的住房，却并非不断升值、看上去很美的一串数字，而只是自己和家人的一处稳定可靠的居所。此时的"我要买房"，与其说是一种经济理性使然，不如说是青年人对生活的基本要求的伸张。

三、"住得偏小":改善与入市

看起来,对企图将人彻底经济理性化的"住房即资产",城市青年有着本能的拒绝。不过,这并不意味着,这样的"居住理性"便能据此看清资本的面目,拒绝市场的诱惑。对他们中的大多数人来说,购买住房为的是让自己和家人过上更好的体面生活。实际上,这种"好日子"的生活逻辑,远比"住房即资产"这一类的经济律令更为有效。正是它推动城市青年持续进入住房市场的轨道,欣然接受资本剥夺。

也许有人会说,对"好日子"的理解,城市青年肯定比上一代人来得宽泛,由此形成的生活样式,也更为多样。这样的乐观,明显低估了居住问题对青年人的影响力。在被询问"如果今后5—10年,您和家人的收入将稳步提高,且有较大幅度的增长,您首先会做的是什么"时,39.7%的城市青年选择了"买更好更大的住房,进一步改善居住环境。"而在访谈中,当被问及未来五年的打算或将来的理想生活时,受访者的回答也多是不假思索的一句——"买更大的房子"。那么,是不是这些人目前的居所太小,理应"改善"呢?情况恐怕并非如此。

调查显示,对那些已经购买了住房的人来说,无论其实际的居住面积是多少,一个普遍的感受就是"住得偏小"。其中，居住面积为 96—110 m² 的群体，感到"住得偏小"的比例为 50.9%，而在住 130 m² 以上的人群中，仍有 27.8% 的人觉得"住得偏小"。与之相应，在尚未购买住房的城市青年中，希望住 111 m² 以上的人占 36.1%，而愿意住 50—80 m² 的——这一般是政府提供的经适房的面积，仅占 4.7%。也就是说，即便他们中的大多数住进了经适房，也不会对居所感到满意。

于是，在目前这一套"居住理性"中，无论收入多少、目前的居住面积如何、是否拥有产权房，都不能真正消除"住得偏小"的感受。这意味着，这一感受，与其说是由实际居住面积而来的需求，不如说是弥漫在社会之中的一种普遍的情绪或欲望。这一情绪或欲望的来源，绝不简单。它既包括了主流媒体对"何谓居家"的极力鼓吹，广告在推销商品时对居住的种种暗示，也包括了房地产商持续更新的"家"的标配——"两个洗手间""衣帽间"……。它既来源于家门之外，不断升级的生活压力，使得青年越发希望在家里拥有更多的空间以便"任性"；也是因为有活力的社会空间持续萎缩，越来越多的生活内容被"强行"塞回了居住空间。"自己的书房"——公共图书馆太远，"自己的停车位"——小区停车位太少，"自己的游乐室"——孩子出去玩太不安全，"自己的别墅"——邻居太吵，所有这些对居住空间的新需求，也就变得大受欢迎。如此一来，实际的居住空间恐怕永远只能"偏小"，因为在生活压力、媒体和房产商的指引下，城市青年感受"拥挤"的能力，始终飙升得更快。

如果说这种感受力构成了对"好日子"的持续否定，那么它也构成了相当一批城市青年前赴后继、积极入市的动力源。正因为如此，在城市青年中，最关注楼市状况的，并非房地产商们宣称的"刚需人群"，而恰恰是那些购买了首套房，可以在商品房市场中，掌握时机，运用公积金贷款，以小换大，不断扩大居住面积的群体。对他们来说，住房从来也不是彻底的资产。然而，将既有的居住面积及时投入市场，加以"扩大"或"改善"，却是其参与市场、在资本竞争和生活重压下保护自己和家人，维持"好日子"的主要方式。

对此，最敏感的自然是房地产商。近年来，他们的宣传对象已经从之前努力论证的"刚需人群"转移到了这一批数量巨大、有待开发的"改善性人群"之上。政府和媒体当然也是鼎力相助。这不光表现为改善性住房政策的适时出台，也表现为在这一政策中，居住面积成为"改善"的唯一标准。

然而，上述分析已经说明，实际居住面积的增加，并不能真正解决由公共生活的困境所导致的"住得偏小"的焦虑感。更可能的情况倒是,当"居住的改善"被一味定义为"面积的增加"时,所有造成"住得偏小"的社会公共问题,都被转化为小家庭理应承受的赤裸裸的经济压力,以便买房买车,凭一己之力最终过上"好日子"。而如此奋斗的轨迹,既成为后来者向往和模仿的对象,又往往构成更新一轮的社会压力。

篇幅所限,此处我们讨论的只是"居住理性"较为基础的一个方面,即在制度、媒体和市场的合力之下,城市青年形成了何种理解资产、住房、居住面积乃至"好日子"的"居住理性"。显然,这一理性,虽能依照生活的直觉,否定"住房即资产"的虚构,却又很容易在其"有限的洞见"中,同样按照"好日子"的逻辑,陷入资本的迷局。

查尔斯·泰勒认为,一个时代的社会想象并非一系列抽象的理念,而是通过实践得到落实和理解的集体意识。那么,对今天的城市青年来说,时有洞见却又处处局限的"居住理性",恐怕便处于这一实践和生产社会想象的核心位置。此时此刻,是怀抱"好日子"的生活理想,乖乖加入这一被设计好的"改善"的合唱,还是意识到,这一设计不过是不断窄化"好日子"的障眼法,以便把城市青年的生活热情转化为对楼市不衰的终身贡献?想来,这样的质疑与反思,同样会被越来越多的城市青年纳入这一套"居住理性"之中,成为其进一步挣脱新自由主义的虚构,实践乃至构造新的社会想象的现实部件。

(本文所引用的数据,全部来自上海大学中国当代文化研究中心于2012年5—6月进行的"上海市青年的居家生活状况调查"。)

2015年6月17日

首发于《中华读书报》2015年7月29日

参与"城市":来自市民论坛的思考

> 城市权利是一种按照我们的愿望改造城市同时也改造我们自己的权利。
>
> ——大卫·哈维:《叛逆的城市》

一、"我们的城市":缘起与构想

今天,城市俨然成为每个人都不得不面对的庞然大物。它不仅规定着社会生活可能展开的方式,也规定了人们谈论和参与它的基本路径。这不光是指,人们常常不假思索地预设"城市是一个好东西",也是指,尽管城市的生长实际上由绝大多数普通人的劳作生活滋养和推动,但思考或想象城市的权利却总是旁落他人。然而,随着近十多年来城市化的迅速推进,这一暧昧不明地预设和不假思索地"参与"的后果,也逐渐暴露。当中国城市的拥堵、歧视与排斥、食品安全、空气质量、生态环境、老龄化、教育公正等问题日益显著之时，城市为什么好，究竟好在哪里才算是真正的好，这些过去很少被深究因而缺乏共识的问题开始浮现，引起越来越多的思考和争议。人们参与城市的方式，也随之改变。

2012年8月开始的"我们的城市"市民论坛，既是这一社会意识变动下的产物，也是中国大陆的文化研究走出学院、介入城市文化生产的一次尝试。这一尝试，主要基于对现实的三类观察和判断。

一类是当代文化研究网（www.cul-studies.com）在上海世博会期间的经验。2010年上海世博会的宣传口号是"城市，让生活更美好"。这个口号一经推出就遭到了批评，也提供了讨论城市问题的契机。在此期间，当代文化研究网展开了"我们的Better City"的网络讨论，出版了讨论11类城市问题的小书《"城"长的烦恼》。[1] 在整个过程中，可以鲜明地感觉到：一方面，人们对城市生活有着越来越多自相矛盾的思考，并不存在一个稳定的"好的城市生活"的基本想象；另一方面，既有的城市结构和媒体论述，又使得所有的思考，止步于最为表层的不满，而非将其持续转化为改造城市的积

---

[1] 也就是这一年的11月，上海胶州路高楼大火，消防无力救援。这一事件，既让人痛感当代城市问题之严重紧迫，又让人警觉，原来没有什么出版物当真地来讨论这些最切身的城市问题。于是，这一年《中华读书报》把这本小书评选为年度十大好书之一。

极力量。一类是随着城市文化产业的日益发达,越来越多的商业活动大打文化牌,以"文化"之名,将人们,尤其是在城市生活中格外活跃且尚未定型的年轻人组织起来,参与城市文化的消费。在这一形势下,如何能够与各色文化商业活动展开争夺,吸引年轻人关注城市问题,培养新一代的熟悉城市却并不受制于此的更为积极的"市民"?

最后,如此快速的城市化进程带来的各类问题,明显构成了一个新的问题领域,不仅急需各个学科间的相互配合,更需要不同的城市群体——管理者、行动者、普通市民、媒体工作者等——的共同参与与合力推动。然而,随着城市规模的急剧膨胀、城市生活的日益复杂,不同学科范式下的城市研究、城市管理者的治理思路、媒体报道城市的方式,以及普通生活者的城市体验,越来越按照各自的轨迹和想象行事,缺乏交汇和沟通的可能。打破这种各行其是、彼此抱怨、缺乏沟通的状态,对城市形成更为整体性的思考,已成为一项紧迫的工作。

正是上述观察和判断,构成了"我们的城市"的基本设想。从一开始,它为自己规定的任务,便是以"市民·生活·进步"为宗旨,"营造一个讨论的空间,为想象和创造新的城市生活各抒己见,为城市生活的进步贡献真诚和理性声音"。论坛的组织方式也由此形成。最初,论坛由当代文化研究网、上海交通大学城市社会研究中心和《城市中国》杂志合作举办[1]，希望以文化研究、社会学和城市规划这三个不同的视角为支点，展开一个公开讨论的空间。2014年开始，《城市中国》杂志渐渐淡出，上海交通大学区域与都市法制研究中心[2]加入。具体的做法未变，即集体讨论和各自负责相结合，定期（每2—3个月）设定一个和当前城市生活密切相关的议题，邀请学者、管理者、媒体人员和普通市民，展开讨论；每次论坛大约三个小时，前半场是嘉宾和评论者的发言，后半场则是开放的讨论。

到目前为止，论坛一共举办了12期，讨论的主题涵盖了城市生活的各个方面。既有和城市建设长期相关的基本问题，如公共交通、城市密度等，也有和社会事件彼此呼应的热点话题，如网络权利、打车软件等。每期论坛的参与者并不固定。火爆时，可能是百来号人把整个场子塞得满满当当；冷清时，也可能只有寥落的十几号人。而一个话题的热闹与冷清、媒体的后续反应，更常常出乎主办者的预料，不断挑战着我们对相关议题的判断和设想。

---

1 上海大学中国当代文化研究中心以当代文化研究网的名义主办"我们的城市"论坛，上海交通大学城市社会研究中心则由陈映芳老师负责，《城市中国》则是以杂志的形态参与其中。之所以如此，是希望打破都是学院机构在组织和参与的印象，更多地运用网络、媒体等多种形式的力量。
2 该中心由朱芒老师领衔。

二、"我们"是谁?

"我们的城市"将自身定位为市民论坛。从一开始,它就面临一个寻找"市民"和定义"我们"的问题。

在今天的主流话语中,"市民"似乎是一个再自然不过、确定无疑的称呼。一个突出的表现就是,在新一轮城镇化过程中提倡的"人的城市化",往往围绕赋予进城务工人员更多的市民待遇,使之成为真正的城市居民展开。这一提法,自然有非常明确的针对性。[1] 然而,由此忽略的一个问题是:一个人只要生活在城市,能够享受城市提供的各类公共设施和社会福利,他就自然而然成为"市民"了吗?

对"我们的城市"来说,这样笼统的"市民"并不存在。因为个人与城市的关系,实际上被牢牢限定在了他/她所隶属的城市空间之中。想要寻找"市民"和定义"我们",面临的第一个问题就是,在今天的城市中,什么样的空间可以让人畅所欲言地讨论城市问题?换言之,"我们的城市"可能在什么样的空间里存在?

首先,它不能继续逗留在大学空间里。对今天的大学而

---

[1] 那就是,今天的城市虽受益于外来者的贡献,却对他们高度排斥,表现得极为自私和无情;而如此发展的城市,也正遭遇越来越严重的瓶颈。

言，城市研究已经成为一门显学，城市研究中心或城市文化研究所之类的机构日渐林立，围绕"城市"而设立的项目和会议更是层出不穷。所有这些已经成为学术体制的固有部分，成为学科内部的死循环；既无力打破不同学科、不同领域之间的壁垒，也很难真正踏破学术和日常生活之间的界限，形成整体性的视野。换言之，今天的大学空间，已无法胜任为城市生活积累智慧、提出挑战的任务了。逗留于这样的空间来讨论城市问题，不过是死路一条。

其次，它也很难存在于由政府主导的大大小小的公共文化空间之中。目前，上海市的文化公共服务正得到越来越多的重视，各级图书馆或市民中心的建设日益完备，即便是社区图书馆也有非常好的硬件设施，有能力举办针对周边居民的各类讲座。不过，这样的空间显然具有天然的保守性。这不光是指此类公共文化空间，有一贯的上报审核制度，以确保内容的"安全"，也是指在这种"安全第一"的思路下，名人效应和养生保健往往成为其提供文化服务的首选，更是指提前一年的预约制度，使得这样的空间实际上不可能及时回应正在发生的社会现实。[1] 至此，由政府大力推动和掌控的

---

[1] 相对而言，市一级的图书馆对城市问题的理解更为多样，在时间安排上也更为灵活，但其会员制一类的做法，或者优先为基层政府官员服务的思路，却使得参与群体更加固定和雷同。

公共文化空间，所能提供的只是流水线式的文化订制。想要利用这一类的空间，打破原有的各种区隔——阶层、职业、年龄等，整合城市问题，对现实给出快速的反应、提出有争议的论题，几无可能。

最后，十几年来，在上海城市空间改造的过程中，越来越多的由商业资本控制的新兴文化空间开始出现。这样的空间，大致分类为两类。一类是喜马拉雅艺术中心、外滩22号、K11这样的空间。它们凭借雄厚的资本，支持或高雅精致或另类先锋的文化活动，以此为地产和商业增值。另一类是散落在上海各处、相对较小的独立空间，比如书店、咖啡馆、小剧场等，由文艺爱好者、手工爱好者、戏剧人士之类的群体得以维系。

三年来，"我们的城市"和这两类空间分别有过合作。最初，是与民生美术馆合作了一年多的时间。作为由民生银行资助的文化机构，民生美术馆对论坛内容的要求相对宽松，场地费则被置换为在《城市中国》投放免费的广告。这一合作之所以告一段落，主要是两个原因。一个是对这一类由商业资本控制的文化空间来说，"文艺"始终是首选。不仅因为这样的"文艺"更合乎一般人的理解，也因为这样的选择，可以更轻松地处理艺术和现实的关系，确立起经济和文化间的"和解"。相比之下，"我们的城市"想要讨论的一些话题，比如"食品安全""雾霾与公共交通""市民抗争"之类，未免太过刺眼，致使他们受到外来审查的压力。另一个是这一类特定的商业文化空间培养的观众更为同质，往往以文艺青年为主。[1] 如何找到更为多样的参与者，获得来自不同生活类型的感受和想法，也就成为在这样一个"高大上"的文化空间里，讨论城市问题的难度。2014年开始，在几位老师的联系下，"我们的城市"转而和季风书园合作。季风愿意免费提供场地，不干涉论坛议题的选择，并且它的读者群体也相对多样。[2] 到了这个时候，"我们的城市"论坛才算是逐渐稳定下来，比较顺利地运作至今。

可以看到，对"我们的城市"来说，"市民"从来也不是抽象的生活在城市里的个人。相反，他们是由不同类型的城市空间所限定和汇聚的群体。尤其是，当今天的城市空间高度割裂，以标签化和商品化的方式，不断将人群细分，加以区隔的时候，"市民"得以成立的空间条件，也就

---

[1] 对城市而言，"文艺青年"不仅推动着城市的文化消费，还不断创造出新的商机。然而，他们和城市生活之间，究竟是一种什么样的关系，是通过文艺进一步理解和思考城市生活，还是经由文艺，远离乃至摆脱城市问题，单是享受由文化经济带来的快感，这本身就需要更仔细的讨论。而这个问题，也是"我们的城市"在培养更积极的市民时无法绕开的。

[2] 感谢季风书园的严博非老师和于森先生。正是他们两位的大力支持，使得"我们的城市"市民论坛可以免除场地费用，以很小的成本顺利运行。在我的理解中，是严老师他们那一代人身上保存的80年代的自由风气和交往方式，使得论坛顺利开展得以可能。

变得格外苛刻。在此类区隔下，一个看似"自然"的结果就是：餐厅里的打工女孩，即便是在周末时间，也不太会出现在季风书园；上了年纪的大爷大妈，他们更愿意去"霸占"上海图书馆讲座的前排位置，而不是来年轻人的地方凑热闹；一个成家立业后的城市青年，他/她更愿意去巨无霸式的商场过周末，而不是去书店或者其他文化空间参与公共话题。[1] 而当这一苛刻的空间条件，使得人们越来越缺乏欣赏和理解同一个现象的能力，缺乏彼此沟通和交流的语言或渠道，以至于只能依赖于自己的视角、经验和利益，思考和判断城市的问题之时，城市权利的旁落不仅势所必然，而且日益严重。

至此，对"我们的城市"而言，首先就是通过提出这座城市以及以这座城市为代表的现代生活方式所共同面临的问题，来打破这一空间的限定。在这一意义上说，有可能成为"市民"的人，往往来自那些有兴趣穿梭于不同类型的空间，

---

[1] 对此，一个条件反射式的批评就是，"我们的城市"聚焦于中产阶层或白领青年，而忽略更多生活窘迫且被排斥的群体。这样的批评，的确捕捉到了一部分的现实，却也因此忽略了创造"市民"、获取城市权利时真正重要的问题。那就是，在如此割据的城市中，没有哪个空间可以天然地把所有人聚集到一起，也没有哪一个群体可以自然地逃脱这一被限定和被封闭的状态。仅仅是阶层的区分，并不能真正解决当前这一高度区隔的城市空间问题。

而非沉溺或将自己限定在某一类空间中的群体。[1] 如何在既有的空间限定中,发掘和养成这一穿梭往来以及综合的兴趣和能力,则是我们在实际操作中面临的难题。因为既有的空间类型,总是在每个人身上打上印记。每一个来到"我们的城市"的人,往往不自觉地受制于既有的空间类型,将各自的惯性带入其中。"我们的城市"也由此受到既有空间的规训或挤压。

首先,由于组织者和参与者大部分仍然来自学院,最鲜明的规训也就来源于既有的大学空间。自创办以来,"我们的城市"得到了一批不满于现有大学制度的知识者的大力支持。他们希望走出大学空间,通过更灵活的方式参与和影响社会议题。不过,这并不意味着这些人,也包括我自己,就能免除大学空间带来的积习或惯性。

在这里,首当其冲的便是表达的问题。在组织的过程中,大部分我们联络到的学院知识者给出的发言题目,常常既专业又晦涩,令人望而却步。"说大白话""通俗易懂""起一个活泼生动的标题"等,成为我们在沟通时,需要不断说明的要

---

[1] 当马克思说,工人阶级的先进性来自于他们对先进技术的掌握和大机器赋予他们的高度组织性时,这往往也意味着,昧于一个时代的先进技术和组织方式的群体,无论他们遭受怎样残酷的剥夺,也不一定就具有反抗的能力。对今天这个几乎被城市统治的时代来说,对城市空间的驾驭穿梭和重组的能力,恐怕需要列为理解和反抗这个由城市主宰的时代的基本技能之一。

参与"城市":来自市民论坛的思考

求。[1] 而在论坛的现场,更有不少学者,把会议发言、课堂陈述和参加公益论坛的发言,视为同一回事。这既意味着,他们的准备极为充分,有学术质量,也意味着他们的发言可能大大超时,不顾及听众的感受,因太过专门而使人失去参与的兴趣。

表面上看来,这不过是萨义德在《知识分子论》中所要求那一种知识分子表达或代言的艺术,没有得到充分的重视。不过,如果考虑到这是一部分已经意识到了走出大学空间的意义的知识者的所作所为的话,便会发现,问题远比"忽视"严重得多。它凸显的,实际上是今天学院知识者的普遍状态:尽管对大学空间感到不满,却仍然把这一空间中的各类形式——课堂、学术论文、发生影响的方式等等,这些形式往往赋予知识或讲授者权威的位置——视为理所当然,以至于对如何才算是真正摆脱这一空间的牵制,应该通过哪些新的形式确立思想在社会议题中相对独立的位置,缺乏更为深入的思考。[2] 而当讲者滔滔不绝地论述一己之见的时候,大多

---

[1] 对我来说,经常遇到的一个问题就是和嘉宾商榷他们的发言题目,请他们更多地考虑到前期宣传和现场效果,做一个"标题党"。即便如此,还是常常有人批评我们的题目或标题,不够接地气。

[2] 这一点在越是年轻的学者身上,往往表现得越是明显。比如:无法摆脱既有的学术规范(文献综述、理论铺陈之类)陈述问题;不愿意越出自己的专业展开讨论;不能很好地区分学术会议的发表和公益论坛的发言之间的差别;等等。这或许也就意味着,近十多年来,越来越分而治之的城市空间对青年人的影响力之巨大,哪怕是研究者自身也未能例外。

数参与者的身份也就退回到了"学生",而非积极参与城市生活和能够发现问题的"市民"。

其次,如果说大学空间的惯性总是渗透在"我们的城市"中,以至于让人无法满意的话,那么另一类空间则总是回避,以"拒绝加入"的方式发挥作用。尽管论坛努力展开管理者、研究者、传播者和生活者之间的对话或争论,但实际上,这个城市的管理者们却极少有人愿意到场发言。这种敬而远之的态度,既很好地说明了今天一定位置上的城市管理者对自身和城市关系的基本理解和整体风气,也标示出当前城市的分裂向度和部分缘由。[1]

最后,便是既有的媒体和传播空间的积习。对我们来说,每一次都希望尽可能地将话题信息扩散出去,让更多的人了解和感兴趣。[2] 此时便会发现,可资利用的媒体和传播空间,是多么狭小和单一。特别是论坛的这三年,正好经历了网站的衰落和社交媒体的兴起。通过网站发布信息的方式,逐渐

---

[1] 当然,这也不是铁板一块的,尤其是相对基层的管理者,他们的态度可能有所不同。在讨论禽流感这一城市公共卫生问题时,就有一名基层公务员参与讨论。对她而言,城市基层管理者的位置,不仅不能让她心安理得,反而因面对食品安全和公共卫生这一类问题的了解而倍感困惑,进而更加想知道,到底怎么思考这些问题才是对的。不过,这样的人,对目前的论坛来说,仍然属于零星的例子。

[2] "我们的城市"和媒体的关系如何处理,这一点在组织者内部也有不同的声音。对我来说,这种不同的声音,与其说是观点的分歧,不如说是不同类型的空间彼此遭遇,创造新的空间时必然会遇到的磨合过程。

失效。而在朋友圈里，人们养成的却又是疯转美食和个人兴趣，对此类难以归类的活动不置一词的惯性。针对这一状况，2015年2月，"我们的城市"开设了自己的公众号，6月又设立了与之相关的电台。在这一尽可能地争夺传播渠道和空间的过程中，"我们的城市"显然是一并经历着一段传媒演化史。

这些对空间惯性的描述，除了说明"我们的城市"作为一个新型空间诞生时的困难，更想要强调，在没有一分一毫的无主之地——无论是实体空间还是虚拟空间——的城市之中，想要无中生有，争夺和生产新型的城市空间，这一过程本身势必充斥着各种其他类型空间的痕迹、惯性甚至是陋习。如果论坛的组织者和参与者，对来自既定空间的惯性缺乏足够的自觉，也缺少积极改造的意识，那么，由彼此讨论、推进问题的方式乃至争议的气氛所塑造的"我们的城市"，就势必受到既有空间的挤压和规训，偏离形成一个新型的公共空间的理想目标。因此，对以此为志业的"我们的城市"而言，首先需要认真思考和展开争夺的，便是如何协调和改进这些惯性，使得它们摆脱原来的轨迹，为新的空间形式所征用。遗憾的是，就目前而言，对这些问题，我们的思考和相应的组织手段，还远远不够。

三、一个案例：成功还是失败？

可以说，三年多以来的"我们的城市"，正是最初的构想在上述空间的渗透挤压后形成的结果。它的基本形态，从最初确定的在实体空间中制造话题、展开讨论，又渐渐加上了通过主流媒体和自媒体传播话题和想法的这一部分。如果想要评价这一实体空间和虚拟空间相结合所构成的"我们的城市"的话，首先就会遇到一些标准上的困难。

在这里，仅以 2015 年 2 月第十一期的"回家过年?!——城乡之间的春节难题"为例。这一期论坛的基本设想，是围绕春节回家过年的这一"习俗"展开讨论。每年的春运大潮，政府提出的"常回家看看"的法律法规，以及在外打工者回乡后的疏离感，这些已经成为春节期间一再引发关注的社会文化现象。它们之间，既彼此矛盾，又相互关联。而这一"回家过年"中的热切、窘迫和强制，更是带出了当前城乡关系中一系列问题，比如人和家乡的关系、由城市规定的成功人生的标准、政府管理在其中的作用等等。论坛无法面面俱到地讨论所有问题，但希望可以从"春运""春节"和"回乡"这几个角度切入这一话题。

最初的想法，是通过邀请对"春运"有一定研究的学者，平时在上海工作、春节回家的打工者，并请学生梳理《人民日报》自 1949 年以来的春节报道来组织讨论。但不多久就发现，这一设想很难落实。一是没有找到从社会文化的角度研究春运的学者；一是请人联络的打工者不愿意参加，因为在他们看来，即便说了回乡的感受，又能如何呢？最后，这一期论坛由上海大学文化研究系的研究生唱起了主角。[1] 特别不凑巧的是，因为季风工作人员的疏漏，那天"我们的城市"和别的活动在场地安排上撞了车，最后只能放到季风书园的咖啡馆进行。受到场地的限制，整个活动的参与者大概也就是二十几个人。[2]

如果单纯按照现场参与人数来算的话，这一场显然不能算作成功。而如果以我个人的标准来评价的话，则有些矛盾。一方面，作为老师，我觉得学生们的表现非常好。他们在一个月的时间里梳理材料、准备发言，有自己的观点而没有一般的学术套话，在现场的表现也是冷静沉着，颇有一些做文

---

[1] 具体报告的内容为：邓剑（博士生）《春节，那些年（1949—1978）："革命"与"生产"》；张珊珊（硕士生）《春节，那些年（1980—2014）：节日消费的新浪潮》；行藏（博士生）《近"年"情更怯：春节回家究竟看什么》。前面两位的发言，主要基于对《人民日报》春节报道的整理，后一位则以自己的回家感受和观察为主。

[2] 不过，咖啡馆的一个好处是，在这场活动中，因为走过路过而驻足，听一会再走开的人也不少。一位路过的老先生在听了一会儿后就对我说，"你们学生讲的这些都太浅了，他们都是从报纸上看来的。应该请我这样的人来讲，他们讲的这些我们都是亲身经历的事情"。更有一位朋友，本来想去另一场，但走过这里便留了下来，一直到终场。

化研究的样子。但另一方面,作为论坛的组织者和主持人,我又的确不能感到满意,因为整个讨论的深度和广度,和原来的设想之间还是有不小的差距。[1] 如果按照两周内的媒体传播的效果来看的话,这次论坛的效果还算不错,但并不特别突出。[2] 活动结束后,"澎湃"、《东方早报》和《瞭望东方周刊》刊发了相关报道。[3] 其中"澎湃"和《东方早报》的报道,强调了"春节"这一节日的历史变化,完全省略了论坛对今日城乡关系下回乡问题的讨论。当询问为何如此报道时,得到的回答则是这篇报道要突出的是关于"春节"的知识。现实中的回乡问题也就"自然"被剔出了知识之列。

转折发生在农历新年的前一天。"澎湃"的记者用"市政厅"的公众号全文刊发了第三位讲者的发言,标题改为"一位博士生的返乡笔记:近'年'情更怯,春节回家看什么"。[4] 到了初三,这篇论坛发言在朋友圈和各大公众号得到

---

[1] 当然,对"我们的城市"来说,设想和实际效果上的差距,基本也是常态。只有在讨论特别热烈深入的时候,这种差距才会不那么显著。
[2] 这段时间是指从2月初到2月中旬春节之前。
[3] 《只有百年历史的"春节"是如何被发明的?》,《东方早报》,http://epaper.dfdaily.com/dfzb/html/2015-02/03/content_962587.htm;《那些"年",这些"年"》,《瞭望东方周刊》,http://www.lwdf.cn/article_1028_1.html。
[4] "我们的城市"论坛一直和"澎湃"之公众号"市政厅"保持比较好的关系,我们的发言稿大多可以在"市政厅"得到刊发。所以,按照每次论坛的惯例,论坛发言稿会发给"市政厅"使用。

了无数的点击和转发，成了春节期间最火的网文。如果说，之前"澎湃"的报道突出的是这次论坛中的"知识"的一面的话，那么在这次的网络转发热潮中，"乡愁"和"博士"则成为关键词。由此出现的由各大公众号和相关媒体推动的和"乡愁"有关的讨论，更是持续了一个多月，产生了很大的影响。

那么，是否可以据此认为，这一次论坛关于现实中回乡问题的讨论很是成功了呢？在我看来，却也未必。首先，这篇发言稿之所以成为2015年的一个媒体事件，显然和几个因素相关。其一，发言本身有不少打动人心之处，写出了离乡进城青年人的一些基本感受。其二，文章刊发的时间点也很关键。其时，正值年末，各大媒体开始放假。平日里大量生产内容的媒体机器出现了短暂的停摆，而作为自媒体的大量公众号，也出现了空档期。于是，在大年初一过后，当人们结束了"抢红包""摇一摇"之后再来刷朋友圈的时候，和春节回家有关的文章得到了空前的关注。其三，在当前城乡二元对立的结构之中，知识和生活的关系、在城市立足的难度、教育的付出与回报、由城市说了算的成功标准等这些问题，已经越来越成为人们窘迫感和无力感的来源，并且非常容易在春节这样特殊的时间点上集中爆发出来。

可以看到，在这一过程中，由论坛提供的议题与内容的确起到了作用，但真正厉害的力量仍然来自既有的媒体机器的运作规律和基本态度。并且，无论是之前"澎湃"以"知识"之名拒绝刊发，还是之后各路媒体一哄而上，把"乡愁""博士"和"知识无用论"做各色的渲染和利用，都让人加倍意识到，在今天城市文化的生产中，这一力量所占据的是多么盲目、功利而又具支配性的位置。于是，后续的争论虽然拉出了很多不同的面向，可真正将城乡制度对人的生产和人在现实中的经验结合起来，反思既有的城乡二元对立结构的讨论，却并不多见。[1] 相反，将社会制度及其历史，与人们的现实经验和情感相互隔离，成了绝大多数媒体在操作这一场讨论时的基本模式。这样一来，城乡二元对立的情感模式，不仅很难得到真正的破除，反而在这一轮声势浩大的讨论中得到了进一步的强化。[2] 因此，如果说按照这一期论坛原来的意图——在城乡关系而非彼此对立的思路中思考春节——去评价这一影响力时，又会发现，最初的意图并未得到真正

---

[1] 此处无暇检讨后续讨论中所出现的各类面向。总体来说，各类不同意见多以经验性的感慨为主。虽然有一些较为理性的声音，却无法得到真正的关注。

[2] 在这里，最极端的例子表现为这一年的人大代表也来凑热闹，借此谈论城乡二元结构的问题，并据此主张农村和城市的进一步"并轨"。《代表委员热议博士生返乡笔记：城乡一体化是出路》，http://news.sohu.com/20150305/n409352924.shtml。在这样的谈论中，当前这一类城市发展的正当性不仅没有得到检讨，反而被理所当然地强化，成为所有人齐步走的目标。

的实现。如此广泛的后续影响不仅没有打破既有的人们对于城乡二元结构的情感反应，反而在某种程度上进一步印证了此种情感类型在媒体传播和日常感觉中的根深蒂固和可资利用。

四、"做土"的能力

不过，对"我们的城市"来说，也正是这一次的经验，让我们意识到掌握属于自己的媒体平台的重要性。春节之后，"我们的城市"微信公众号正式设立。其目的是尽量扩展我们自己可以掌握的空间，持续提出新的议题和声音，以此与固定的现场讨论相呼应。在最近结束的这一期"疯狂的'赛'车"（对打车软件的讨论）中，前五星驾驶员钱斌先生的发言稿《出租车会消失吗？》创造了9 000多的浏览量。这意味着，在今天的自媒体中，一篇真正有看法的文章，不需要依赖所谓的学术伎俩，仍然能够得到社会的认可。[1] 而今年6月开始的"魔都夜奔"，则打算利用电台节目的形式，由学生自编自导，展开青年人的城市生活的相关讨论。可以看到，正是围绕"我们的城市"，旧有的参与城市文化的方式正在得

---

[1] 这是"我们的城市"自创设以来单篇文章所创的最高浏览量。这样的浏览量，也的确让我这样的习惯性躲在大学权威之下"发表言论"的人感到羞愧。

到重新的检验,而新的参与城市的手段,又被不断吸纳进来。

同时,在上海大学文化研究系,"我们的城市"市民论坛被列为文化实践课的一个部分。这意味着,学生如果只是把这个活动视为系列讲座的话,恐怕很难从中学到太多的东西。而如果把它看成介入城市文化生产的手段,视为对文化研究思考和参与城市的能力的检验的话,便会有很大的收获。"我们的城市"也将在这一学习过程中持续改进。

在一次针对文化实践课的讨论中,有学生提出应该多多让学生走上前台发言。这的确是一个很好的建议。不过,在我看来,想要在此过程中有所收获,真正要紧的并非谁在前台发言,而是通过一系列具体甚至于琐碎的事务,观察和理解文化在城市生活中发生作用的方式,不断意识到我们既有的参与方式的不足,并积极改进。在此过程中,你会发现,对今天这一模式的城市文化生产来说,单打独斗、孤胆英雄式的发言者,并不存在;在每一个言论者、每一个流行观点背后,都是一整套复杂运作着的媒体机制和空间区隔方式。

至此,当我们说文化研究应当改变现有的文化生态的时候,它的含义从来也不止于改变头脑中的想法。因为首先需要改变的正是我们理解个人和单打独斗的固有方式,改变我们对所谓的"琐事"的态度和处理能力。如何与发言人沟通,如何设计更吸引人的海报,如何宣传,如何做一个更好的主持人,如何与媒体打交道,如何维持一个公众号,如何定期发布信息?这些事情,每一件看起来都毫不起眼,也都没有让事情全然改观的可能。毕竟,要摆脱既有空间的限定和惰性,创造出更好的形式和方式,从来不容易。所有这些,都将结结实实地锻炼文化研究者介入文化生产的意识和能力。

鲁迅说:"泥土和天才比,当然是不足齿数的,然而不是坚苦卓绝者,也怕不容易做。"那么,对走出大学的文化研究来说,"我们的城市"首先锻炼的,就是这样一种"做土"的能力,并且,最终用泥土的力量改变世界。

2015年7月5日初稿

原刊于《热风学术》第十辑,2016年7月

附:

2012年9月—2015年6月
"我们的城市"市民论坛各期主题

1. 2012年8月 只剩游乐园的城市
2. 2012年12月 民以食为机
3. 2013年3月 拥挤的城市
4. 2013年6月 斗鸡:一场对城市公共卫生的挑战

5. 2014年1月　　市民与城市共成长

6. 2014年4月　　平等与速度：城市交通的公共性

7. 2014年6月　　住在魔都：大都市的居住焦虑

8. 2014年10月　　拿什么来养育你，我的孩子？——城市生活中的生育抚育问题

9. 2014年12月　　网络空间的权利保护

10. 2015年2月　　回家过年?！——城乡之间的春节难题

11. 2015年4月　　调休：被拼凑的生活节奏

12. 2015年6月　　疯狂的"赛"车

现实三重奏：
作为社会文化事件的"我的诗篇"

> 内部之生活强，则人生之意义亦愈邃，个人尊严之旨趣亦愈明，二十世纪之新精神，殆将立狂风怒浪之间，恃意力以辟生路者也。
>
> ——鲁迅：《文化偏至论》

整个2015年，围绕着"我的诗篇"，发生的事情真是不少。从年初北京皮村的现场朗诵、云端分享到天津大剧院的演出，从众筹拍摄、纪录片参展、获奖到包场放映，走向世界……几乎每走一步，它都受到同样多的赞誉和批评，被"匆忙吞咽"或"拒绝吞咽"。[1]

---

[1] 姜涛：《"混搭"现场与当代诗的文化公共性》，"我的诗篇"微信公众号，2015年10月4日。2015年12月31日该公众号发布的《我的诗篇的2015》，相当完整地记录了这一年里围绕"我的诗篇"和工人诗歌展开的一系列活动和相关争议。

在今天这样的传媒时代，为方便兜售而剪裁文化事件以便迅速消费的媒体诡计，并不特别令人意外。然而，这并不意味着，人们就此放弃将其作为整体性文化事件加以把握的愿望。我的好奇正在于，如果拒绝接受武断的切片，更完整连贯地看待"我的诗篇"，会有什么不同？那些聚焦于片段的解读，还会如此平顺和自然吗？如果让"我的诗篇"更为从容而非"快消"地呈现自身，我们真的有能力理解它吗？围绕它的舆论会因此发生变化吗？或者说，当人们最终必须和作为一个整体的"我的诗篇"面对面的时候，我们自身会不会有些许变化？[1]

一、三重现实的合奏

当然，作为一个整体性的文化事件的意思，并非标明各项活动发生的时间，为它算一笔流水账。因为物理时间的罗列，对理解整体并无帮助。在这里，第一步需要澄清的，是"我的诗篇"包含的三个不同层面的现实。它们既彼此交织、相互声援，又充满了抵牾和冲突。倘若我们对每一层现实状

---

[1] 在今天知识分子的"自言自语"中，我们经常可以读到这样一种言论，那就是人们已经丧失了整体性理解和想象世界的能力。那么，在把握世界大势、恢复这一整体性能力之前，完整地把握一个具体的文化现象，恐怕便是需要训练的基本功。

现实三重奏：作为社会文化事件的"我的诗篇"

况的切实意义并不了然，那么，当它们融汇积聚到一起时，自然更是令人感到困惑重重，难以把握。

首先，"我的诗篇"立足于一个非常重要、此前大多数人既不知道也不关心的现实状况。那就是，有一批人，他们从农村来到城市，用来维持自己和家人生计的，是最繁重的工业劳动；这样的劳动和生活状况，不仅常常耗尽心力，而且在人们眼中也和文学艺术离得最远。然而，恰是这样一批人，在中国社会变动最激烈、自身命运最不安的十多年中，坚持用诗歌记录自己的劳动和生活，记录他们对当代中国的基本感受。[1] 当这些感受被有效传达出来的时候，所能引起的共鸣，又远不止于这一群体本身。这是因为，无论从事何种职业，所属哪一阶层，今天中国社会中，同样为现实压力所迫，被生活意义和社会目标严重困扰的人群，正日益积压。

在这种状况下，这样一批特殊的时代记录者，无异于在中国这条水流湍急、汹涌澎湃的江河中，始终流淌着的一股顽强暗流。"我的诗篇"的第二层现实，便是呈现与传播这一股暗流，激发和扩散它所能引发的社会共鸣。这一呈现、传播和激荡的过程，从一开始就颇为特殊。一个自然是它的形式本身。一本诗集、一次小型的朗诵会、一段纪录片，乃至

---

[1] 这些感受，不仅是工人的感受，也是一个生活在当前这个时代，每个人都常常会有但从不细想的感受。

网络众筹本身，分开来看，哪一样都不是新鲜事物，更不是"我的诗篇"的创造发明。不过，当它们被有机地组织到一起，构成了一整条由现场朗诵、云端分享到网络众筹、演出出版，乃至后期包场和众筹放映的传播链条的时候，这一组织和传播的形式，则变得极为醒目。既充分利用网络媒体的力量，让各类记录之间彼此呼应造势[1]，又通过众筹这一资助形式，不断将不同类型的群体带入下一轮的关注和参与之中。[2]

这一系列传播形式在今天的媒体状况下之所以可能，则和另一个特殊之处密切相关，那就是吴晓波及以其为代表的媒体人和企业家对整个事件的推动和参与。根据吴晓波的说法，他偶然在《读书》上看到秦晓宇的文章，了解到中国还有一万多工人在写诗：

---

[1] 比如，云端诗朗诵，不仅有完整版本，还有每一个诗人、每一首诗朗诵的视频片段。这种多样的呈现方式受惠于其与爱奇艺等视频网站的合作。

[2] 实际上，众筹在《我的诗篇》的拍摄中起到的作用，与其说是提供资金，不如说是高明的宣传手段。根据上海电影节公布的数据，由秦晓宇在2015年初发起的《我的诗篇》的众筹，共得到1 304位网友的资助，筹得资金21.681 9万元。而《南方都市报》对年初众筹活动的报道则提道："整个项目计划是400万，现在已经用掉200多万……开销除掉电影制作这个大头外，还有10多微纪录片的拍摄以及不少线上线下的活动。'即将在北京举办的活动就要花掉10万左右。'" http://news.163.com/15/0128/04/AH16K6D300014AED.html. 显然，由众筹提供的资金，并不足以构成整个记录和传播的经济支持，其更实际的作用是通过这样一种新的资助文化展开传播。

> 他们写青春与出口玩具,他们写劳动与死亡,他们写矿难,他们写断指……很多年后,当我们再度回忆起这段中国经济崛起史的时候,这些诗句是不应该被遗忘的,它们是大历史中的一些小配件,也许微不足道,但若缺失,则其他真相,俱为谎言。[1]

因此他邀请秦晓宇来编一本当代工人诗典,而吴飞跃则主动请缨,来拍纪录片。在京东众筹"吴晓波跨界电影 邀你来出品"的页面上,吴晓波的头衔是"知名财经作家"。此外,还可以看到凤凰卫视主持人窦文涛、资深财经媒体人何力、作家许知远、知名独立媒体人袁岳等一干名字。在众筹的"回报内容"中则赫然写着这样一条:"联合出品方:在电影与所有对外宣传资料中,以'联合出品方'名义特别呈现,感谢您或您的企业。我们还将为您定制一条微纪录片,讲述您和这部纪录电影之间的故事,在'我的诗篇'的视频专区中播出。"

如果考虑到今天的职业媒体人、企业家和"青春与出口

---

[1] 吴晓波:《邬霞的吊带裙》,"吴晓波频道"微信公众号,2015年6月21日。无论是在北京皮村的朗诵会现场担任主持,还是在上海电影节上接受访问,吴晓波一再重复了这一细节。

玩具",和"劳动与死亡",和"矿难",和"断指"之间的现实关联的话,那么,上述组合无疑极为怪异。这一怪异,在吴晓波上面的这段话中,同样显露无遗。如果工人们的青春、劳动、断指和死亡不过是一些小配件的话,那么中国经济崛起史中的主控板似乎也就不言自明了。问题是,主控板突然热心起了小配件们的诗意,积极参与在谎言和真相的编织中,这究竟是一种什么样的新状况?

值得注意的是,这一现象并不是孤立的。同样也是2015年,宜家家居推出了为100个员工家庭进行免费改造的广告方案。[1] 整个宣传的重点在于尽管居住条件有限,但"生活除了苟且之外,还有诗和远方"[2],加入宜家可以为你改善生活。如果说,在此之前,企业往往通过参与社会公益、赞助艺术来树立形象的话,那么现在则出现了一个新的方向,即通过"关注"自己控制的生产链条上的员工,来获取宣传内容、改善自身形象。显然,这一"关注"将消费社会的资

---

[1] "宜家为100个员工家庭进行免费改造","宜家家居"微信公众号,2015年7月11日。被选中的员工,来自不同城市的宜家商场;他们中有从乡村流动到城市的打工家庭,有因为工作漂在北京的城市青年,有三口之家,也有三代同堂。其中的一段文案写道:"也许我们的生活并不完美,居住条件也很有限,但如果你愿意投资一些时间,做出一些改变,你就能为自己打造一个温馨舒适的家。"

[2] 自从高晓松在媒体上大声喊出这句话以来,真正乐意接受和传播它的,显然不是青年学生,而是各类企划文案。

本逻辑暴露地更为直白:一方面,是资方所规定的苛刻的生产条件、劳动强度和劳动报酬,使得员工无法获得真正有尊严的生活条件和身心状况[1],而另一方面,资方却可以毫不掩饰地利用这一"缺陷",以"诗意"或"生活"的名义,把员工转变为"消费者",并把为这样的消费者提供"殷勤"服务,作为一种新的广告手段。这一逻辑本身并没有什么特别的创意,真正新鲜的是:在当代中国,无论是以吴晓波为代表的职业媒体人,还是以宜家家居为代表的企业,都不觉得赤裸裸地呈现这一点,有何不妥。之所以如此行事,也是因为他们同样假设,被广而告之的对象,那些有待被"诗意"和"生活"打动的城市消费者们也会毫无困难地接受和认同这一点。然而,真的如此吗?

由此而来的分歧,构造了"我的诗篇"第三个层面的事实——社会舆论。自北京皮村的云端朗诵会以来,维护褒扬和批评苛责同样源源不断。其中的焦点,便在于"我的诗篇"所选择的呈现和传播方式,是否意味着工人们的诗意被资本的逻辑彻底征用。从某种意义上说,这是目睹上述怪现象之后的一种社会本能反应。这一本能反应,既包括对推动者和

---

[1] 如果不是如此苛严的工作生活状况,想来大多数人都会有闲情逸致来料理自己的家,而无需"宜家"提醒人们"生活不可苟且"。而现在的实际状况是,人们即便买了房,也无更多的心力来经营"家",只能等待"宜家"的"解救"。

资助者动机的怀疑，也包括对纪录片整体叙事和个人主义逻辑的批评，甚至于由此导致对朗诵会或工人诗歌本身的否定。这一方面说明，资本逻辑的"坦然"运行，并非这个社会中人人都能接受的"常态"，处处为资本所胁迫的社会焦虑感，颇为尖锐。另一方面，此类反应模式却也意味着，面对这一让人不安的状况，人们的不满只能以"召唤诸神"的方式来表达。被召唤者其一，是想象中自成一体的"工人阶级"。这一"工人阶级"，不仅有能力区分敌我，而且在意识形态上充分独立。这势必表现为叙事语言和审美标准的根本不同，表现为资本家与工人的对抗、个人与集体的对立。在这一标准下，"吊带裙"之类的偏爱，乌鸟鸟对儿子的期望，自然很不合格。此时，这样的"工人阶级"是否在现实中存在并不重要，重要的是人们需要以这一理想状态，批评现实。其二，是马克思主义的"政治经济学"。人们一再重申，无法从工人诗歌、朗诵、纪录片和放映现场找到这样的"政治经济学"[1]；而一旦缺乏这样的"政治经济学"，一切的表达都不过是资本掌控之下屡弱无力的个人书写。此时，马克思主义的政治经济学如何在今天展开可能的分析并非重点，重要的是，它没有在"我的诗篇"里发挥作用。于是，为了抵御怪

---

[1] 其中最有代表性的便是郦菁的《情怀和感动之后，工人诗歌如何挑战资本的逻辑》，"澎湃思想市场"，2016年6月18日发布。

诞的现实带来的不适感，人们需要假设存在着一个真正的"工人阶级"和一门理想的"政治经济学"，以说明"我的诗篇"的呈现和传播，不过是对它们的背弃。

只是，一旦看清构成"我的诗篇"的三重现实，或者说把"我的诗篇"视为它们之间彼此呼应而构成的社会文化事件的话，那么它的存在，恰恰否定了此类"召唤诸神"或者"生活在别处"的幻觉。这是因为，在今天的中国，倘若有正在形成中的新阶级，那么用诗歌来思考个人命运、同类处境，以及这一类思考在当前媒体环境中有效传播所引发的共振，便是这一形成过程中必须正视的重要部分；倘若有真正的政治经济学，那么它首先需要回答的问题就是，资本家及其代言人的"示好"与逐利本能、当前支配性的经济基础与意识形态的双重需要，如何触发/阻碍了诗意、阶级意识乃至在此基础上的更广泛的社会意识的生成与锻造。

倘若上述问题大体成立，那么，也就意味着，由三重现实所构成的"我的诗篇"，与其被视为资本又一次的诡计，不如说，它直白地标识出了当代中国社会正在遭遇的新一轮的意识形态危机。

自20世纪80年代以来，中国社会被规定了搁置意识形态争论，埋头发展经济的大方向。尽管意识形态争议始终存在，但大体来说，居于支配地位的意识形态的运行方式，是以现代化想象和西方式的自由经济为核心,由在地的权力、资本及其代言人们为其添砖加瓦,增加黏合度。[1] 较之于这一支配性的运作模式,"我的诗篇"显然呈现出两个新的状况。其一,接续着社会主义时期的工人传统和整个80年代的文学思潮,在"世界工厂"中,有一批工人——从"60后"到"90后"——以诗歌的形式记录他们的感受和思考,并在同样保存了上述记忆的社会土壤中引发共鸣。这一种性质的观察和思考现实的力量,第一次成为当前社会在修补/重组意识形态时企图征用的原材料。[2] 其二,在此之前,资本及其代言人虽然也积极参与在意识形态的编织和维护之中,但主动出击选择原材料,试图将存在于革命历史和现实中的工人文化以及文学思潮的正当性据为己用,以便缝合既有的意识形态出现的裂缝,却也是第一次。

至此,在"我的诗篇"的第一、第二重现实中,我们都可以发现一些新的因素,说明意识形态的运作正在发生一些新的变化,而这样的变化显然与其正在遭遇的自身危机直接相关。相比之下,相对被动迟缓的反而是第三重现实。尽管

---

[1] 这一运作过程,虽然也会挪用中国社会中革命历史的要素——标语口号、宣传画,但却从未比波普艺术或后现代艺术走得更远。
[2] 虽然在每年的春节晚会上,我们都可以看到工人题材的作品,但在这一类作品中的"工人",往往是被用来装饰既有的意识形态的死符号,而非能够帮助其运行的活材料。

它的任务,始终是如何更好地处理第一层现实和第二层现实之间的关系,以便把握社会中真正新颖的因素,将其导向良性的方向,使之成为对社会有意义的合奏。

于是,再一次,这里就是罗陀斯,就在这里跳跃吧。

二、个人向何处去?

21世纪以来,随着中国国力的上升,"中国向何处去"的问题,一再为人所讨论。与这个问题直接相关,或者说必须同时回答的,就是在当前大规模的城市化进程中,个人向何处去?意识形态的新一轮危机也正在这里出现。这是因为,此刻关于"个人"的提问,已不再是潘晓式的,而是城市化运动带来的新问题。在政策主导下,持续的城市化将人驱赶进城市"讨生活",但这样的"讨生活"显然让为此奋斗的个人和整个社会付出了巨大的代价。尤其是,当中国高速的增长期告一段落,社会两极化越来越分明,向上流动日益艰难,城市病越发明显,普通劳动者通过金融创新分享利益的美梦被黑色股市彻底惊醒,后来者的中产梦被城市高房价彻底碾碎的时候,新一轮的"个人向何处去"的问题,变得日益紧迫。

这一"个人向何处去"的问题,同时为几类不同的群体所分享。一类是通过大学教育,从乡村、小城镇流动进入大中城市的青年人。如果说,十年之前,拥有学历入场券的他们,还憧憬着一个城市中产梦的话,那么现在,这个梦已基本破碎。这一类人,不光是指徘徊在城市生活边缘的"蚁族",也指那些已经进入城市,有相对稳定的工作和生活,但在城市找不到归属感,在家乡同样感到疏离的人。希望对这一状况有所作为,重新思考自己和城市乡村之间的关系,开始成为这一群体的集体意识。[1] 一类是通过务工进入城市的群体。《工人诗典》的作者,很大部分便属于这一类。较之前者,他们面临的"待不下的城市,回不去的农村"的状况,更为现实和具体。在城市中持续奉献了青春和劳动,城市却从未接纳他们,公共服务和教育系统不为他们的家庭提供保障,而日益贫瘠的乡村,也并非他们的出路。于是,城乡两处进退不得的生活,都将他们牢牢夹住,难以动弹。[2] 最后一类,是原本就生长在大中型城市的青年。他们和城市生活的关系更深,被文化工业商品化的程度也和前面两类人有较

---

[1] 2015年春节期间,王磊光的一篇博士回乡笔记引起了大规模的社会讨论。这一讨论的关注者和推动者,大都分享了相同的进城经历和现实困扰。而在后续的投票活动中,"教育为何总是让人远离家乡""对已经离开了乡村进入城市的青年来说,回乡和进城为何都这么难"和"发展了的城市如何反哺乡村"成为读者希望可以持续讨论下去的热门问题。这些问题,可以说集中呈现了这一群体对当前状况的思考。

[2] 吕途在《待不下的城市,回不去的农村——3亿人的迷失》一文中对此有非常清晰的说明。《社会科学报》微信公众号,2015年7月30日。

大的差异,却同样体验到了无意义的焦虑。[1] 如果不寻找新的意义和生活目标,不对当前的城市生活做某种形式和态度上的反抗,那么,目前的城市生活样式,已经无法构成他们生活的有效动力。[2]

这几类群体的实际状况并不完全相同,却不同程度地面临一个"个人向何处去"的难题。这是因为,在切实经历了城市化运动后,原来作为理想和动力,驱使人们前赴后继"往城里去"的城市梦和中产梦,失去了魔力,难以继续笼络人心,其说服整合个人意志、消解社会矛盾的意识形态能力,在不同群体中都持续减弱。

由此产生的意识形态的虚空,直接表现为,人们的阶级感觉日益暧昧不清。如果说,本世纪初社会学家们的调查报告显示,无论实际收入和生活状况如何,人们在阶级感觉上总是更愿意认为自己属于中产的话,那么现在,情况发生了

---

[1] 在针对居住问题的系列访谈中,可以明显感觉到青年人对"存钱""买房"和"工作"这几件事情的态度有很大的松动。其中,一个90后女孩特别谈到,她的大学同学进入四大会计师事务所之一工作却以"过劳死"结局,此事对她以及其他同学的生活态度有很大的触动。而存钱没有意义、工作没有意义,似乎正成为一个极为普遍的感受,虽然这并不妨碍他们为了生活继续埋头苦干。
[2] 他们既可能是另类音乐的歌迷,也可能是返乡支教大学生,可能是旅游爱好者,也可能是环保活动志愿者,可能是推崇分享经济的字幕组成员,也可能是主张"匠人"精神的新型职业人。和主流比较起来,在数量上不占优势,但倘若把这些人归拢到一起,那么"企图寻找一种新的生活态度、新的价值观念,乃至新的生活方式"的趋势,便十分明显。

明显的变化。越来越多的人不认为或干脆否认自己属于中产[1]，但如果问他们认为自己属于什么阶层这样的问题，却也犹犹豫豫，不知如何作答。于是，"屌丝""小资"之类的词被创造和挪用，以方便那些失去了中产梦[2]，却不知如何定位自己的人们使用。[3] 围绕这一意识形态虚空的争夺，也就地展开。一边是不满于社会现状的左翼知识者和实践者，开始重提"阶级"，企图重走工人和知识分子相结合的道路。[4] 而另一边，资本和市场的反应也同样敏捷，且更为宽泛：将既有生活中的不满、个人的困顿，嫁接到最安全的解决方案之上，进而用这一解决方案所标榜的新价值、新态度乃至新的

---

1 不同于政府和学界提供的划分中产阶层的标准（家庭年收入六万），网络舆论提出的标准是，在城市没有几百万流动资金便不算中产，这一观点得到了很多人的赞同。同时，这一重新定义中产的举动，绝不限于中国一地，而是 2008 年金融危机之后的全球趋势。
2 显然，"中产梦"并非第一、三类的青年才有，第二类进城青年，在踏上征途的时候同样无法避免这个梦的说服和统合。因此，吕途在《待不下的城市，回不去的农村——3 亿人的迷失》中才这样写道："如果我们想要有出路，首先需要知道什么不是出路，第一，如果身为工人，却认为只有成为老板才有出路，那么就没有出路。"
3 这些词汇本身并没有清晰的含义，需要通过具体的运用——指认他人，比如"你是小资，我是屌丝"，以便标示出使用者自己的位置。这或许便是雷蒙·威廉斯所说的，一种新的观察他人以定位自身的方式。
4 对于当代工人状况的研究和相关的实践介入，正越来越丰富，且具有越来越大的影响力，比如潘毅等人对富士康、建筑业的调查报告，吕途对"新工人"的命名等。可惜的是，尽管重提"阶级"和重提"工人阶级"并不全然是一回事，但在当前的议题设置中，却被高度合一了。

生活方式来继续"引领风气",是它的一贯伎俩。

可以说,"我的诗篇"正是在这一危机之下,社会各种力量——既包括资本及其代言人的力量,也包括各类社会自我保护的力量——参与其中、彼此争夺的产物。在此背景中,重读京东众筹"我的诗篇"的文案,也就变得格外有趣:

你上一次读一首诗,是什么时候?

你脑海里的诗人,是什么样子的?

你知道的是,号称"世界工厂"的中国,有三亿工人,在生产着你几乎能买到的一切。

你不知道的是,他们也在悄悄地,生产诗意。

你知道的是,他们组装 iPhone、剪裁衣衫、镶嵌你背包上的拉链,他们好像是流水线上一颗颗没有思想的螺丝钉。

你不知道的是,他们也会悄悄把诗写在工作表格的背面。

显然,在这里,被呼唤的"你",并非生产着商品的工人,而是不断购买商品,却在积攒购买力的过程中彻底忘却了"诗"的那一个。对这样一个"你"来说,关注和支持"我的诗篇",不仅是关注诗歌或工人本身,更重要的是:

> 我的诗篇卡：两张。很久没有写诗了吧？其实我们大多数人不都是某个领域的"工人"吗？在卡片上写一首诗，一首关于工人的诗，在微博上晒出照片@我的诗篇官微，@大象微记录，或是直接发送给微信公众号"我的诗篇"，并告诉我们诗歌背后的故事。……

如果说，在《工人诗典》中，诗人把产品说明书变成了诗，那么此处的众筹文案则是一篇写得颇为小心的心理小说，既撩拨"你"的不满（诗意、没有思想的螺丝钉、都是某个领域的"工人"），重新找回诗意，又小心翼翼，不让这样的"你"走得太远。而其企图召唤的对象，既不是一线的工人，也不是仍在"中产梦"庇护下按部就班的人士，而是那些对当前梦境多有不满、常常惊醒，却又不知应该去哪里继续入梦的人们。[1]

然而，仅仅是找回诗意，并不意味着意识形态危机的解决。一旦每个人都是各自领域内的"工人"，这既意味着，每个人都可能是自己岗位上没有思想的螺丝钉，重新找回的诗

---

[1] 就此而言，众筹文案例举的三首诗《我爱你们，我的亲人》《吊带裙》和《矿难遗址》，显然经过了精心的挑选，以便配合这个可能的新的梦境，既不太过无聊沉闷，也不过于激烈残酷。

意不过是用来掩盖真相的遮羞布；也意味着每个人都为这段经济崛起史付出了青春和劳动，受到了不同形式的剥削和损害，此时展开的诗意，为自己所写的诗篇，便可能成为思考和斗争的入口。

至此，恰恰是因为有了媒体人的推动、网络众筹，以及对更广泛的群体参与的诉求，使得"我的诗篇"在"借力"与"投机"的角力中，更全面地呈现出当前意识形态重组时所遭遇的一系列难题。

首先，在这个社会中，如果意识形态的危机是在"走向城市的奋斗道路已举步维艰，个人还能往哪里去？"这一类问题下发生的，那么，由此展开的缝合与争夺，便不可能只是围绕"工人往哪里去"和"工人能否阶级化"的问题展开。尽管中国工人在社会主义革命历史和当前"世界工厂"的实际处境，使得人们最容易聚焦于此。在这里，真正的问题是，范围更为广泛、数量更多的因这一问题而产生困扰的人群，一旦对当前主导性的规训"个人"的方式发生怀疑乃至失望，他们是否有可能生产出新的自我认识和有效认同？在新的认同过程中，新一轮的阶级化将如何展开？各色力量的介入和参与，在此过程中究竟如何发挥作用？

其次，这意味着，"大多数人都是某个领域的'工人'"也就不只是一种修辞，而是带出了"谁是工人？"或者说"工人阶级"在当代中国如何重新界定的问题。到目前为止，人们总是想当然地使用"工人阶级"，并且，在使用时，目光大多集中在第二类群体之上。但"我的诗篇"呈现的问题——我们甚至可以说它是由资本为了克服自身的危机而不由自主提出来的，恰恰在于，所有从"城市梦"和"中产梦"中惊醒，有待重新定位自身的人群，和现有的几乎拿来就用的"工人阶级"之间，究竟是什么关系？其中，最直观的一个就是，那些被众筹文案所呼唤的，有着大学学历、看起来似乎仍有上升空间，但始终生活在失去工作的恐惧和持续的工作压力中的公司职员，和那些没有学历、从事一线的繁重劳动的工人，在新一轮阶级化的过程中，是势必分属不同的阶级，成为越来越分裂的彼此，还是有可能同属于一个阶级或一个新的联盟？在这里，仅仅回答"是"或"否"，乃至用"白领""小资"之类的词来打发，已经远远不够。在这一轮意识形态危机中，如果真的把"重新阶级化"确定为争夺的任务，那么，也就提出了对于阶级界定和阶级分析更为严格的要求。这不光因为今天的工作样态已经发生巨大的变迁，也因为越来越多的从业者从农村流向城市的过程，也是越来越多人被分离出传统工人范畴的过程。针对这一批数量巨大的变动群体的阶级感觉的澄清和集结，必然形成新的力量对比。就此而言，在今天的中国，重新讨论阶级问题，仅仅回到"工人阶级"并不足够。因为，新一轮的阶级议题想要真正成立，不仅需要回答自己是谁，自身在当前的生产关系、社会关系和文化关系中的位置是什么，也必须同时思考它和别的可能正在形成中的其他阶级的关系是什么的问题。撇开了阶级生成的动态结构而孤立地寄希望于某一个阶级，执着于其曾经的历史位置，恐怕很难真正挣脱现有的资本结构的控制和调配。

最后，却也是最意味深长之处，在这一意识形态的危机中，无论是资本，还是社会自我保护的力量，都敏锐地意识到了，既有的工人文化传统和潜在的阶级意识，有能量参与意识形态的修补或新的阶级认同的构成，并因此展开争夺。但这一能量究竟是什么，却并未得到清晰的说明。是由原有的"工人阶级"概念而来的力量，是由诗意和苦难的对比而来的激励人心，还是别有出处？这一能量在当前社会中生成和运行的基本逻辑是什么？尤其是，当它面对的问题是城市化过程中"个人向何处去"的时候，工人诗歌、工人的视角和观察，乃至"我的诗篇"整个事件，究竟提供了什么样的意义，以至于在当前的意识形态缝合与斗争中，各类力量都企图积极征用？在这里，一方面，各色力量几乎本能地仰仗既有的工人传统和诗歌的魔力，另一方面，却不约而同地对这一点含糊其词。而这恐怕也就使得历史中的工人文化在这一重新阶级化过程中的真实意义被避而不谈。

显然,资本没有洁癖。这使得它总是具有最庞大的野心,去囊括一切的人和物,为己所用;也正因为如此,其所到之处,总是能够揭示更多也更为现实和具体的难题。[1] 这并不意味着它会认真地对待和解决这些问题。在上述问题面前,资本的态度不过是彻底的实用主义,因为它的任务从来都只是让危机看起来得到了处理。[2] 而如何真正盯住这些问题,展开有效的思考,却是那些企图反抗它的人们必须完成的任务。

三、公共性从哪里来?

看起来,人们已经不同程度地意识到了"我的诗篇"作为社会文化事件具有的公共属性,甚至认为,这一"混搭"

---

[1] 在这里,资本及其代言人显然没有左翼知识者那样的方便法门,可以径直选择和工人结盟,而不考虑其他。这是由它对意识形态的需求决定的,越是要赢得大多数人的认同和臣服,它就越是需要将更广泛的群体纳入它的掌控之中。

[2] 在讨论20世纪70年代撒切尔主义对英国左翼的成功"逆袭"时,霍尔便指出,右翼思想之所以能够成功,并不在于它提出了一套完整的自圆其说的意识形态,取代既有的出现危机的意识形态。相反,它所做的,是利用既有危机中积累起来的各种情绪、问题和力量,将它们拼凑和集结起来,不管它们彼此之间是否矛盾,以此种拼凑"苟且"但看似强有力的方式重绘而非解决意识形态的危机,最终使其大获全胜。

的公共性，可以潜移默化地影响思想和实践的方式。[1] 不过，在上述分析过后，此类对其公共性的看法，未免过于乐观了。这是因为，"我的诗篇"目前所具有的这一"混搭"特性，及其模糊现有的二元思维的能量，实质上仅仅来源于各类力量对当前意识形态危机的本能反应。无论是资本的力量，还是社会自我保护的力量，都是如此。这样的本能，也许可以不断生产话题、制造舆论，继续"混搭"，却并不一定可以构成真正有意义的公共问题。对一个个人正在陷入危机的时代来说，更是如此。反观历史，几乎每一个这样的危急时刻，都可以看到类似的本能反应：当个人奋斗的路走不通时，人们便扭头走向集体，走向阶级，走向国家，走向任何一个可以人多势众、忘却自身无力感的集合。当这样的集合形成时，它的倾向往往可疑。

就此而言，仅是本能的"混搭"并不构成公共性的序曲。每当这样的时刻，想要形成真正有力量的公共问题，整体性的文化事件所能贡献的，并非一个现成的阶级憧憬，号召人们前去，而是在生动勾画既有的意识形态如何处理/转移社会问题的同时，引导人们进一步追问：这一应变和其欲处理的

---

[1] 姜涛：《"混搭"现场与当代诗的文化公共性》，"我的诗篇"微信公众号，2015年10月4日。

问题之间实际上构成了什么样的关系?这样的关系是否可能带来真正的变化,进而改变惯性的提问方式和思考路径?

具体到"我的诗篇",倘若"个人向何处去"是其揭示的支配性意识形态正在遭遇困境,那么,对这一事件的理解和把握,也就无法绕开对以下问题的讨论:首先,对应由"城市梦"和"中产梦"的破产而来的消极无力的个体,这一事件实际呈现了何种不同的"个人",这样的"个人"在什么意义上不同于前者?其次,如果这样的"个人"充满了魅力,能够引起广泛的共鸣,那么其得以形成的动力来自何处,其所依赖的社会土壤和正在创造的组织形式是什么?这样的社会土壤和组织形式,对新的个体类型的形成,具有何种意义,应当被如何评价?最后,如果说,在一个崇尚个人的时代,没有力量的个人早已寸步难行,个人力量的源泉势必成为各类意识形态积极重构的要点的话,那么"我的诗篇"所呈现的有力量的"个人",他们的力量是否有可能构成新的集合?如果这一集合是可能的,那么,它的新颖性又究竟在哪里?

2015年7月开始,由"我的诗篇"所发起的众筹观影和包场放映的活动,一直"火热进行中",媒体对此的报道和各种跟进的交流形式,也一并出现。对于这一正在发生中的事件,下任何的判断和结论都还为时过早。不过,有一点倒是现实三重奏：作为社会文化事件的"我的诗篇"

可以明确的。那就是，既有的针对诗歌或纪录片的讨论，已不足以完成对这一事件的整体性分析，只有有意识地澄清其所立足的问题框架，扩展追踪、记录和分析的范围，才有可能助力其中的公共性议题成型。

在这里，第一个需要明确的，便是如何辨认和分析这一事件中的"个人"，或者说，在什么样的框架中讨论该事件所揭示出来的"个人"方才有效。

毫无疑问，在"我的诗篇"中，这样的"个人"，首先由诗歌和纪录片所揭示和呈现。可惜的是，目前的分析，要么不假思索地承认"个人"——无论对其态度为何，要么将其归类到工人群体这一标签之下，却对在这个时代中，区别于主流类型的"个人"如何成形和壮大这一问题，思考不足。[1] 然而，对遭遇个人困顿的青年来说，工人们的诗歌究竟呈现出了何种正在生成中的个体？这样的个体，凭借什么样的精神状态吸引人们、引发共鸣？这些都是辨认和分析这一事件中

---

[1] 雷蒙·威廉斯曾着力区分支配性的、正在形成中的和残存的三种不同类型的文化。如果说现代的主体的形成势必经历一个不断重构的过程，那么类似于这一区分方式，其类型也可以分为占据支配位置的、正在形成中的新样式和残存的这样三类。在实际生活中，这三类的区别并没有那么鲜明。因为它们往往共享了很多共同的针对现代主体的治理术。但值得注意的，恰恰是不同治理术之间的配比或搭配所构筑的主体类型间的差异。忽略这一差异，或仅仅把这样的不同主体类型视为"他者"的做法，对深陷主体危机中的人而言，显然是不明智的。

的"个人"无法绕开的问题。

毫不夸张地说,"我的诗篇"所呈现的,是一个又一个隶属于"个人"却颇具异质的精神世界,是"我"在动荡不安的生活中,不依赖于资本提供的文化商品和思考逻辑,将不满转化为生活中可以积累的能量的持续过程。

这一转化的能力,来源于工人诗人们精神世界的广度。粗略说来,这一广度得益于三类经验。首先,是他们在农村和城市的双重生活,却又在哪里都无法真正落脚。这使得他们往往拥有不一样的眼光来打量城市和乡村,以至于城市看起来不过是一个村庄,乡村却也处处孕育着城市式的危机。个人与城市、乡村的关系,在这一双重疏离中被摆到了眼前,反复掂量。[1] 城市/乡村、休闲/劳动,这些生活的经验,在

---

[1] 比如,人们前赴后继进城去,究竟是为了什么?谢湘南《在对列车漫长等待中听到的一支歌》:"放下镰刀/放下锄头/别了小儿/别了老娘/卖了猪羊/荒了田地/离了婚 我们进城去/我们进城去/我们要进城/我们进城干什么/进了城再说……"比如,进城之后,是成为城市的主人还是奴隶?安石榴《边缘客栈》:"我满意这里的生活/一群没有身份和户口的人/一间用灵魂打扫过的屋子/两室一厅。除了每月要交房租之外。我像主人一样活着。"再比如,城市有没有可能成为新的故乡,故乡怎么样才不会从生活中迅速溜走?在《退着回到故乡》里,唐以洪恰恰重新界定了故乡:"退,继续退,面朝未来/退到母亲的身体——那里/没有荣辱,没有贫穷贵贱之分/城乡之别。没有泪水,相遇的/都是亲人。"本文所引诗歌均收录于秦晓宇、吴晓波主编:《我的诗篇:当代工人诗典》,作家出版社,2015年8月。文中一律简称《工人诗典》。

彼此的对视下究竟意味着什么？[1]

其次，源于他们对自己从事的劳动/工作的观察。在今天，虽绝大部分人都要靠劳动/工作来养活自己，可对此过程有真正细致的观察和思考的人，却并不多。相反，各类形式的剥削越是苛严，人就越是陷入对自身工作的不满和抱怨之中，以至于将劳动/工作视为生活的有机部分，从中获得养分的能力就此失去。这当然是马克思早就批评过的"异化"。然而，个人反抗异化的能力的一大来源却仍然是对自身劳动和工作的观察和思考。这是因为，正是劳动和工作将人与人真正联系起来，不仅使社会成形，也由此提供思考和反抗的现实依据。就此而言，只是作为消费者的个体，彻底遗忘/忽略作为生产者的城市经验，则并不具有同等的理解力和感受力。进一步来说，如果仅仅停留在消费者的身份中，关注乃至同情这一类主体和他们的诗歌，那么由此类阅读所建立的联系，往往很容易被吸纳进自由主义早就安排好的道德伦理的维度，

---

[1] 唐以洪在《十月八日在苏小小墓旁》里，记录的便是这样的一种对视："……现在物价上涨，她的身价肯定水涨船高/一个连盘缠都挣不够的打工仔/我拿不出那么多的银两/最重要的是合影的时候，突然感觉/我在背着流水线上的老婆/与她偷情/因为，她是江南一代名妓/一想到他们/把我该涨的薪水和回家的盘缠/大把大把塞进低领的发廊/我理直气壮地直起了腰杆——/怕啥！只是和一个死人照了一张相。"对于孤立的城市生活而言，休闲的作用在于让人忘记城市生活的烦恼，寄生于某个假象的新时空；但在这一对视之中，旅游照相的经验，却能让人与自身的生活纠缠得更深。

丧失其理解和处理自身危机的作用。1

最后，这一种对劳动和工作的思考，又常常能够将思考者带得更远，不仅和更广大的世界相连接——这本就是全球化之后资本流动的基本范围2，也把他们重新带回历史和传统之中。由对当代生活的不满足而转身朝向历史，无疑是当代的一大潮流。各类穿越剧和网络小说，充斥着这种对历史的渴求。这样的潮流，实际上提出了历史究竟如何和现实生活的经验相结合的问题。然而，仅仅立足于城市生活的体验，由生活意义的匮乏而产生的这一"求诸历史"，似乎并不能够真正"解渴"，反而是不断将历史开辟为当代日常生活中的战事得以延续的战场。相比之下，工人诗歌中个人和历史相关联的方式，也就显得颇为特别。3

1　值得注意的是，当前的讨论，有很大一部分恰恰是在这一路径下展开的，即将工人诗人视为生产者，自己作为消费者，由此认识到生产之不易以及现代城市生活中被刻意避开的剥削问题。这样一种观赏和反思的路径，自有其价值，可以引发城市生活中主体的道德感和正义感，却未必可以引申出对同样处于危机中的只能以"消费者"形象出现的主体类型的根本质疑，也就很难对当前这一主体的危机展开重构。毕竟，正如施密特早就指出的那样，经济和伦理不过是自由主义早就安排好的两条彼此呼应、相互救赎的路径。

2　比如，《前沿轶事》中，诗人五年的青春变成了圣诞玩具，"要一车车运往美国，运往/西欧，作为圣诞礼物，一一出售给/蓝眼睛的孩子……"；再比如，池沫树的《在印刷厂》（组诗），呈现的不仅是印刷厂，更是由印刷组织起来的整个世界。

3　尤其是，当世界对工人的贡献视若无睹，将他们边缘化的时候，历史却被生动地调用起来，悄无声息地站在了工人的背后。比如，许立志的《流水线上的兵马俑》、陈年喜的《杨寨和杨在》《牛二记》、乌鸟鸟的狂想曲系列。

可以说，正是上述三类经验，构成了工人诗歌精神世界的物质基础，进而形成一个特别的视野，一类特殊的眼光，一种将自身和外部世界更自由地关联的能力，并由此获得别样的幽默感。已经有不少评论家指出了这种幽默感，却很少有人讨论这种幽默感的来源是什么。[1] 显然，区别于主流社会中制造笑的手段——僵化对象、将其极端化，进而视为可笑[2]，工人诗歌中的幽默感源于在上述精神世界中生长出来的一种自由转换视角的能力。它的力量并不来自对僵化的讽刺，而是在这一不断转换视角的过程中，由跳脱开这个世界的灵活性而呈现出的一种冷静。无论是把自己设定为流水线上的兵马俑，是在"五千米深处打发中年"，还是"我把自己定义为：悬疑诗人"；在这一精神世界中，人总有一种便利，即不固执于任何一个视角，而是随心所欲地选择一处——既可能是某一个人，也可能是某一类物——展开描述和想象。而这一转化视角的能力，也使得他们对这个世界里通行的兑换原则的理解，显得颇为特别。对他们来说，兑换从来不在数字中发生，而永远是世界上各类活物之间的剪裁或此消彼

---

[1] 在对《工人诗典》的讨论中，杨炼、秦晓宇等人都特别提到了这一点。而一个可供对比的现象则是，今天的主流媒体中充斥着各式的"笑"，却恐怕很难称之为"幽默"，而仅能以"搞笑"命名，以至于我们这个时代常常是在幽默缺席的状况下大笑不止。

[2] 这也是柏格森指出的产生"滑稽"或"可笑"的社会规律。

长,并由此呈现出它的荒诞与温情。[1]

人们也许会说,这样的灵活性是文学的特质[2],是诗歌的权利。但问题恰恰在于,为什么是这样一群工人,在如此糟糕的时代条件下,反而赢得了这一灵活与轻逸的能力?相比之下,那些条件更为优渥、见识似乎也更为广博的人们,却越来越失去这一能力,陷入退化之中?如果说,这种精神能力是一种别样意义上的个人的富裕和自由,那么这样的宽裕和自由对于在城市化进程中失去方向的个人,又意味着什么?当各类群体日益陷入窘迫之中,这类困窘不仅仅是经济上的,更是文化上的匮乏的时候,这种特殊的精神能力,对于我们重新理解"个人"形成的社会条件,究竟有什么样的启示?

与此同时,作为整体性的文化事件,在"我的诗篇"中有待被分析和把握的"个人",又不止于此。如果说,当前的

---

[1] 这既可能是"我的中年裁下多少/他们晚年的巷道就能延长多少"(陈年喜:《炸裂志》),也可能是地心的蛙鸣声中,"我手中的硬镐/变成了柔软的柳条"(老井:《地心的蛙鸣》),既可能是"除了一场初秋的泪雨/能省的,都要省下来……不要说你再没有可省的东西了/至少你还有你,可以省下来"(许立志:《省下来》),也可能是"你的一生都在被试用/从一个试用期到另一个试用期"(谢湘南:《试用期与七重奏》)。上述对于工人诗歌的分析,显然太过粗略和简单了。期待有识之士能够摆脱当前这一类型的论争,对工人诗歌展开更进一步的收集、评论与分析,更为精准地处理由工人诗歌所呈现的精神世界。

[2] 正是在这一意义上,卡尔维诺特别强调,"轻逸"是文学的重要特质。

讨论对诗人个体的把握，因太过轻视"个体的生成"这一问题而理解不足的话，那么，对后一类"个人"的关注和讨论，则因这一轻视而彻底缺失。那就是在诗歌、微信、视频、纪录片和网络的另一端，与诗歌和诗人的命运产生共鸣，因此源源不断卷入其中，参与在"我的诗篇"的众筹和传播链条中的个体。其中，自然包括吴晓波、秦晓宇等一干重要的策划人和推动者，但更要紧且急需把握和分析的是，那些积极参与在众筹、组织和传播过程中的无名的青年。

在《我的诗篇》的后期放映活动中，企业包场和众筹放映曾是两条并置的路径。目前看来，更有声色且造成更大社会影响的，显然是后者。截止到2015年底，《我的诗篇》已经拥有200多个"众筹观影发起人"，有100多座城市加入到了众筹放映的行列。在参与众筹观影的群体中，既有媒体人、读书会的组织者，也有普通的打工者、白领和大学生。在2016年年初进行的一场微信群的在线直播中，更有近百个微信公众号积极响应，近万人参与其中。这一群体，以目前生活在城市的青年为主。他们之间的差异，不可谓不大：来自不同类型的城市（既有北、上、广，也有海口、苏州、呼和浩特等二三线城市），拥有不同的职业（作家、白领、教师、学生、一线工人），迥异的生活背景（城市与乡镇、求学与打工），分属不同的代际（从"70后"到"00后"）和并不完全相同的教育状况（高中、本科乃至更高的学历背景）。然而，恰恰是在当前阶层固化、社会空间区隔越来越分明的状况下，"我的诗篇"在他们之中形成了一次持续不断、天南地北的串联。

显然，这一类青年得以呈现与聚合，源自诗歌、网媒和众筹这三类不同媒介之间的新组合。单独来看，这三种媒介形式，没有哪一个是特别新颖的。[1] 在广义的媒介史上，它们各自进化，在某个历史时期独占鳌头。而对于现代个体而言，它们既隶属于不断衍生变化中的现代治理技术，又不乏时时提示其挣脱现代理性的桎梏，获取自由的野心。尤其是，当现代主体往往是各类治理技术层层叠加、综合整治的结果之时，它们彼此叠加组合的意义，也就格外重大。这不光是因为，时至今日，想要依赖单个的媒介形式，单枪匹马打破现代规训和资本压制，已经绝无可能；更是因为，如何更为综合有机地运用这些媒介，将其调配停当，以便处理当前"个人"遭遇的危机，正是意识形态机器积极运作的基本目标。这意味着，如何与意识形态机器的此类调配针锋相对，更积极主动地掌握和组织既有的媒介形式，将其视为争夺和

---

[1] 在第一反应中，往往会认为"众筹"是一种相对新颖的形式。但如果放到更长的历史时段中，众筹这一通过某一类共同体的互助互惠而达成一个具体目标的方式，一直就有。只不过当前的互联网技术将其可能的范围大大扩展了，而其反馈形式，却也因为今天主流的经济制度打上了更多商品化的印记。

形成新的主体的必要手段,既是当前意识形态论争的关键所在,也是更具挑战性因而也将吸引更多不满于现状者参与的场域。如果说,工人诗人,其个体的形成仰仗的仍是诗歌这一相对单一的媒介形式的话,[1] 那么由"我的诗篇"串联起的众筹和观影群体,则进一步提出了危机中的个体和更多样的媒介形式之间的现实关联这一更为新颖的议题。比如,这些不同背景和生活现状的年轻人,究竟为何参与其中?诗歌也好,纪录片也好,调动起的是他们什么样的个人经验和情感状态?面对工人诗歌和"我的诗篇",真正促其行动起来的基本动力是什么?20世纪80年代的文学思潮、90年代的自由主义思潮,乃至对于当前现实生活的不满和意见,是如何在这些个体身上得以保存、积累和再利用,进而在整合重组其所拥有的社会资源的过程中发挥作用的?他们为"我的诗篇"注入的,又是什么样的媒体经验、组织愿望和个人情感?

在这里,新型的主体是否最终成型,并非重点。重点在于,在他们和"我的诗篇"实际遭遇的过程中,不同个体之间如何通过新的媒介组合相遇?在这一媒介的组织之下,对他者精神世界产生的感受能力和共振愿望如何形成?在此过

---

1 实际上,这一判断是太过粗略的。只要读一读《工人诗典》中诗人们的小传,便会发现,2000年前后互联网的普及,构成了他们写诗或重新写诗的重要媒介与契机。

程中，现实的种种制约——院线制度、传播形式、媒体空间等等，提出了什么样的媒介重组和联合的要求？其中，既包括不同类型的"个人"，如何通过新的媒介方式得以传播、感受，进而编织进新一轮的现代个体以及可能的集体想象的过程之中，也包括如何主动掌握、调配和创造新的媒介形式和主体生成之间的关联。

显然，所有这些都非理所当然之事，而是遭遇困境的主体和媒介运用之间正在生成中的现实关系。只有当这一现实关系得到澄清和辨析之时，我们方能把握作为社会文化事件的"我的诗篇"，对于当前的"个人"的危机，究竟提供了何种可能的出口或提示。

这一对个人生成和媒介形式之间关系的观察和思考，也将为进一步思考现阶段的阶级问题提供现实基础。一直以来，在马克思主义的判定中，工人阶级之所以成为资本主义的掘墓人，首先是因为他们和大机器生产紧密关联，掌握了最先进的生产力，并由此具有强大的组织能力。其次是因为在这一生产关系中，工人处于一无所有，没有什么可以失去的位置，从而对这一生产关系拥有反思的能力。正是这两点，使得工人得以成为拥有革命性力量的阶级。就今天而言，这两点已经随着生产条件和组织方式的变迁被大幅改写。在激烈的全球经济竞争中，不仅最先进的生产力正被越来越描述为主体的自我生产——自我雇佣和自我实现的创造性主体，而且在这一新的生产关系中，占有性地看重"有"的个人而非反思性地理解"无"的劳动者，被大大凸显出来。面对这一形势，2008年全球金融危机后"个人"的破产，虽是一线生机，却并不必然导致阶级的复兴，除非人们可以重新对以下问题形成共识。那就是，什么样的主体，不仅自觉地掌握先进的生产技术和社会技术，特别是互联网经济中的媒体技术，并因其对自身"一无所有"的反思性理解而联合起来，从而具有历史中的革命性？在这里，需要被重新定位的，不仅是主体在社会生产关系中的位置，更包括在既有的生产关系中，对"有"和"无"的创造性理解。就此而言，无论是工人诗人创造精神世界的能力，还是众筹经济开拓社会议题的方式，都提供了重新解释当代社会中什么是"有"、什么是"无"的不同的可能性。至此，如何通过既有的媒介形式之间的组合，推动人们对"有"与"无"的重新判定，达成更为广泛的社会共识，势必成为新的阶级认同得以出现的重要步骤。[1] 尤其是，

---

[1] 实际上，在今天对意识形态的修补中，各类心灵鸡汤也好，"断舍离"也罢，都是在劝人"放弃"或追求某一种类型的"无"。但这样的"放弃"/"无"和工人的"一无所有"的状态之间，显然有着本质的差别。这样的差别所导致的精神能力的差异，更是值得仔细分析。但反过来说，工人的"一无所有"，在某种意义上仍然带有被动的性质，是社会生产关系硬性规定的结果。这样的"一无所有"，如何真正得到坚持，而不最终变为工会主义，同样是一个需要处理的问题。

当今天的阶级重构,已经不只是生产关系的揭秘,更是文化领域的斗争和重新定义之时,更是如此。而究竟"谁是工人阶级"的问题,也将在这一层面上得到新的回答。那些或羡慕或嫌弃,却又不知自己该去向哪里的人们,则将据此做出自己的判断。

至此,作为社会文化事件的"我的诗篇",实际呈现的既不是个人化的抒情,也不是阶级文化的赞歌,而是在当前"城市梦"和"中产梦"破灭之后的个人危机中,社会各色力量参与的争夺乃至重塑个体的媒介运动。对资本而言,这样的争夺与重塑,每天都在上演,但对想在今天社会中重新寻找方向的个人来说,这样的争夺勾画的,却是全新的问题:如何向既有的工人文化学习其独特的价值界定,重新判断有无?如何向资本学习其组合和操作不同媒介形式的野心和能力,反思既有的主体治理术?如何根除当前这一套资本逻辑被广泛分享的同构性,积累比资本更多的耐性和毅力?

显然,这样的争夺,不只在"我的诗篇"中发生,而是在社会每一个角落涌现。我们要做的,便是在每一次"我的诗篇"这样的短兵相接中思考和学习得更多。毕竟,从来就没有什么救世主,要创造人类的幸福,只能靠我们自己不断更新学习、思考、创造和联合的能力。

       2015年11月初稿
     2016年1月定稿于伦敦砖巷

  （本文以《谁是"工人阶级"——"我的诗篇"媒介组织中的个体危机》为题，刊于《探索与争鸣》2016年第8期，发表时有所删节。）

"业余"的位置：当"彩虹"开始合唱

一、现象级的"业余"

今日社会中，人们对"业余"的偏爱和推崇，正日益高涨，由此形成的社会话题和商业活动也愈发密集。比如，若没有理所当然的专业界线和由此出现的"业余"，诸多的"跨界"——运动员演喜剧、漫画师设计新鞋、演员当大厨——便无从博人眼球。再比如，同样泛滥的"选秀"。如果说"跨界"追捧的是由精英和专业混搭而来的"业余"，打造一小撮人做什么都出色的社会景观，那么整套选秀机制的前提，便在于高度肯定普通人的"业余"。仰仗这种被抽象肯定但范围极为有限的"业余"，无论实际表现如何，"业余"的展示总能调动特别的社会情绪，产生立足于此的商业价值，就连不少"网红"的争议性，也由此而来。从旭日阳刚、余秀华到范雨素，引人注目的首先是他们在"业余"时间里的歌唱与书写居然不错。其次才是这些打工者的"业余",既不曾遵循商业利益的明确指导,又溢出了选秀机制的刻板规范,如何对其展开评价,成为极具争议性的话题。

上述罗列,并不能穷尽"业余"在当前社会生活中的膨胀与渗透[1],却足以说明:长期以来,作为工作的对立面或剩余物而存在的"业余",越来越成为重要的集体欲望的集散地。这固然是因为,在这个注意力经济的时代,经济和文化的携手共进,正催生出一种特殊的繁荣;其基本特点在于,无论是广义还是狭义的文化,都不得不以经济为标准,加速度地生产自身,并由此形成社会生活的新节奏。兀自膨胀中的"业余",既是对这一变动的本能反应,也是被此类繁荣挤压而出的一种新的生活状态。但更要紧的是,由此产生的对"业余"的推崇和热情,弥漫在经济利益和大众文化的缝隙之中,无法被它们之间过于利落的交换清除和穷尽。此时,运用各色名词指称聚集于此的集体欲望,分而治之,将其转化为文化经济的助燃剂,是饥渴中的资本的基本策略。在这一策略中,一方面,"业余"被大规模地征用,积极参与在注意

---

[1] 更多的例子来自"业余"由"临时"向"正式"过渡,被解释和吸纳为新自由主义下一种新的工作形态。比如,"同人"、字幕组、"斜杠青年"、"网红"、优步专车的兼职等等。如今,这一业余性,已经进入了更为"高端"的金融行业。在《经济学人》最新一期的报道中,成立于2011年的对冲基金和网上众包平台 Quantopian 拥有12万的业余人士,为其提供算法。

力经济对社会景观的重塑之中；另一方面，此种分而治之的征用方式，又使得"业余"被或着眼于经济利益，或注重大众文化的媒体和学术话语迅速瓜分，就此隐形。这意味着，想要打破分而治之的征用，理解被挤压而出的不断膨胀的"业余"，把握其对经济生产和文化生产的意义，进而描述在此过程中社会欲望的集结和投掷的可能方向的话，就需要将"业余"确立为一类明确的社会事实，展开更为认真的审视和思考。

正是在这一形势中，上海彩虹室内合唱团（Rainbow Chamber Singers）具有其特别的意义。这不光是因为，这支由各界青年组成的业余合唱团，亦正亦邪，在短短两年间，持续贡献着神曲和雅乐，为人们带来了彩蛋不断的欢乐时光；更是因为，它持续穿梭在专业/业余、工作/休闲、商演/公益、高雅/搞怪、严肃/娱乐这一系列二元对立之间，使这个时代里"业余"的丰富含义初步显形。至此，考察其所具有的业余属性，特别是由合唱团的运动轨迹和社会际遇所揭示的"业余"在当前社会中的位置，也就构成了本文的任务。

二、挤压而出的工作之"余"

2016年年初，凭借合唱演出的搞笑返场视频《张士超你到底把我家钥匙放在哪里了》，上海彩虹室内合唱团迅速走红网络。在这首被网友称为"开年第一神曲"的合唱歌曲中，男女8声部共同追讨"我家钥匙"的去向，气势恢宏地表达着城市生活中的小怨念。一时间，正经八百的室内合唱与追讨钥匙未遂的小情绪之间的巨大反差，引燃了人们对合唱团的好奇和热情。这支成立于2010年，最初由音乐学院指挥系学生组建，此后吸纳各界合唱爱好者加入的业余青年合唱团体，就此走进公众的视野。

在一次电台的访谈节目中，当被问及指挥系的同学怎么会想到自组合唱团时，团长金承志坦言，一个直接的原因就是他们的专业考虑。既然学了指挥，按照专业对口的思路，未来的工作就应该是干指挥这一行。可偏偏乐团指挥这个职业过于冷门，不仅工作机会极为有限——一个城市最多1—2个正规乐团，在岗人员的退休速度又异常缓慢——"老而弥坚"在这一个行当里仍然准确管用。与此同时，胜任这份工作的要求，却是指挥经验的积累越深厚越好，这恰恰需要不断的练习和反复的揣摩。于是，对指挥系的学生来说，既有的工作岗位和可能的工作经验，构成了一个"鸡生蛋，蛋生鸡"的矛盾：必须有丰富的工作经验，才有竞争上岗的实力；可丰富的工作经验，又只能在不断上岗中积累。对年轻的指挥者们来说，如完全依赖既有的专业乐团制度，这就是一个不可能完成的任务。与其等到别人终于把一个团交到自己手上，不如"自救"，组个团先操练起来。在"业余"的过程中期待上岗，彩虹合唱团应运而生。

可以说，"彩虹"和其他业余乐团的诞生，正是源于这种"制度性的不可能"。乍看之下，这是由于指挥这个行当过于专门造成的。但实际上，经验积累和岗位竞争之间犹如二十二条军规般的"制度性的不可能"，广泛存在。无论是大学生在求职时，用人单位对实习经历的格外重视，还是越来越多的没有酬劳甚至需要交费才能获得的"实习岗"的出现，或是不断加码的晋升规则和对功成名就者的高价引进机制，都意味着，社会对"工作者"的要求正滑向荒诞。指挥这个冷门职业的现状，不过是对这种荒诞性做了最直截了当的表达：在经历了近四十年的改革开放和经济高速增长之后，中国社会进入了各行各业相对饱和，工作机会和社会资源不再向青年一代轻易开放的新阶段。与此同时，由新自由主义主导的工作制度，又将持续减少就业岗位、使工作变得不稳定作为提高效率、攫取更大利润的方便法门。这两个变化彼此叠加的后果，就是不断提高对工作者的要求、拉高稳定工作的门槛等做法变得理所当然。于是，充分享受了改革红利、执掌分配大权的社会中坚力量，对于新自由主义下的后福特制，有着某种天然的亲近感。凡事优先考虑如何对自身有利，而不考虑此种"制度上的不可能"对社会长久运行的利害，是其最自私短视的一面。只是,这样的制度显然无法独立运作。各种在体制之外的替代性或补充性做法由此催生,以大量弹性、不稳定和隐形的工作类型和工作方式,与之配合,共同维持一个"不可能"的工作制度持续运行。这种体制内外的默契,已经成为当前社会的常态。以"业余"而自觉待岗的彩虹团,便是其中的一种。就此而言,"彩虹"的业余,是对当前不合理的工作制度的自觉补充。此时的业余,是缺乏正规工作者的社会发明,朦胧地承担着未来就业者的蓄水池功能。

如果只是这样,那么"彩虹"的业余性,至多凸显了这个时代的极端功利,以及针对这一功利行为的社会自救,并无太多的新意。不过,它的运动轨迹,显然还有另一个重要的面向:来自社会各界的合唱爱好者们的持续加入和参与;即便是它尚未成名之前,也是如此。按照金承志的说法,一个完全由未来指挥者组成的合唱团,困难重重。因为每个人都有对音乐的专业理解,调和妥协总是异常困难。于是,身处"业余"的指挥者们的"自救",因为过于专业而不可持续。新鲜的血液——来自各行各业的爱好合唱的年轻人,他们对于合唱有着自己的热爱,这样的热爱和专业无关,而是和另一种工作之"余"相关。如果说,指挥者们的组团自救,是被正规工作制度挤出时的本能反应,那么合唱爱好者们的加入，则是被既有的工作制度牢牢套住的年轻人，在面对工作压力时的另类选项。参加合唱，调整身心，从中获得有别于工作的一种完全不同的精神状态，由此形成安排工作之"余"的时间和情感，乃至投掷精力的新方式。

显然，对绝大多数城市青年来说，这一种工作之"余"，是后福特制高强度剥夺的另一个结果。而被剥夺后的本能反应，则在"彩虹"的"神曲"《感觉身体被掏空》中得到了精准而全面的表达。这首自带弹幕、加入了"葛优躺"和作为老板的"黎明"等各类噱头的歌曲，在短短的五分半钟之内，既生动描述了后福特制中工作的基本特点，"眼神似黑背"的老板、随时随地开会加班、看似平等亲近实则紧张的上下级关系——"宝贝加班吧"、以微信这样的社交平台为媒介而不断延长的工作时间——"辞职以后拉黑他"，以及"天天KPI"的绩效考核制度，又将年轻人在今天的城市生活中，为保障这份工作必须付出的身心条件和盘托出：所能承担的住处与工作地点之间永远遥远的距离，每天花费大量的时间和体力与恶性的交通环境作战——"起来征战北五环，我家住在回龙观"，加班加点导致的"作息紊乱""越来越胖"，由此堆积起来的疲惫心态——"感觉身体被掏空，我累得像只狗"和与之展开妥协或协商的办法——"难道你没有家？""不要加班""我要去云南"。在这里，作为对没有边界的黑洞般吸纳一切时间和精力的工作的对抗,家的重要性、"生活在别处"的信念和对工作的彻底拒绝,成为年轻人在心中恣意挥舞的想象性武器。

更有意思的是,借助于合唱这种多声部的表达形式,歌曲还带出了正尴尬地夹在这两者之间的第三部分——现代工作伦理。一面是媒体正在大力宣传和推动的"匠人情怀",可每天高强度的工作和追在屁股后面的 KPI,自然容不得慢工出细活的"匠人",也就很难让人体会工作带来的意义感和成就感,这无疑是对目前这种糟糕透顶的工作状态的控诉。与此同时,另一个声部又极具讽刺地高唱:"我热爱工作,工作让我进步,我喜欢学习,超快乐。"显然,现代人日益发达的自我管理术,已经将工作和进步、学习和快乐这些关键词直接挂钩,工作学习和个人成长、情感获得之间的关系,是比"匠人情怀"更为深层也更广为接受的工作和生活伦理。于是,一方面是拒斥当下的工作,但另一方面,作为这种工作状态的对立面,一种"更好"的工作想象,及其与自我成长的关联,并未彻底破产,而是以某种谐谑反讽的身份重返。这种对工作伦理的半信半疑,与来自西伯利亚的爸爸和远在天边的云南一样,成为"累成狗"的工作者们,在躲避、嘲讽乃至对抗现实中的工作时仅有的,既极为必要又极不稳定的理念支持。

至此,在彩虹室内合唱团这一个案中,我们看到的是两种工作之"余"的叠加组合。其中,第一类工作之"余",是被占据支配位置的正规工作制度挤压而出的剩余。作为对既有的工作制度必不可少的补充,这样的剩余正以各种方式现身。无论是政府大规模地提倡大学生自主创业,是数量激增的白领投身"代购"或"共享"事业,还是大量以志愿、实习或派遣等名义存在的职位,都是这一类剩余的不同表现形式。与之不同,第二类的工作之"余",是人们被这一整套工作制度——正规和非正规的集合,高度剥夺后的必然要求。当后福特制使人精疲力竭,补偿的不二法门又总是消费之时,寻找不同的组织和安置自身情感、精力和时间的方式,这一类的愿望也就越发强烈。

正是这两种既和现代工作制度紧密相关,又不尽相同的工作之"余",它们的叠加组合,使得彩虹室内合唱团成为一个特别的团体:既非一心等待,以期更加专业和商业,从而进入体制的乐团,也非纯属兴趣爱好,为了一味地开心有趣而失去音乐上的自我要求的团体。也正是这种特殊的组合方式,敦促我们去思考,在当前社会中,由新自由主义的重压挤出的,究竟是一个什么样的"业余"的现实位置?

三、在工作/消费之外:谁的余数?

已有报道指出,彩虹合唱团贡献的《感觉身体被掏空》

《春节自救指南》等歌曲，唱出了"新城市民工"的心声，为压力巨大的城市职场生活提供了发泄的出口。这当然是彩虹合唱团一部分走红网络的作品极具特色之处。然而，如果只是如此，那么作为"业余者"的彩虹合唱团以及他们所提供的音乐，也就沦为了大众文化商品中的一种，是包装完毕、只待消费的对象。面对这样的文化商品，每个被高度剥削的城市民工，只需回家后在沙发上以标准的"葛优躺"，打开电脑或手机，一边欣赏一边发笑自嘲便可。如此一来，工作之"余"再次蜕变为消费时段。此种片面化的描述，也在有意无意间，将人们对"业余"的要求，重新拉回工作/消费的二元对立，把嘲笑工作和自嘲，变为合格劳动力再生产的必要手段。然而，彩虹合唱团对既有的工作制度、消费制度及其合谋的挑战，远不是几首歌曲几段视频那么简单，而是来源于其创作和实现这一类歌唱的业余化的运作模式。

正如团长金承志在多个场合反复说明的那样，彩虹团的团员们参加排练和演出，并非想成为专业的演出团队，也不是为了赚钱。他们都只是以业余者的身份做一件自己喜欢的事情。因此，每年固定的几场演出，如果条件许可也愿意参加几次商业演出，但这些都要视大家的意见而定。对于有着固定且不错收入的城市白领们而言，参加合唱团是一种严格区别于工作的状态。如果说赚钱往往构成了人们评估工作的重要指标，甚至成为唯一目的和动力的话，那么与此相区别，"业余"之所以可贵，恰恰在于它的目的不是金钱，也无法以金钱加以衡量。

只是，若仅到这一步，是不够的。因为这样的"业余"，仍只能经由对工作的否定来确立自身。这样的否定之法，并不能够给予业余自身的根基，反而成为人们诟病或径直将彩虹团、跑团或其他由兴趣爱好而起的自发组织，视为中产阶级自娱自乐的一个原因。毕竟，合唱也好，马拉松也罢，如果"业余"总是建立在不在少数的金钱投入和慷慨的时间投掷之上，此外又别无与消费娱乐更为根本的区别性特征的话，这样的指责自然在所难免。这意味着，倘若要正面论述今天社会中的"业余"，就需要进一步梳理和明确，"业余"究竟如何确立起自身的意义，它是否可能或正在从工作/消费的支配下摆脱出来。

就此而言，在彩虹团尚未红火之前，一篇发在其微信公众号的讨论文章《我不觉得一群人唱得高兴就好》，很值得注意。文章一开头便申明，自己是一名合唱团的团员，对合唱有着自己的理解和要求。对于合唱团中普遍存在的对于"业余"的看法——"大家在一起唱得开心就好"，作者颇不以为然。他/她在合唱团所做的一切，也就成了和这些看法持续交战的过程：

> 开唱时唱不准音高或者没时间复习乐谱都是有原因的，为什么要揪着不放，破坏别人的乐趣呢？识谱虽然没那么强，但是这个人很有趣啊；对声音的控制虽然无感，但这个人知道哪里有好吃的啊；音准的概念虽然弱，但这个人……，为什么要揪着不放叫别人不高兴？而且为什么总是说那几个个别的人好，他们是做事认真，排练认真，唱得也很不错，但为什么就是对别人视而不见？是啊，为什么呢？[1]

这段生动有趣的记录，不仅把我们带回到了纷扰的排练场和各有特点的合唱者们中间，更是向我们展现了，当前社会中，人们对于"业余"的习惯性定位，即便是业余者们自己也不例外。比如，既然是"业余"，也就意味着它并不是那么重要的事，一旦需要，就应该为工作或其他更要紧的生活内容让路。首先牺牲"业余"，有何不可？既然是"业余"，那么所有的活动便是为了乐趣或开心而来，一切导致不那么开心或有趣的做法，例如艰苦枯燥的练习，就不受欢迎或干脆拒绝。不然，怎么叫放松？既然是"业余"，那么业余者就不再是异

---

[1] 哈贝：《我不觉得一群人唱得高兴就好》，上海彩虹室内合唱团微信公众号，2014年12月3日。

化劳动下的片段，而是应该被视为一个"完整的人"来接纳。唱得不好，但有其他优点的人，难道不同样值得被友爱和珍视吗？于是，这段看起来再平常不过的合唱队员之间的彼此埋怨/相互体谅，实际凸显的是"业余"在现实中的尴尬位置，以及这个位置缘何而来的各色线索。

显然，长久以来，人们不断投掷在"业余"之上的，是在工作中无法被满足的欲望和要求。一方面人们如此看重和渴求业余，羡慕别人展开此类活动的能力，但另一方面又总是不假思索地认为，它不重要，并不需要特别的思考、养成和呵护。一方面人们认为在高强度的工作中，人惨遭异化，失去了完整性，另一方面又似乎觉得只要脱离了工作，作为完整的人的资格就会自然恢复。一方面人们厌恶工作，把无聊、繁重、费心劳力视为工作的基本特征，拒绝它们被视为对工作的抵抗。另一方面，享乐、搞笑、不花力气便可以轻松享受的消费乐趣，却也很难真正让人满意，欢乐中的空虚，被越来越频繁地注意到，变得刺目和尖锐。然而拒绝费心劳力的本能反应，又注定了这一注意和抵抗之间彼此断裂。

不难发现，在这些矛盾中，对工作的厌恶越是强烈直接，工作越是能以一种更为深刻和隐秘的方式支配人们的喜好与取舍。不费心劳力的以消费为主旨的休闲，也就越发顺理成章地接替工作，成为注意力经济时代的另一重剥削之法。这些自相矛盾的欲望和要求,既构成了人们对"业余"几乎条件反射式的理解,也开启了重新思考它的契机。关键在于,我们是否愿意梳理这些欲望和要求,重新设定问题。

首先,当今社会中,工作和业余这一组关系的实际状况究竟如何?我们应该对它们形成什么样的新的认识?一般说来,今天人们普遍持有的对这组关系的看法,是在马克思描摹的大机器时代这一具体的社会条件中逐渐成形的。在这一时代中,工作的种类、样式乃至有无,看起来总是由机器在创造和规定;按照马克思的说法,人成为必须配合机器这个死机构的活零件。[1] 正是在此种社会条件下,业余与维持劳动力再生产的休息不同,它的作用在于丰富人们的社会生活,如果一时没有时间和精力去展开,也没有关系。这也就决定了,在这一组关系中,业余总是可有可无的锦上添花。

问题在于,一旦离开了机器系统对工作的支配状态——它似乎总能"随心所欲"地创造/消灭工作,业余作为对工作的补充和辅助的关系,是否依然成立?当前的变化,正在于

---

[1] "在工厂中,死机构独立于工人而存在,工人被当做活的附属物并入死机构。……不是工人使用劳动条件,相反地,而是劳动条件使用工人,不过这种颠倒只是随着机器的采用才取得了在技术上很明显的现实性。"(马克思:《资本论》(第一卷),人民出版社,2004年,第486、487页。)当然,马克思始终强调,是资本主义制度对机器系统的应用,而非机器系统本身,导致机器对人的彻底支配。人和机器(系统)的对立/敌对,是资本主义制度运作的结果。目前的状况,也是类似的。

此。在后福特制中,机器系统主导生产的地位并未改变,但其创造和规定"工作"的能力,却因机器自身的发展大大变化了。这一变化主要表现为齐头并进的两个方面。首先,是人必须配合机器的运行、担任各种活零件的机会,正被机器自身的"进化"所剥夺。越来越多人的劳动和社会时间,从具体的物质生产中被"驱逐"/"解放"出来,投掷于社会生活内容的生产和更新。20世纪五六十年代以来,无论是米尔斯讨论的"人格市场",还是拉扎拉托定义的"非物质劳动",都是对这一趋势的敏锐观察。可惜的是,这一类观察和命名,都过于聚焦工作形态和属性的变化,而忽略了工作和业余这一组关系的实际变动及意义,以至于无从解释在新自由主义的冲击之下,"工作"越来越需要甚至依赖"业余"的翻新、补充和供给,这一点究竟意味着什么。与此同时,在机器"进化"的干预下,人不断发展和调整自身,构成了这一变化的另一个方面。从生产的角度,这个方面可以被理解为,在机械生产力不断提升的状况下,"业余"以及业余与工作之间残留的合谋关系,导致了大量弹性、不稳定且缺乏社会保障的工作种类的"发明",就此重新结构人类社会。而如果从人的整体发展而非生产的角度,来打量这一变化的话,便会发现,当被驱逐的时间和精力生成不断膨胀翻新的"业余"时,人正近乎本能地探索,当机器可以代替绝大部分的体力和脑力劳动之时，人究竟还能为自己和社会创造什么。

上述变化意味着，究竟是谁在定义和创造"工作"，且一并定义与之相关的"业余"，这样的问题，必须在新的社会形势中被再次提出。在这里，真正的难点，从来也不是持续更新的"业余"是否可能转化出同样多或更多的工作，以便人们从容就业，养活自己，而是，当大机器时代势必终结，机器不再牢牢把持当年从人们手中抢夺而去的创造和规定"工作"，乃至"业余"与"休息"的权力之时，人是否有能力真正收复这一定义权。就此而言，由人工智能的发展带来的威胁，并不在于它们将大规模地取代人，从而迫使人承认自己在生产力上远不如机器，而是在于，以人工智能为代表的机器，极有可能再一次入侵乃至全面接管目前仍主要由人而非机器主导的社会生活内容的生产和更新，进而控制创造和规定工作/业余的新一轮进程。在这一过程中，再次失去定义权的人们，势必和当年身处大机器时代的人们一样，沦为被支配的微小部件。只是这一次，人的反抗能力，会因机器对社会生活内容生产的全面接管而进一步丧失。

如果说，这是人们今天重新理解工作和业余关系时的实际处境，那么，显然，继续认为"业余"可有可无，随时可以放弃，此类理解和现实不仅不匹配，而且严重滞后。在这种陈旧的理解中，通过机器获得更美好的人类生活的朴素愿望,势必落空。格外重视人们几乎本能地展开"业余"的能力,不仅使之摆脱可有可无的地位,而且将其视为与机器(及其背后的资本主义应用)争夺定义权时人的独特能力,也就成为需要首先确立的新常识。

其次,不难发现,新自由主义的经济制度已经在驱使和利用这一工作和业余之间关系的新变化了。它比普通人更敏锐地意识到,"业余"不再可有可无,而是新的利润增长点。本文开头所描述的大部分"业余",便是如此。这一驱使和利用的方式,有着一个固定不变的目标,即将"业余"彻底吸纳到既有的工作制度之中,使之成为一个继续以生产力和利润为标准来确立自身合理性的所在。不过,这并非以"彩虹合唱团"为代表的"业余模式"的诉求。如果说,"大家在一起唱得开心就好"是一种在旧有的工作和业余的关系中生成的对"业余"的理解,就连合唱爱好者也不例外的话,那么在对这一常识的反驳中,实际上就包含这样一个命题:摆脱了作为工作的辅助内容而存在的"业余",是一套既不根据金钱和生产率,也不根据纯粹的有趣来衡量的对自我展开组织和劳动的社会方式。音要唱得准,排练之前要熟悉乐谱,彼此之间需要多多协同合作,所有这些都不仅仅是为了歌唱的愉悦、合音的曼妙,也是为了通过歌唱来炼成一个更为成熟的自我。这个自我,不是通过"工作"在现有的体制中被动地生产出来,而是通过"业余"和更加自觉的对"业余"的理解主动出现。正因为如此,合唱这样的练习功夫,不仅是为了唱得开心,也不光是为了唱得更好听,而是通过合唱更好地平衡自身的欲望,节制情感和能量,就此展开一种针对自我的劳动。正是这,构成了业余的区别性特征。和工作或休闲不同,只有它,才能彻底摆脱一切生存、劳动、商业和市场问题,将精力投掷于人的生长之上。[1] 只有这样的自我劳动,才有可能恢复被工作异化了的自我。一种不围绕工作,而以"业余"为核心展开的新型自我,以及与其一并发生的新的社会集体,正是它们构成了人类争夺社会生活定义权的抵抗的主体。[2]

最后,说到这一步,我们也就不难发现,长久以来,工作所垄断的,从来不仅是金钱观念,它同时也强有力地控制着我们对于辛勤、艰苦、乐趣、欲望、压迫、时间、空间、公共性等一系列基本观念的把握和理解。换言之,工作最终垄断和剥夺的,是人对于自我和社会究竟如何可能更好地生

---

[1] 迪富尔:《西方的妄想:后资本时代的工作、休闲与爱情》,赵飒译,中信出版集团,2017年,第128—129页。
[2] 彩虹团的"业余模式",在这一方面有一些初步的表现。其所展开的这些活动,在当前的解释框架下,被笼统地称为"公益"。在这里,需要进一步整理和思考的是,这些活动究竟如何和舞台表演、商业活动、媒体传播等,共同促成了"业余模式"下新型自我和新的公共性的生成和发展。

长成熟的认识能力。而无处不在、蠢蠢欲动的"业余"保留的,是这一能力的残余与进一步恢复的可能。如何更深地理解"业余"对于自我的意义,如何从中发现抵抗和反思工作的因素,将针对自我的训练和创造,从唯利是图的资本逻辑中解脱出来,理应构成整个社会持续重视"业余"的动力所在。

四、"业余"之战:今天的余数,会成为未来的多数吗?

若带着上述线索,重新审视彩虹室内合唱团,便会发现,其实际呈现的,是今天社会中几种不同类型的力量就规范和制约"业余"展开的一场争夺战。

首先,是为娱乐消费服务的商业制度对"业余"的牵制和拉扯。娱乐和消费,作为一种制度性的力量,总是充分利用其与工作之间的合谋,机敏地吸纳任何可能溢出既有规定的行为,为己所用。2016年,因《感觉身体被掏空》而走红的彩虹合唱团,受"天猫双11"之邀,录制《我就是这么诚实》。这首广告歌曲,虽同样控诉无法让人满意的工作现状,结论却是人应该对自己好一点,在诸多不满的现实中,通过购买让自己的身体首先满意起来。此外,参与卫视节目、与"凤凰传奇"合作,发布多首电影主题曲,走红之后的彩虹合唱团,其参与商业活动的活跃程度,正持续增长。

一方面，将具有新颖性的"业余"活动，转化为对现实制度毫无挑战性的消费品，这样的商业利用在曲解和遮蔽"业余"时，显然比一般媒体报道更具效力。但另一方面，这种商业的利用，也极有可能将新的对"业余"的重视和更为明确的理解——如果有的话，传播得更远。在这里，一个更为基本的事实在于，在今天社会中，任何"业余"得以生长和壮大的领域，此种商业的利用和可能的传播效果，都将如影随形，难以回避。此时需要思考的，不是如何去商业化，而是在这一力量的钳制和利用之中，真正干扰乃至阻挠"业余模式"更顺利地运行的，究竟是什么。就此，一个现成的回答，也由彩虹团给出。那就是，业余运作和商业节奏之间不可避免的冲突。在《十三邀》这一档访谈节目中，刚刚走红一年多的金承志便已经生出了这样的感慨，实际的创作节奏，难以跟上商业所要求的加速度。至此，高度重复也好，加快创作和排练的节奏也罢，都是初步成型的彩虹团式的"业余模式"在面对商业力量时做出的妥协和权衡。如何维系"业余模式"的运作，也只能在这一判断和权衡中实现。在它彻底与商业节奏相一致，蜕变为与之匹配的工作之前，所有这些判断和权衡，都是在积累我们这个社会对于"业余模式"的有效经验或教训，应当得到珍惜和重视。

其次，是趣味的力量。"业余"之所以存在，不光是与工作/休闲的角力,还源于其呈现和塑造趣味的能力。这种呈现和塑造趣味的能力,既可以被商业利用,比如,在2017年5月"红星美凯龙"广告歌曲的重点便在于中产阶级的居住品位,也可能被划为"高雅文化"保护起来,成为少数人才能欣赏的部分。比如,在音乐平台"虾米"上,对"彩虹合唱团"的另一类作品——《泽雅集》《双城记》等,一种常见的评论情况便是:大多数人只关心《感觉身体被掏空》一类的神曲,而对更好听的合唱歌曲毫不关注。更值得注意的是,这一趣味不光是音乐上的,同时也是更大范围内的文化资本和经济资本的选择和呈现。比如,彩虹团一年一度的招新简章,便要求团员除了有合唱的经验之外,还至少熟悉一门外语。

在这里,需要指出的是,当布迪厄在《区隔》中大谈趣味,视之为区分阶级的有效标签之时,中国当代社会中的趣味,还远不是一个既成事实。这是因为,任何一个社会或阶级的趣味,都不可能单凭迅猛的消费主义独自完成。相反,只有在一个社会、一个时代的集体记忆、消费经验、历史积淀、政治意识等多种因素得到充分整合之后,具有区分效力的趣味方有可能成形。到目前为止,在消费主义的持续冲击之下,属于当代中国社会的足以区分阶级的趣味,仍在艰难地形成之中。彩虹合唱团的作品,既是这一混杂的形成过程中一种趣味类型的标本,也是"业余模式"积极参与趣味形成的社会过程,对其展开整合和形塑的阶段性个案。于是,在他们的歌声中,既可以听到对懵懂无邪的童年的怀念,也可以听到在当前激烈的社会竞争下,对城市的厌弃和对田园乡野的眷恋,既可以从中辨识出对自身品位的标榜,也可以听出对远去的人文情怀的追慕。在这一类正在形成中的趣味背后,是改革开放以来,中国社会逐渐出现的阶级分野。生活在城市、接受过高等教育,且有一定的国际交流经验和体面工作的年轻人,构成了这一趣味形成的主体。而支持这一趣味的形成的,则是改革开放以来的持续加速的城市化进程。这也就对正在形成之中,且努力保持新颖性的"业余",提出了更进一步的要求:倘若"业余模式"具有此种整合形塑社会乃至阶级趣味的力量,那么参与和坚持此种"业余"的人们,应该如何理解其内在的阶级属性?理解由这样那样的"业余"经营而来的"趣味",最终如何可能在严酷的等级区分之外,对社会现实发起真正的挑战?

最后,是既有的理解和展开"业余"的观念性力量。显然,到目前为止,让"业余"变得重要起来的途径,往往是使之最后荣升为"工作"。这样的观念无疑仍然占据了主流。当前的流行词汇——"斜杠青年",便是其中一例:赶紧把你的业余爱好变成一项可以赚钱养活自己的职业吧。网红们的签约上岗、大把赚钱，似乎也正把这一转化变得越来越不需要讨论。然而，正如之前所指出的那样，如果"业余模式"的目标只是为了发明一种新的工作，那么，我们便很难真正从机器的手中夺回对"工作""业余"和"休闲"的定义权。因为在既有的以生产力为指标的工作制度中，机器将永远比人更有效率。当"休闲"总是与以此为目标的"工作"相配合时，"业余"却是以人的完整和生成为旨归，只为人而设置的活动。也就是说，当越来越多的"业余"，被转化为新的工作种类的时候，人留给自己和整个人类社会的生长空间，恐怕也就越来越小。至此，当阿尔法狗在围棋大战中全面获胜之时，人们迎来的倘若不是人的终结，那么就应该是一个社会将展开"业余"的能力，视为人区别于机器的重要特征，为此展开全民教育的新时代。[1]

在一个窘迫的时代，人们总是很容易产生一种不自觉的希望。那就是，有一群人能够突然做对所有的事，帮助或示范人们如何脱离困境。又因为这样不自觉的希望，对那些被社会形势所推动，偶然做对了一些事情的人们，变得异常苛刻。彩虹合唱团的遭遇，也将大致如是。

---

[1] 分析到这一步，实际上也就到了摆脱既有的"工作"和"业余"的关系，在新的社会情境中重新定义"业余"，或者说，寻找一个新的更为准确的词语，指称和命名人的这种特殊能力的阶段。限于篇幅，这一部分的思考，此处无法展开。

谁也无法预料,在这一场特别的"业余"之战中,彩虹合唱团是否可以坚持得更加长久一些。然而,无论如何,在这场战争之中,单打独斗的胜利或失败并不重要。重要的是,人们意识到,面对这样的"战争",任何袖手旁观、只待别人提供战果的人是可耻的。在这个社会中,并非每一个人都能歌唱,正如并非每一个人都拥有发展业余的能力,这本是现实生活诸多制度限定的结果。但是,珍惜一点一滴的事关"业余"的偶然,帮助它们从既有的话语和制度中持续挣脱出来,并且意识到,将目前零星的余数变成将来的大多数,是一个应该为之努力的美好目标,恐怕是绝大多数不那么擅长唱歌,却仍然对将来有所期待的人们力所能及之事。

2017 年 6 月 13 日初稿
2017 年 6 月 29 日修改
原刊于《文化研究》2017 年 12 月

独异性社会中的文化赋值与数字劳动

随着数字技术在社会生活中的日益渗透,围绕"数字劳动"展开的讨论和研究——无论是大厂青年们的"996福报",是数据标注员或网络博主们的日常生活,还是外卖小哥被层层外包的"自由劳动",已经成为中国社会的热点问题。这些讨论和研究不仅揭示出数字劳动对当代社会生活的深刻影响,也促使人们不断逼近一个问题:从社会整体性文化的角度,究竟如何看待膨胀兴盛中的数字劳动?如果说当前的讨论往往被放置在政治经济学、社会学或传播学的既有路径之中,那么本文的任务便是尝试从中国大陆的文化研究出发,整理与之相关的一部分理论思考,探索展开理解的可能方向。

一、文化研究视角下的数字劳动

首先,需要说明的是,从中国大陆的文化研究出发讨论数字劳动,这一出发点究竟有何特殊之处。众所周知,发轫于20世纪90年代中后期的中国大陆文化研究，其重要源头之一是五六十年代英国的文化研究。斯图亚特·霍尔（Stuart Hall）在《文化研究1983：一部理论史》里，一开篇便指出，英国当时出现的文化研究，实际上是要对一个非常具体的政治问题进行回答："在经济富足的情况下工人阶级发生了什么变化？"为此，他特别强调："文化研究的诞生实际上是一个政治计划，是一种分析战后发达资本主义文化的分析方式。"[1] 格雷厄姆·默多克（Graham Murdock）则进一步明确，正是"消费者身份与工人和公民的身份之间紧张的二元对立关系"构成了文化研究蓬勃发展的契机。当"原有的公民身份和公民责任因消费主义的魅力和自我实现的承诺而迅速黯然失色"之时，文化研究在很大程度上便是试图回应这一重大的社会转型。[2] 此后，消费主义开始了它的全球扩张，文化研究也随之散播到世界各地。这个当年在英国社会中急需回应的问题，在不同的社会土壤中生根发芽，虽有所变化，但类似的责任和焦虑并未消散。

对于中国大陆文化研究来说，也是如此。改革开放以来，消费主义的兴盛与公民身份的构建，在中国社会中并不构成

---

[1] 斯图亚特·霍尔：《文化研究1983：一部理论史》，周敏、程孟利译，商务印书馆，2021年，第23页。
[2] 姚建华编著：《传播政治经济学经典文献选读》，商务印书馆，2019年，第8—9页。

英国式的对立与紧张。相反，在相当长的一段时间内，消费者的崛起和公民身份的发生不仅同步，而且形成了一种特殊的相互配合、彼此助力的关系。[1] 正如王晓明指出的那样，经由80年代末和90年代初国际国内的一系列重大变故，中国社会逐渐形成了一个由三个子系统组合而成的新的社会制度/结构。这三个子系统分别是，以"维稳"为首要目标的国家政治系统、有"中国特色"的市场经济系统和以"城市式居家"为中心的日常生活系统。[2] 如果说前一个系统势必形成一种新的公民身份的话，那么后两者则都致力于消费者身份的日益巩固。在这样一种彼此配合实现社会再生产的新的制度/结构中，不仅很难将伯明翰学派青年亚文化的抵抗模板，直接套用到中国青年文化的研究之上，也同样无法依样画葫芦，在不探究生产、消费和社会再生产之间关系的基础上，展开真正有效的文化批判。这使得那些针对文化研究的长期批评，既永远正确，又往往失焦。[3] 因为真正的问题，从来也不是将"阶

---

1 这么说并不意味着它们之间没有冲突，而是着重指出在一段时期内，随着中国经济的高速发展，它们在中国社会中的和谐共生、共同壮大。
2 王晓明：《什么是今天中国的"住房问题"》，王晓明等：《1990年代以来上海都市青年的"居家生活"》，上海大学中国当代文化研究中心、《探索与争鸣》编辑部，2016年10月，第173页。
3 比如，认为文化研究一味注重对符号表达和抗争层面的分析，而忽略对产业政策和经济形态的思考，并呼吁文化研究的政治经济学的转向。自文化研究进入中国大陆以来，这样的批评与自我批评便不绝于耳。

级"或"劳动"问题放回文化研究的版图了事。而是必须回答,在中国社会形成的这一组政治/经济/文化的配套关系中,生产者、消费者和公民身份之间形成互动与更新的可能。换言之,当英国文化研究以一种特殊的历史方式,将生产者、消费者和公民身份这三者的关系凝结在"工人阶级""消费文化"和"抵抗"之中时,后来者是否有能力将其重新打开,放置在一个完全不同的时代和社会语境中加以辨认与思考。

在这一意义上说,伴随着新自由主义在全球范围内的退潮,围绕数字劳动的相关讨论与研究,实际上为文化研究提供了一个相当宝贵的重新打开这三者关系的契机。特别是,当中国社会促成上述配套关系的经济高速增长期业已告一段落,看似和谐的关系出现了松动,乃至势必有所调整之时,更是如此。显然,在短短几年之间,当曾经的"小确幸"和"佛系",在近年迅速升级为"内卷"和"躺平"时候,这一变动的趋势正日益明显。文化研究对数字劳动的关注与思考也由此出发,特别注重其重新打开生产、消费和社会再生产之间关系,并由此重塑社会整体生活方式的可能性。

二、数字劳动的"泛滥",或独异性社会的困境

在这一思路中打量数字劳动,便会发现,数字劳动在冲击和改写生产、消费与社会再生产之间的既有关系的同时,

也正变得越来越庞杂含混，无所不包。在梳理了相关的理论演进后，姚建华在《数字劳动：理论前沿与在地经验》一书中指出，数字劳动从一开始被用来突显信息传播产业对互联网用户无偿劳动的占有与剥削，到越出这一范围，将网络零工、主妇式的服务型劳动、制造业或软件业劳动，以及社交媒体上的产销合一的劳动囊括其中。[1] 亚历桑德罗·甘迪尼（Alessandro Gandini）则发出了"数字劳动是一个空洞的能指吗？"的质疑，认为数字技术和劳动的结合，已经成为当前展开大多数劳动时的一个基本条件，过于泛泛地讨论数字劳动，只会模糊"劳动"这一概念在马克思主义中内含的批判性。[2] 夏冰青在《再思数字劳动》中也有类似的观点，并据此期待更多的学科加入到对数字劳动的研讨中。[3]

因过于宽泛而变得含义不清，并非数字劳动带给劳动议题的新状况。在此之前，安德列·高兹（André Gorz）便有过类似的担忧。不过，他所忧心的并非批判性的丧失，而是泛滥地

---

[1] 姚建华：《数字劳动：理论前沿与在地经验》，江苏人民出版社，2021年，第19页。

[2] Gandini, Alessandro: "Digital labour: An empty signifier?", *Media, Culture & Society*, March 2021, pp. 369-380. 在文章中，作者绘制了一张表格，以区分受众劳动、数字劳动和平台劳动，指出其主体、劳动行为、被剥削的方式和所运用的媒介完全不同。

[3] Xia, Bingqing: "Rethinking digital labour: A renewed critique moving beyond the exploitation paradigm", *The Economic and Labour Relations Review*, September 2021, pp. 311-321.

使用"劳动",将导致"独一无二的个体"消失。援引 Claus Offe 和 Rolf Heinze 的劳动观——"在任何地方,当(一项活动)的用途对于从事它的人而言比其他人更大时,我们就不能称之为劳动,否则便是对劳动的滥用",他据此强调劳动与私人领域之确立之间的关系:

> 在不滥用的前提下,我们不能把私人领域(比如家务活动领域)为自己所从事的"自我劳动"简单地等同于劳动,因为这类劳动专门服务于我自己及和我一起组成一个生活共同体的其他成员,服务于这些人的自我生产与维护。这类活动只有在下列前提之下才能保持其本真意义:不以社会用途来衡量;不是为了纳入社会劳动进程,也不是为了再造或巩固社会关系体系。私人领域的真实意义在于,为个人提供一个生存空间,其中每个人都是独一无二的个体,无需将自己的生活和目标置于社会目标之下。[1]

此处,无意讨论马克思主义内部不同的劳动观,只想突出和之后的讨论有关的两点。首先,高兹提醒人们注意,区分是

---

[1] 安德列·高兹:《资本主义,社会主义,生态:迷失与方向》,彭姝祎译,商务印书馆,2018年,第75—76页。

为社会还是为自我展开劳动的标准,并不是在于劳动的主体或其服务的对象,而是劳动的目标及其被评价的标准。其次,自我劳动形成私人领域的目的,在于呵护与保存每一个独一无二的个体。换言之,在这里,存在着两种不同的劳动类型。一种是为了社会目标而展开,可以从效率和收益角度加以评判,也因此在现有的社会制度中往往伴随着剥削与占有。而另一种则是为了自我的生产和维护而展开的劳动,它的意义恰恰在于不受制于现有的社会目标和框架,既在"个体"与"社会"之间形成必要的张力,也与"将一切都视为可占有的和可计算的"这一种观点保持距离。[1] 表面上看来,这两者自然有相当大的重合——越是充斥着计算和占有的社会,越是如此,却不能将之混为一谈。[2]

---

[1] 正如麦克弗森在《占有性个人主义的政治理论》中指出的那样,将占有性与个人关联起来,视这一结合为一种自然,进而转化为以霍布斯的"利维坦"为代表的政治理论,这本身就是一个特定的社会历史过程所导致的结果,而非必然。对于"可计算"如何与资本主义历史相交织且变得日益突出,韦伯则有过详细的说明。麦克弗森:《占有性个人主义的政治理论:从霍布斯到洛克》,张传玺译,浙江大学出版社,2018年;韦伯:《新教伦理与资本主义精神》,康乐、简惠美译,上海三联书店,2019年。

[2] 比如,我正在写文章这件事。从学院评价体系和KPI考核的角度,它不过是努力挣工分的社会劳动。但显然它对我的意义,不止于此。除却生存的考量,它也是试图整合自身的思考,与他人展开对话和交流,共同推进某一个想法的努力。一个糟糕的学术制度,往往会持续剥夺这两者共存与平衡的可能,迫使人不得不为了前者而彻底搁置或放弃后者。张力或平衡感的破坏与社会劳动彻底驱逐自我劳动,这两者互为因果,相互加强。

显然，高兹试图做出的这一区分，在网络时代遭遇了更为严峻的挑战。无论是"每个人都是独一无二的个体"的观念，还是在背后支撑这种独一无二的自我劳动与私人领域的关系，都遭到了数字技术更为猛烈的冲击与全方位的加持。当以利润为目标的种种行为，经由媒介技术大规模且迅速渗透在人们的日常交往、娱乐休闲、身心活动这些过往为形成个体而展开的行为处事之中时，"独一无二的个体"也由此展开了它的变形。

对于这一渗透与变形，德国社会学家安德雷亚斯·莱克维茨（Andreas Reckwitz）有着独到的观察。他指出，既区别于与普遍性发生关联的特殊，也区别于无法被归类、比较与衡量的独特，一种位于这两者之间的"独异性"正在成为主导社会的核心逻辑。这种独异性，既处于社会规则秩序之内，又不限于被普适性逻辑再塑造的那些。它们往往在社会实践中被理解为"特别的"，并据此被制造和对待——"独异性就是在社会文化中被制造出来的'与众不同'"[1]。显然，要在社会实践中指认出"特别"，这本身是一个选取意义系统和重新展开意义链接的相对而言的文化过程。这一文化过程并不新颖，但要变得如此规模巨大且速率惊人，则是计算机

---

[1] 莱克维茨：《独异性社会：现代的结构转型》，巩婕译，社会科学文献出版社，2019年，第36页。

算法、媒体形式的数字化以及基于互联网的社会网络这三者相互作用、彼此配合的结果。莱克维茨进一步认为，当独异性作为一种社会的整体逻辑发挥它的作用时，"人们会越来越向自认为独异的人、物、图、地点和事件看齐，并有意识、有目的地制造这样具有独异性的人和事物"。如此一来，时间、空间、客体、主体和集体，都可以通过获得/失去"内在的自复杂性"，完成其被文化赋值/去值的过程。

"独异性社会"的命名，不仅捕捉到了新一轮社会生产的基本特征，而且提供了一个把数字劳动与"独一无二的个体"关联起来加以考察的文化视角。尽管在现代社会中，对人成为有个性的个体这一点一直有着强烈的要求，但在不同的社会阶段，帮助个体形成有个性的主体，协调其所遭遇的个性化和社会化之间的矛盾的手段却并不相同。就拿西美尔（Georg Simmel）所处的时代来说，当他用时尚来解析个性化和社会化这对矛盾时，可以拿来标记个性或独特性的物品仍极为有限。人们不仅可以仰仗时尚潮流彰显或隐匿自己的个性；且在此之外，留给个人思考和理解自身的领域，仍颇为广大。[1] 而现在，在数字技术极度扩张的社会中，标记出

---

[1] 西美尔认为，只有当其他领域无法达成人们对个性的追求的时候，时尚业才会如此兴盛，而非必然如此。西美尔：《时尚的哲学》，费勇等译，文化艺术出版社，2001年。

个性化差异的方式无疑是大大丰富了，而留给个人揣摩和思考自身经验的时空条件，则随之急速缩水。这是因为，在有相对积极和主动的思考之前，人们在日常生活中的种种行为举动，业已以数据化的方式被记录在案。从出行轨迹、心理动态到个人喜好，当这些都可以被瞬间捕捉存档的时候，从中挖掘出所谓的个体之间的差别，也就变得易如反掌。当这样的差别，通过算法而非个人的自主意识，被迅速归类、计算并推送的时候，其作为"差异"被确认和巩固的速度，也随之提升。正如莱克维茨所言："大量的数据，即大数据可以借助算法得知每个用户独有的特征，甚而有可能得知每个人独有的特征。"但在这里，他没有指出的是，在形成"独一无二的个体"时，所谓的独特特征是由数据和算法得以确认，还是由作为主体的个体主动辨析，这两者之间有着重要的差别。特别是，当人人都在不自觉之中仰赖于算法而非自身的辨析来取舍个性之时，个人所必须承受的个性化欲求与社会化倾向之间的张力，势必进一步增强。于是，在这一片由数字技术所孕育的近乎吞噬一切的差异之海中，人们必然越来越倚重于文化对数据的解释力和组合能力，以便牢牢地抱住所谓的"个性"的浮木。如此一来，整个社会也就被改造成了一架通过制造独异性来维持乃至加速资本流动的巨型文化机器。

这一改造意味着，一方面，独异性逻辑的顺利运行且逐渐占据主导性地位，势必使得各种不同目的和种类的数字劳动围绕这一逻辑，被源源不断地创造出来。而另一方面，数字技术与劳动的种种组合，又将夯实独异性的社会逻辑继续壮大、蔓延与渗透的物质基础。于是，无论是网红博主们的兴衰、网红景观的制造与推送，是日益兴盛的数字化出版和订阅，是每个人经营自己的朋友圈视频号，是数字加密艺术的兴起，是层出不穷的 APP 的开发与使用，还是让所有这些经营得以实现的隐身的程序员和审核员，都围绕独异性的社会逻辑被高效且加速度地组织起来。在此之外，平台、客服、物流、商家、教育、媒体，甚至垃圾回收等，也往往围绕着人们对独异性文化品的生产、流通、消费与弃置而进行。[1]

可以说，正是经由文化的赋值与去值而生成的独异性逻辑，构成了当前不断关联和组织起"数字技术"与"劳动"的核心动力。而这一切又离不开人们对于"独一无二的个体"的假定、理解与追求。如果说，西奥多·阿多诺（Theodor W. Adorno）与马克斯·霍克海默（Max Horkheimer）提出的"文化工业"，是对植根于福特制时期的文化生产的有力

---

[1] 就此而言，无论是去年令人咋舌的"倒牛奶事件"，还是引发人们热议的"盲盒经济"，这些在"消费社会"中看起来颇为诡异的消费行为，将在"独异性社会"中得到有效的解释。

独异性社会中的文化赋值与数字劳动

批判，那么，独异性社会则提供了一个它在互联网时代的升级版本。在"文化工业"中，文化有着它的标准化属性。根据这一标准，人们成为沙发上的土豆和第二天里精神饱满的合格劳动力。而在独异性社会中，当文化的标准被改写为"特别"之时，沙发上不再有安静的土豆；人们的文化生活和精神世界，被放逐在一个由数字劳动构建起来的以"吉尼斯世界大全"式的假定存有和膨胀的时空之中。在这个升级版本中，让·鲍德里亚（Jean Baudrillard）对消费社会的描述，也得到了它的新补丁。那就是，在此，消费主义允诺的不再是假想中的平等与丰裕，而是假想中的"独一无二"。正是出于对独异性的饥渴，使得人们不辞劳苦地组织起自己的生产和消费行为，并据此安排自己的日常生活。

令人遗憾的是，莱克维茨虽极为敏锐地捕捉到了"独异性的社会逻辑"，让人们意识到独异性的渴求与数字劳动之间的强关联性，但他的讨论却没有真正触及这一关联中的核心问题。那就是，按"独异性的社会逻辑"而展开的数字劳动，最终创造出来的是一种什么样的个体？此类个体对独一无二性的追求和由此发展出来的种种数字劳动，足以支撑它们所根植的这一社会/市场类型持续不断地运作下去吗？

较之于莱克维茨对于由市场带来文化的赋值与去值的近

乎盲目的乐观[1]，贝尔纳·斯蒂格勒（Bernard Stiegler）对"技术体外化"和个性化经验形成之间关系的分析，为上述问题提供了更为深入的解释。在斯蒂格勒看来，尽管自人类有文明的传承演进以来，技术的体外化便构成了这一演进过程中不可或缺的组成部分。然而，随着文字、图像、影像、存储、网络等技术的升级换代，得以形成"独一无二的个体"的技术手段和时空条件发生了巨变。曾经一度有助于形成个性化的经验乃至个体意识的持留机制（语言、书籍、教育系统等），如今被持续更新且任意折叠时间流的持留机制（网络、微信微博、短视频、弹幕、后台数据、表情包等）所取代。而一旦被信息流不断冲刷成为个人形成自身经验时的常态，个性化的意识过程就严重受阻。[2] 这意味着，在数字技术近乎覆盖一切的时空条件下，各式各样的独异性产品不仅无法真正解决个性的问题，反而构成了个人展开真正的个性化时的巨大障碍，导致围绕自己和共同体展开自我劳动的能力进一步萎缩。在一个没有"我"的时代，自然不会有所谓

---

[1] 受限于本文的议题，在此无法对莱克维茨实际上将市场等同于社会这一理解范式展开梳理与批评。只是简单地说明一下观点，即正是这一近乎无意识的"等同"，最终导致"独异性社会"这一概念的有效性和批判力大大降低。

[2] 斯蒂格勒：《技术与时间 3：电影的时间与存在之痛的问题》，方尔平译，译林出版社，2012 年。

的"我们",社会的更新也随之受阻。于是,一个近乎悖论式的困境就此出现。一方面,越是需要通过文化的赋值过程制造差异,形成资本流动的社会文化系统,就越是难以弃置个体与共同体,因为正是他们对独特的渴求构成了差异的来源。但另一方面,这一由数字技术所加持和加速的生产和消费过程,又势必损害甚至于捣毁形成个体与共同体所需要的时空条件。

正是在这里,斯蒂格勒指出了空前强大的技术体外化带来的"独一无二的个体"的危机,而这一强大的技术体外化恰恰由数字劳动构建而来。[1] 依靠数字劳动所实现的体外化过程越是顺滑迅猛,其对个体的形成过程所造成的损害,也就越是巨大且无可挽回。而越是无力形成"独一无二"的个体,个体也就越需要依赖于数字劳动,去设定、订制、购买和使用市场上所提供的替代品——独异性产品。这一大规模的设定、订制、购买、使用和评价的过程,又将进一步推进数字劳动的发展,加速其对个人意识的规制与渗透。当越来越多的人试图借助独异性商品让自己变得"独一无二"之时,其核心的驱动力,既非市场本身,也非文化的独特价值,而

---

[1] 当然,斯蒂格勒的讨论侧重于强调个体与技术之间的关系,个体经验的形成与工具使用过程之间的关系。这一关系的形成,并不必然是劳动,但在资本主义生产体系中,它们又总是被归类为劳动。

是由这一过程所导致乃至不断加剧的个体的内在贫困。最终，这一对矛盾导致的是："由于没有了独特性，他们便借助市场所提供的人造物努力使自己独特化。市场就是要开发利用消费所特有的这种贫困，让自恋达到过度和劳而无功，众多个体将体验他们的失败，最终失去他们的形象……"[1] 显然，在这一不断加剧的矛盾中，由独异性的社会逻辑所勾连起来的追求独一无二的个体与数字劳动，最终导致的将是个体和社会的全军覆没。

三、文化赋值中的新常识与新迷思

至此，让我们回到高兹的担忧与甘迪尼的批评。不难发现，如果将"数字劳动"放置在"独异性社会"这一概括中加以把握的话，那么"数字劳动"的"滥用"，与其说是界定不清、使用不当使然，不如说是两类社会实践过程同步展开所导致的必然结果。一方面，在算法、媒体形式的数字化和基于互联网的社会网络这三者彼此加持的过程中，与个体形成"独一无二"密切相关的事关自我的劳动，既越来越多地

---

[1] 贝尔纳·斯蒂格勒：《象征的贫困1：超工业时代》，张新木、庞茂森译，南京大学出版社，2021年，第97页。由此，斯蒂格勒指出，我们所处的这个时代的基本特征是，它既急需一种新的个人形象来自我维续，但这一维续的实际过程又是以不断损伤破坏乃至捣毁个体化的过程为代价。

以体外化的数字技术为媒介,也由此被持续地扭曲、侵占和渗透。另一方面,尽管如此,身处经济目标之外的自我维持的努力并未消失,而是持续存在。无论是个人爱好的萌生、旨趣的迸发,还是规模各异的共同体的合作与行事,都一再提示出这一点。甚至于,对"独一无二"的渴望,因上述扭曲、侵占与渗透,变得越发强烈。正是在这两类社会实践持续同步的过程中,数字劳动的范围不断扩张,近乎吞噬一切;人们对"独一无二"的渴求,也因其内在的匮乏越发强烈,以致不惜一切去记录和演算那最后一点点可供回味的经验和情感,实现新一轮的文化赋值。

面对这一双向运动且彼此加强的社会实践过程,无论是立足于劳动剥削理论,还是立足于文化抵抗,都只能是片面的。因为在这里,首先需要厘清的是在这一赋值过程中正在形成的一连串不连贯的新常识。

显然,"数字技术+劳动"的新模式,已经明确打破了过去人们理解生活和自我时所依赖的基本路径,因为后者是由八小时工作制、由与之配套的生产与消费模式所确立的。如果说在最初发生这一转变时,人们尚对此议论纷纷的话,那么现在,生产与消费之间界线的消融已经成为一个新的常识,虽未经充分解释,却已逐渐稳定下来。

其次,这个新模式不仅冲击到了一系列与之相关的固有观念，比如公共与私人、工作与休闲、专业与爱好、个体与社会等等，更是大大挑战了长期以来占据主导位置的劳动和价值的观念。这不光是因为微信的存在，让体制内外的中国人都失去了上班和下班的界线，变为随时待命的劳动者[1]，也因为网红主播一小时的带货收入和数字加密艺术的拍卖价格，同样侵蚀着人们通常所理解的劳动和价值之间的关系。

再次，在此过程中，个体对于"独一无二"的渴求日益强烈，要实现这一渴求的难度却也大大增加了。一方面，人们日益明显地感觉到网络技术、算法和媒介的数字化对于这一渴求的重重威胁——在一个数据崇拜的时代，算法和数据往往比个人有更大的发言权；另一方面又往往试图继续运用新的数字技术的手段，去驱赶或破解这样的威胁。概而言之，在这一部分的常识中，对困境的意识已经形成，即在工业化时代，可以用来追寻/保存/隐匿个性的手段/方式失效了。但究竟如何理解这一困境，却尚未被明确下来，以至于人们被本能中对"独一无二"的渴求所驱使，反而更容易被独异性

---

[1] 2021年12月，网上曝出了证券公司员工晚上9点在家敷面膜被公司处罚的新闻。近年来，类似的新闻频频曝出。《五矿证券员工晚上在家敷面膜被罚，因"过早休息，耽误加班"》，"澎湃政务"，https://m.thepaper.cn/baijiahao_15952023，2022年3月19日访问。另一个更为普遍的例子是，疫情之后，虽各单位公司已恢复正常上班，但由疫情带来的随时网络开会的习惯却顺理成章地保存了下来。

的生产与消费逻辑所吸纳。

最后，人们对于劳动的理解，虽遭到挑战，却迟迟没有发生根本性的改变。这是因为，改革开放以来，工作之外的娱乐休闲被归入以"城市式居家"为中心的日常生活系统之中。在进入互联网时代之后，这一部分立足于消费者身份的社会意识，往往被社会媒体和平台电商所承包，也更容易被其时时更新与重塑。劳动的观念则不然。它往往受制于既有的市场观念、薪酬制度、法律法规，以及由此衍生出来的对于"不劳而获"或"多劳多得"的社会意识。同时，在一个充分市场化的社会中，人们受到的剥夺越是厉害，往往越加深了将劳动作为一种特殊商品加以理解的意愿。因为不如此，便不足以在既有制度中找到抗争的依据。由此引发的一个后果却是，越是如此理解劳动，也就越倾向于取消自我劳动的存在，进而失去与既有的社会制度保持距离的能力。于是，尽管在社会生活中大量存在并非彻底商品化了的那一部分自我劳动，却往往被视而不见。这样的视而不见，反过来又进一步巩固了旧有的劳动观念，使之无法在独异性的社会逻辑中随着价值、生产和消费、公与私等观念的变动，一并变化。

可以看到，在上面这一系列彼此相关的新"常识"中，一方面是数字劳动对社会意识展开了大规模全方位的改造，但另一方面，身处结构性变动中的人们，对于这一改造做出的却往往是本能的、彼此不连贯的反应。在某种程度上说，独异性的社会逻辑，也是各种力量——从政府到资本，再到个人——试图收拾这一剧烈变动中的局面，将现有因素顺利"接合"起来的一种努力。然而，一旦突出了数字劳动和独异性的文化赋值之间的关联，那么就标示出了这一"接合"内在的困境：既无法实现劳动观念的变革，形成劳动和价值之间的新关系，也无力真正形成"独一无二的个体"，完成个体与社会之间关系的更新。这不仅意味着，迫于个人内在的贫困，其文化赋值和去值的系统运作势必遭遇运转不灵的时刻，更是指在这一过程中，它将一次又一次使人错失正视变动中的常识，对它们展开整合与重新想象的机会。

要捕捉这一机会，正视这一系列变动中的新常识，需要分析在上述变动过程中，什么正在被再度神秘化，成为新的迷思，这一迷思可能将人们引向何处。

不得不说，在这里，首先面临新一轮神秘化的是"独一无二的个体"。[1] 尽管在现代社会中，社会与个体的关系，以及在这一关系中被要求成为具有个性的个体，一直是资本主义生产关系催生且倚重的重要观念。但区别在于，在独异性

---

[1] 限于篇幅原因，本文只讨论"独一无二的个体"的神秘化问题。实际上，还有"价值"和"创造"两项面临着新一轮的神秘化，值得予以分析。

社会中，构成"独一无二的个体"神秘化来源的，是数字技术对于个体状态事无巨细的记录与计算。这使得个体在对自身展开劳动，形成个性化经验时，不得不面临一整套全新的取舍过程。特别是，当这些被数据标记下来的行为，有些是自己有所了解和可以支配的，有些却是无意识的结果之时，如何面对如此巨大的数据记录及其被计算的结果？如何看待算法推送和自身喜好之间的距离？如何理解那些由无意识所导致的数据？对于自我的理解，在多大程度上受到数据监控的干扰与介入？拒绝数据的指导，又在多大程度上助益或阻碍真正的自我劳动的展开？数据的记录和计算，最终将与自我劳动形成一种什么样的关系？……所有这些都构成了在当前社会中试图展开自我劳动时需要考虑的线索。它们的存在，不仅大大增加了个体展开自我劳动的难度，更是进一步为个体与社会之间关系带来了截然不同的新问题。[1] 这些问题包括：首先，当彰显差别的个人数据分属于不同的平台和APP之时，大规模留存于各处的数据和形成整体的自我之间究竟

---

[1] 雷蒙德·威廉斯曾敏锐地指出，个体和社会分别被抽象化，是随着资本主义的发生而出现的社会思想的转型。那么现在，无论是个体还是社会，其抽象的性质并未改变，但呈现这一抽象属性的方式却发生了巨大的变化。当个体的抽象属性恰恰是由海量的数据来表示时，据此展开计算和监控的社会，其与个体之间形成张力的关系，也必然随之变化。雷蒙德·威廉斯：《漫长的革命》，倪伟译，上海人民出版社，2013年，第87页。

是一种什么样的关系？[1] 特别是在中国社会中，往往是政府和平台掌握着决定性的数据，而个人所能得到的数据有限且往往具有明确导向性的情况下，个人应该如何理解这一数据与自我之间的关系？其次，如果这一部分的理解实际上构成了新一轮个体在展开自我劳动时所必需的技艺，那么什么样的社会教育过程为这一技艺的养成提供条件？或者说，什么是这一新的自我技艺得以养成的社会条件？最后，当个体展开社会劳动，特别是被数字技术组织起来的文化赋值与去值过程时，这一部分的劳动是在不断改善展开自己和社会中的大多数人展开自我劳动的社会条件，增加自我技艺养成的可能性，还是反其道而行之？显然，当这些新问题在日益堆积的独异品的掩饰下，无法真正被澄清之时，势必使得"独一无二的个体"趋向于进一步的神秘化。而当这些新问题被提出，且得到更积极的思考之时，便有助于去神秘化的发生。

至此，可以说，正由数字劳动大规模重组的生产、消费和社会再生产之间的关系，在为过去的观念松绑的同时，也开辟出一片新的有待争夺的社会实践意识的领域。正如葛兰西所言，在所有不连贯的"常识"之中，包含的恰是"石器

---

[1] Sefton-Green Julian and Luci Pangrazio: "The death of the educative subject? The limits of criticality under datafication", *Educational Philosophy and Theory*, 2021, pp. 1-10.

时代的要素,较发达的科学原理,来自历史上所有阶段的偏见……以及未来哲学的直觉"[1]。这意味着,对文化研究而言,从含义不清的数字劳动出发,需要重申的不仅是一个新的劳动观念,更是要通过重新审视由独异性的社会逻辑所中介起来的数字劳动和渴求独一无二未遂的个体,识别出其中正在成形的不连贯但有趣的新常识,分析其被神秘化和去神秘化的可能方向,以摆脱由当前这一套生产制度所规定的种种贫困为目标,探索组织和理解当代生活的新方式。

2022 年 3 月于上海

本文原刊于《中国图书评论》2022 年 8 月

---

[1] 斯图亚特·霍尔:《文化研究1983:一部理论史》,周敏、程孟利译,商务印书馆,2021年,第233页。

辑 二

组织起来

——《创业史》阅读笔记

20世纪90年代中期,曹锦清先生在《黄河边的中国》里提出一个问题:农村里的个人究竟该如何组织起来?他发现,尽管有着市场经济的驱动,农民之间合作仍然非常困难,并断言"只要中国小农没有学会自组织并通过各种自组织表现出来的自治能力,那么,中国的小农依然是历史上的传统小农"。[1] 实际上,这个"如何组织"的问题,在今天看似井然有序的城市生活中同样存在。尽管在这里,人们一出生就被各种制度和机构所包围,被学校和单位所管制,但这些除了养成惯于被组织的本能以外,并不有助于了解"如何自组织"的问题。正因为如此,转型社会学把改革开放以来"中国社会片段如何形成"视为一个理论问题,孜孜以求。[2] 只

---

1 曹锦清:《黄河边的中国》,上海文艺出版社,2000年,第766页。
2 参见孙立平关于转型社会学的相关论述。

是，在他们企图分析和把握的这一重新组织的过程中，市场和消费成了绝对的主角。人们只有成为某一类商品——无论是房产、汽车还是名牌服饰——的拥有者，才能发出"组织起来"的信号。这一类关于"如何组织"的想象未免单调。

在这样一种状况里，人们开始重新阅读和评价20世纪50—70年代创作的社会主义小说。[1] 也是在这一状况中，从一般意义上的个体——英雄人物——的角度去追认社会主义小说的价值，既是这一阅读冲动的迫切需要，也可能成为最大的陷阱。因为想象的需要而匆忙确认一种"不同于今天"的状态，总是很容易把对20世纪50—70年代中国的回想，转化为貌似激进的怀乡病。

对《创业史》的重新阅读，也在其中。[2] 在《"春风到处说柳青"：再读〈创业史〉》中，韩毓海追述"梁生宝"改革前后的命运，发出今夕何夕的感慨。而在《社会主义现实主义经典〈创业史〉》里，旷新年则从塑造社会主义新人的角度，高度肯定这一社会主义的经典。不过，无论是寻找、肯

---

[1] 当代文学如何重新评价的问题也由此提上日程，它究竟是对现代文学的中断还是超克，是其中的重要论题。详见旷新年：《寻找"当代文学"》，《写在当代文学边上》，上海教育出版社，2005年。

[2] 重新讨论《创业史》的评论文章，便有韩毓海的《"春风到处说柳青"：再读〈创业史〉》、武春生的《寻找梁生宝》和旷新年的《社会主义现实主义经典〈创业史〉》等。

定还是赞美"梁生宝",都已不再有20世纪60年代创造乃至争议"梁生宝"时的社会基础。在社会整体性的组织和运动的基础被替换成了"社会主义市场经济"之后,这样的赞美无异于挽歌。仅以"人物"评论为媒介,给出不同的社会理想和运动方向的做法,是否奏效,也就成为一个大大的疑问。

在此种情况下,更值得注意的倒是,在当年的社会主义文学中,被想象性地处理的问题,正以何种面目重新出现。其中极为重要的一项,便是"个人如何组织"的问题。显然,无论是社会主义革命时期推动的合作化运动,还是由"看不见的手"为主导的市场经济,都没能真正促使中国社会中的个体完成"组织起来"的目标,也并不必然导致人们对于"如何组织"的更为深切的理解。在这一意义上,重新回顾社会主义文学创造的"组织起来"的形象,也就构成了社会主义文学重新进入论述的契机。

一、"新人":组织中诞生的人物

对社会主义小说的讨论,往往集中在人物形象之上。《创业史》的阅读史,就是一个典型的例子。小说发表后,围绕着梁生宝是不是一个成功的艺术形象,这一形象是否构成新英雄人物创作的典范,曾经展开了激烈的争论。与这种情况形成对照的,是对赵树理作品的阅读。在人们看来,赵树理的小说人物过于脸谱化，难以展开有深度的文学分析。有意思的是，正是这一描写人物的方式，为重新讨论社会主义文学中的"新人"形象打开了缺口。

洲之内彻在《赵树理文学的特色》一文中认为，之所以有此种人物塑造的方式，是由新文学概念的暧昧所致，即"一方面想从封建制度下追求人的解放，同时另一方面又企图否定个人主义"[1]。竹内好则在《新颖的赵树理文学》中肯定这一创作方法，认为赵树理的新颖就在于其小说中的"个体"是以"整体"这一形式出现的；通过整体来超越个体，是现代社会中对"个人"出路的探索。[2] 对当代文学的中国研究者而言，这两种思路提供了研究赵树理乃至当代文学的参照系。而在柄谷行人提出作为"装置"的现代文学之后，因赵树理笔下的人物缺乏深度而感到的阅读焦虑，更是得到了极大的缓解。[3]

不过，这样的缓解并不直接提供如何理解这样一种没有深度或不同的"个人"的新途径。除了归咎于"人民文学"

---

[1] 洲之内彻：《赵树理文学的特色》，《赵树理研究文集 下卷 外国学者论赵树理》，中国文联出版公司，1998年。

[2] 竹内好：《新颖的赵树理文学》，《赵树理研究文集 下卷 外国学者论赵树理》，中国文联出版公司，1998年。

[3] 无论是贺桂梅的《赵树理文学的现代性问题》，还是旷新年的《赵树理的文学史意义》，都不同程度地运用了柄谷行人的装置说，来为赵树理正名。

的再想象或现代性悖论的制约,这一类"个人"或创造这一"个人"的"整体",仍然很难转化为对既有的文学创作的定位。究竟在何种意义上,这样的"个人"和"整体"具有价值?这一问题并没有从日本的中国文学研究的脉络中真正移植到中国当代文学的研究之中。

这或许是因为,在这一问题上,赵树理的作品既是绝佳的入手处,又因其创作本身的局限构成了深入讨论的障碍。[1] 赵树理文学创作瞄准的对象,并非个人。《三里湾》所表现的乡村社会的变化,不是通过"个人"的成长,而是通过几类家庭的"再生"或重新组织完成的。只有在这一再生的过程中,"个人"才被作家积极地调动起来。这意味着,在赵树理的笔下,"个人"总是和"如何组织"的问题一同出现。不过,由于他的创作立足于农村社会自身的变化,而不涉及这一变化和工业化乃至现代化的关系问题,现代意义上的个人如何组织的问题,也就很难成为一个真正的难题凸显

---

[1] 比如,贺桂梅在讨论赵树理文学的现代性问题时,为了确定赵树理的文学位置,煞费苦心。但其对于赵树理所创造的人物的评价——"赵树理所塑造的农民形象在当代文学的'典型'和现代文学的'个人英雄'之间,确有某种'媒介'的意义",却把赵树理创造的人物确立为一种社会主义文学中的"特殊"。这一特殊状态,损害了由此出发整体评价社会主义文学的可能。而一旦失去这一可能,赵树理便只能是孤魂野鬼,失去了最终明确其文学意义的根基。贺桂梅:《赵树理文学的现代性问题》,唐小兵编:《再解读:大众文艺与意识形态》,北京大学出版社,2007年。

出来。正如在《重述革命历史：从英雄到传奇》一文中，蔡翔在讨论英雄、个人主义和集体主义之间的复杂关联时所指出的："只有在一个大工业的社会环境中，或者以大工业为自己目的诉求的社会，才会对'组织'有着如此强烈的要求。因此，所谓的'集体主义'的话语实践，我们除了看到它的国家政治的意识形态背景，同时，也必须注意到它的现代的也是工业化的社会含义。"[1] 至此，无论是竹内好、洲之内彻讨论的"个人"，还是我们今天企图重新定位的"个人"，都是在更为鲜明和激烈的现代化过程中诞生出来的个体。这一类的"个人"所谋求的新的组织自身，选择、参与乃至创造"整体"的问题，也就很难通过赵树理的作品得到解答。

想要打开这一问题的思路，在社会主义文学中找到正面处理这一"个人"和"整体"的关系的例证，就需要《创业史》这样的作品。在这一问题的观照下，当年针对梁生宝形象问题的讨论，也就具有了不同的意义。

首先，严家炎之所以认为有必要提出"梁生宝"这一人物形象问题，并不是完全因为小说本身，更多的倒是针对小说发表后评论和阅读这一作品的社会倾向：

---

[1] 蔡翔：《重述革命历史：从英雄到传奇》，《文艺争鸣》2008年第10期。

《创业史》第一部发表后，梁生宝形象跟整部作品一起，在读者和评论者中引起了很大的可以说是热烈的反响。仅就笔者所知，两三年来，各地报刊所登载的专谈这一人物或以此为主要内容的评论文章，即不下数十篇。这种状况却不是出于偶然的。至少，我们可以从两个方面去做解释。从作品本身说，梁生宝形象确实比较集中地展示了农村新人的光辉品质，不仅概括了一定的时代内容，而且艺术上也能站得起来，比同类题材作品中那些较为单薄而只有某些性格侧面（如急躁或爱钻研技术）的青年革命农民形象有了很大进展。从读者方面说，则早就迫切希望看到一部比较完整地表现农村社会主义革命进程的作品，从"群众中涌出的大批聪明、能干、公道、积极的领袖人物"能够成功地得到艺术的再现。

……

但我觉得，……很多评论者几乎都是只从梁生宝形象的角度来肯定《创业史》。……这些评论文章差不多都有一个值得注意的倾向，就是程度不同地离开艺术本身（形象实际成就的高低）去抽象评价人物的思想意义。[1]

在这里，严家炎敏锐地感觉到，从人物本身去评价作品，既出于时代对"新人"的需要，也存在着一种不恰当的倾向，那就是作品呈现的艺术形象和人们赋予它的思想意义之间的不匹配。

值得注意的是，无论是时代对"新人"的期盼，希望它在艺术作品中有所表现，还是评论者不约而同地从"梁生宝"的角度肯定《创业史》，都不是一个通过分析文学作品可以解决的问题。只有把当时特殊的社会文化需求和心理机制作为分析和批评的对象，才有从容讨论这一问题的可能。严家炎企图通过分析"梁生宝"这一人物形象，来处理这一由社会主义的文化需求所形成的评论或阅读心理，自然很难正中靶心。这一分析的结果，是把原来颇为深广的社会心理、文化需求和文学创作的一系列问题，转化成了相对狭隘的人物评论。

对这种把问题局限到"人物"的批评，作者柳青自然是不满意的。在《提出几个问题来讨论》中，他给出了严厉的回应。被柳青着重提出来讨论的问题，根据严家炎对人物分

---

[1] 严家炎：《关于梁生宝形象》，《中国当代文学研究资料：柳青专集》，福建人民出版社，1982年。

析而来,但又不止于此,还包括了:什么是农村合作化运动中的"小事情"和"大意义",什么是"梁生宝"的觉悟和气质,什么是真正的斗争。这些问题的讨论,都无法局限在人物创作上,而是涉及对整个社会运动方式和基本方向的看法。其中,尤其值得注意的是这样一段话:

> 根据我的思想感情多年的亲身体会,这是指导互助合作运动的党成熟了,而不是梁生宝成熟了。……在这部小说里,是因为有了党的正确领导,不是因为有了梁生宝,村里掀起了社会主义革命浪潮。是梁生宝在社会主义革命中受教育和成长着。小说的字里行间徘徊着一个巨大的形象——党,批评者为什么始终没有看见它?[1]

而其他和严文进一步商榷的文章,则把这些问题更为鲜明地提了出来:

> 我认为,梁生宝形象的出现,有助于我们思考和理解文学创作中的一些重大的和迫切的问题,主

---

[1] 柳青:《提出几个问题来讨论》,《中国当代文学研究资料:柳青专集》,福建人民出版社,1982年。

要地说来，就是：我们社会主义文学如何表现党的领导的问题；如何达到矛盾和斗争典型化和人物性格，特别是新英雄性格典型化的问题；如何体现革命现实主义和革命浪漫主义相结合的艺术方法问题。……因为书记、政委可以代表党，但不能代替党，即便将他们写成为生动的艺术形象，也不一定完全解决得了表现党的领导问题。[1]

如果在这里把"党"做更为广泛的理解，即"党"不是由具体人物或官职所构成的组织，而是在社会重新组织起来的过程中，发挥巨大作用的一种政治力量的话[2]，那么争论双方的线索也就逐渐清晰起来。

显然，在这一场讨论中，他们有着共同的出发点，那就是"新人"是这个社会在文化上的必需品，讨论"新人"的基础是正在展开的全新的社会政治实践。他们的分歧在于，在文艺领域，究竟如何描写和评论这一"新人"才符合社会

---

1 冯建男：《再谈梁生宝》，《中国当代文学研究资料：柳青专集》，福建人民出版社，1982年。

2 在《在延安文艺座谈会上的讲话》中，毛泽东曾经强调"文艺服从于政治"中"政治"的含义，即"这政治是指阶级的政治、群众的政治，不是所谓少数政治家的政治"。（《毛泽东选集》（第三卷），人民出版社，1991年，第866页）从《十里店》这样一些观察家的作品中可以看到，当时所发动的一系列运动正是要不断明确这样一种"党"、政治和群众之间的关系。

主义的文化需要?[1] 在此,真正构成他们共同的焦虑的,并不是这一"新人"形象到底如何,而是这一形象在被接纳的过程中,是否启动了一种真正的社会主义的文化生产机制,启动了对既有观念的改写和创造的过程。正是这一点,使得争论双方的看法无法一致。

如果说"梁生宝"必须被放置在蛤蟆滩,农村合作化乃至整个中国特色社会主义建设的过程中,方才获得意义,那么任何简单地把这一"个体"视为英雄的做法,便值得怀疑。正是从这一点出发,严家炎认为,如果人们仍然在原来的"领袖"或"个人"的意义上欢迎和接纳这样的"新人",这

---

[1] 对照毛泽东的《在延安文艺座谈会上的讲话》,便会发现这一类关于"新人"的争论和《讲话》提出问题、解决问题的方式是同构的。《讲话》讨论了两个问题,即"为什么人服务"和"如何服务"的问题。有意思的是,在《讲话》中,占据大部分论述的,并非前一个"为什么人服务",而是后一个"如何服务"的问题。毛泽东在《讲话》里说:"为什么人的问题,是一个根本的问题,原则的问题。过去有些同志间的争论、分歧、对立和不团结,并不是在这个根本的原则的问题上,而是在一些比较次要的甚至是无原则的问题上。而对于这个原则问题,争论的双方倒是没有分歧,倒是几乎一致的。"当然,在毛泽东看来,这种"几乎一致",恰恰是"都有某种程度的轻视工农兵、脱离群众的倾向。"在"为什么人服务"的原则上没有分歧,真正有分歧的地方在于"如何服务";讨论也就此转入如何组织这样一种为无产阶级服务的文学。这里的讨论也是一样,在为什么要讨论"新人"这一基本问题上,大家心照不宣,颇有默契,而分歧也就自然转移到了"新人"到底如何被塑造和描写之上。问题在于,在《讲话》中可以从容转换的组织和政治两方面的逻辑,在具体的文学作品中并不能如此通用。如果不提出区分文学想象性的实践与现实实践的基本依据,不提供联系这两者的基本方法,这一类的讨论也就很难达到初衷。

一"新人"的意义便在无形之中被取消了。柳青和"梁生宝"的支持者同样认为,梁生宝是在组织过程中诞生的"新人",有了蛤蟆滩的革命,才有了这一"新人"。这一诞生的过程使得这一类"新人"的意义,远非严家炎的人物形象批评所能消解。于是,一方面对普遍的文学批评方式表现出来的社会心理不满,因而挑剔这一"新人"的原因,同时也就成了另一方从创作的层面充分肯定"梁生宝"意义的社会动力。

在批评过程中,严家炎的批评目标和手段错位,使得他不能不忽略作品中"新人"诞生的过程,而强调其不足。柳青们忽略的,则是这一"新人"之所以具有格外的意义,不仅因为在作品里,他被蛤蟆滩的革命过程催生出来,也在于他是对当时的社会主义文化的建设——重构"个体"观念——具有新颖的意义。而如何确保这后一层的意义,使"梁生宝"在阅读中被视为组织和革命的产物,而非凝固的英雄形象,既是双方的焦点,又是双方并未真正交锋之处。

凡布伦曾经感叹,有闲阶级制度造成了下层阶级的保守性,以至于在对公认的生活理论加以变更的过程中,后者需要更多的精神意志的努力和长期艰苦的奋斗。[1] 社会主义革

---

[1] 凡布伦:《有闲阶级论》,商务印书馆,2002年,第148—149页。

命和建设时期的文学创作、阅读和批评，无一不在这一艰苦的自我改造的过程之中。这一过程，不仅囊括了所有的创作者，也同时吸纳了一切的读者。至此，对社会主义文学而言，其重述和想象现实的动力，不仅来自对"平凡的儿女"和"集体的英雄"的表述，更来自重新理解和构造个体和集体、英雄/非英雄和组织之间关系的巨大冲动。社会主义文化需要的"新人"，必须有能力跃出"个体""英雄"或"集体"的框架。也正是在这意义上，《创业史》需要被重新讨论。

二、组织起来

一般而言，人们总是把《创业史》看成一部描写农村合作化运动，描写乡村社会中社会主义和资本主义两条路线斗争的小说。[1] 不过，柳青自己并不这样看。他说过：

> 我写的是社会主义制度的诞生。……《创业史》简单地说，就是写新旧事物的矛盾。蛤蟆滩过去没有影响的人有影响了，过去有影响的人没有影响了。旧的让位了，新的占领了历史舞台。……简单一句

---

[1] 1953—1958年是社会主义中国的第一个五年计划，工业化和农村合作化运动由此大规模展开。《创业史》的第一部，讲的就是蛤蟆滩在1953年里发生的故事。

话，就是新旧力量的斗争。¹

此后谈论《创业史》其他几卷的构思时，他又说：

> 写县城，是不想把作品局限在一个村子；当然，要以一个村子为基础。省委书记是个重要任务，这个人还去过苏联。本来不想让县委书记在第二部出现，但还是先出来了，我怕写不到第三部。²

在这样的自述中，柳青认为的《创业史》的意义，并不局限于中国农村问题，而是要通过一个村庄的变化，来讨论整个中国社会从无到有，诞生一个新制度，完成新旧力量之间的转化，按照新的社会理想将一个充满记忆和情感的中国社会重新组织起来的过程。

这一宏大的创作意图，从一开始就体现在小说的"题叙"中。小说的"题叙"，相当于一部"创业史"的前传，也是人们重新组织起来、创业历史的限定条件。正是它，告诉读者，

---

1 《在陕西省出版局召开的业余作者创作座谈会上的讲话》（1973年2月27日下午，1978年12月13日根据记录整理，原载《延河》1979年6月号），《中国当代文学研究资料：柳青专集》，福建人民出版社，1982年。
2 阎纲：《四访柳青》，《中国当代文学研究资料：柳青专集》，福建人民出版社，1982年。

也告诉"梁生宝们",在蛤蟆滩乃至中国这片土地上,仅仅依靠个人发家致富的梦想,依靠一家人的勤劳和刻苦,是无法创业的。任何苛捐杂税、兵祸战乱、疾病天灾,都可以把创业发家的梦想扫荡干净。"题叙"传达了这样一种信念:如果把所有的热情都放在自己的小家业上,那么这一类家业便没有基础,缺乏保障,格外脆弱。

在这一前提下,创业的信念和重任,便从梁生宝这样的"个人",转移到了"互助组"这一类团体之上。柳青在《创业史》里着力追踪的,与其说是梁生宝个人的成长史,不如说是整个互助组成长变化的历史。[1]

在"土改"结束以后,由于家庭基础和劳力的差异,农村迅速面临两极分化重新出现的问题。在持有土地证的情况下,富农和中农放心大胆地生产,把购买土地、囤积粮食当成理所当然的自身利益所在。贫农则因为缺乏劳力、牲畜和工具,因为意外的病痛和灾难,无法依靠自己分有的土地立即脱贫,又一次陷入随时要为了口粮而抵押土地的窘境。在

---

[1] 这一点在他此后的构想中可以清晰地看到。"第一部大家已经看见了。第二部试办初级社,基本上也快写完了,没有多少了;第三部准备写两个初级社,梁生宝一个,郭振山一个;第四部写两个初级社,合并变成一个社,成了一个大社,而且是一个高级社。"《在陕西省出版局召开的业余作者创作座谈会上的讲话》,《中国当代文学研究资料:柳青专集》,福建人民出版社,1982年。

这样的情况下,"互助组"出现了。

在小说中,一开始,贫农们需要克服的是贫穷、无力感和富农们的自私冷酷。对他们来说,结成互助组、展开副业生产,是组织起来的好方法。因为没有什么可失去的,互助组反而比富农和中农们更勇于尝试新的组织形式和新的生产技术。随着活跃借贷的失败,出于对既有组织的失望,蛤蟆滩的互助组几乎是自发产生了。在这一过程中,高增福的加入,给了梁生宝和其他组员巨大的推动力。

> 生宝感觉到:蛤蟆滩真正有势力的人,被一个新的目标吸引着,换了以他的互助组为中心,都聚集在这里。[1]

不过,等"互助组"搞副业生产赚到了钱,则有了有钱的麻烦。有钱之后的贫农开始瞻前顾后,想要退组,比如任老四。在获得最初的利益之后,互助合作的形式如何继续维持,成了一大问题。小说中,梁生宝用来说服任老四的,不是自己的个人魅力,而是强调"整个共产党和人民政府在我的背后"。不过,更有意思的是,任老四最终决定不退组,却

---

[1] 柳青:《创业史》(第一部),人民文学出版社,2006年,第172页。

也不是因为梁生宝的背后有党和政府,而是因为他对自己和这一组织之间关系的判断:

> 老四重新垂下他的光头去了,灯光照着他的秃头顶,一说起党和政府,就想起自己是一基本群众来了。[1]

即便对任老四这样的贫农而言,组织不外在于他,说服他自己的正是这一点。

在好不容易解决了这一退组的危机后,互助组又陷入了新的困境,即白占魁要求入组。在这一问题上,就连一向坚定地支持梁生宝的高增福也表达了不同的想法,他表示只要收了白占魁,他便退出。[2] 显然,一旦结成"互助组",人们遇到的不仅是贫困、一无所有,也面临着彼此劳动能力和心智的差异,在利益之外的信仰、理想乃至人格追求的差异。如何协调这些问题,也就成为"互助组"面临的又一个大问题。

要人人都意识到这一组织的力量,意识到自己的选择对

---

[1] 柳青:《创业史》(第一部),人民文学出版社,2006年,第395页。
[2] 高增福之所以退出互助组,是因为内心骄傲,对社会主义的理想有很高的要求和期待,不愿意和白占魁这样的人同在一个小组。

这一组织的责任,却并不容易。政府对贫农的恩情,干部对群众的爱护,党对这一新事物的支持,总是很容易成为对这种新力量的替代性解释。一旦落入这些解释,组织起来的新力量也就很难得到维持。然而,在《创业史》中,"互助组"不断遇到新的困难并加以克服的过程却说明,这些解释都无法真正说明这一种新的组织起来的力量。这一力量,在与这些既有解释展开辩驳的过程中充实和完善自己,从而具有更为强大的自我说明的能力。

显然,正是"互助组"这个崭新的角色,使蛤蟆滩的形势发生了巨大的变化。郭振山、郭世富和姚士杰都是受制于这一变化的人物。人们总是把他们视为个人发家思想的代表,落后的党员代表,或者封建势力、富裕中农乃至资本主义道路的代表。不过,这样的看法,往往忽略了他们面临的被一股新的组织力量所影响、牵制乃至重新安排自身的现实境遇。

小说中,梁生宝为互助组买稻种,激发起了郭世富和姚士杰对稻麦两熟计划的浓厚兴趣和与互助组竞赛的好胜心。五十多岁的郭世富亲自去太白山下买了更多的稻种,带回蛤蟆滩,分给大家:

> 世富老大回到蛤蟆滩,一听说生宝啦,有万啦,都进山走了,他有点泄气。虽然这样,他叫吆胶轮

车的世华老三,从民政委员孙水嘴那里取来官锣,沿着蛤蟆滩几条主要的草路,鸣锣吼叫:"唔——喜愿分百日黄稻种的,都来分啊!唔——不限互助组不互助组,谁爱分谁分哎!……"

> 郭世富感到一种报复中的快乐。他希望他的这个行动,在不贫困的庄稼人里头,引起好感、尊敬和感激,建立起威望。……他远不是好大喜功、喜欢为公众事务活动的人呀!他之所以这样,完全是因为形势逼使他做这号人。他害怕梁生宝搞的互助合作大发展。[1]

这一类对公共事务的理解和愿望,自然不符合社会主义的理想,却显现出"互助组"对蛤蟆滩的旧势力强大的吸纳力和改造力。也是在这样的形势之中,郭振山有了以下的盘算:

> 离开了党,他就重新只剩下一个高大的肉体,能扛二百斤的力气,和一个庄稼人过光景的小聪明

---

[1] 柳青:《创业史》(第一部),人民文学出版社,2006年,第236—237页。

啰！……只要和姚士杰居住在这同一个行政村，就永远也甭想离开党。[1]

为了自己、自己的婆娘和娃子们，郭振山必须在党！[2]

对当时的社会主义建设而言，如何在薄弱的经济基础、传统的社会观念和高扬的社会主义理想之间，找到具体的路径和桥梁，是一个大问题。在这里，文学叙述的力量，不仅在于重新叙述革命的历史，也在于在个人利益、一般观念和社会理想之间，发现彼此统一的情感基础，求证相互询唤的基本步骤。柳青对"互助组"的描述，便具有这一功能。从"互助组"这一组织形式的角度阅读小说，就会发现，《创业史》讨论的并不是某个"个人"如何在"党"的领导下成长壮大的问题，而是一种新型的组织，如何和"党"所代表的新的社会理想一同生长，相互询唤，克服现实的危机，从而不断将更多的社会部分纳入其中的过程。

至此，"互助组"这一新的组织形式搅动起整个蛤蟆滩，不断生产出新的社会关系。在这一重新组织的过程中，新的政治力量不断更新和确认自身。只有在这样的组织中间，才

---

[1] 柳青：《创业史》（第一部），人民文学出版社，2006年，第160页。
[2] 同上书，第177页。

会诞生梁生宝、高增福和任老四。也只有这样的组织，会孕育出郭振山和改霞。

三、组织之后："改霞"的路线意义

"改霞"的意义，需要被放置在这一组织起来的过程中，才能理解。

在这一时期的社会主义小说中，去城市参加革命工作的男性，往往被描写成对农村工作的有力支持，是一种进步和协助的力量。当农村工作一筹莫展、难以推进的时候，这一类进城工作的男人们的作用，便格外凸显出来，成为既处于整个故事结构之外又不可缺少的推动力。比如，赵树理的《三里湾》。当土地和分家的问题解决不了的时候，是干部们写信给在城里当干部的马家儿子，请他拒绝接受自己名下的土地而解决了这一难题。[1] 而在《暴风骤雨》之中，农村干部上调协助城市工作，也被看成一种正面的意义。然而，在《创业史》中，却是改霞这一女性，带出了整个乡村和城市、农业合作和工业化之间的关系问题。

在《创业史》中，改霞的出场很早。她一出场，就在和郭振山的对话中为蛤蟆滩的故事注入了工业化的强力。此后，

---

[1] 在赵树理的小说中，往往看不到城市和工业对农村的隐约威胁。

正是通过改霞的眼睛，我们看到，当国家到处盖工厂、修铁路，需要人手的时候，乡村合作运动里涌现出来的人才通过各种途径转移到了工业部门。对乡土社会中的个人来说，这一工业化的过程提供了个人为国家建设作贡献的另一种途径，同时也展现出"一个生活的新天地"。是无条件地支持工业化，为其输送人才和粮食，还是有保留地看待这一问题，看待工业化和城市化带来的"生活的新天地"？考虑到当时中国农村面临的这一系列重大问题，柳青对改霞这一人物的设置和处理，是非常特别的。

小说写道，当工厂到农村招工的时候，镇上便挤得水泄不通，大家都想进城干好工作。改霞到了镇上，才突然意识到，原来有这么多人为了好的工作、好的生活条件而想要进城。对改霞来说，这是很俗气的想法，所以没有参加招工就直接回家了。显然，在改霞的身上，柳青希望排除一切庸俗的贪图享乐、只顾自己的个人私利，使之成为"一种路线的代表"：

> ……改霞在蛤蟆滩也是一种路线的代表。梁生宝和郭振山在合作化问题上的冲突，就是通过改霞表现的。……有个同志自命不凡，要砍掉改霞，我说他糊涂，只看政治，不看生活。政治不是两条线，

> 任何时候都是三条,一个世界,还有不结盟国家嘛!一定的时候,第三条线上的人是多数。[1]

如果说柳青总是立足于郭振山属于乡村这一基本框架,从而对其抱有批评和同情的态度的话,那么正是在这里,他表现出了某种态度上的不一致。当郭振山的发家思想,不再能够被农村合作化的框架所限定,而是通过改霞,通过这个女性想要发展自身、建设社会主义的愿望,从农村延伸到了城市,延伸到了工业化问题的时候,柳青的态度变得颇为暧昧。一方面,他认为,在一个落后国家再组织的过程中,"改霞"是自然出现的一种路线的代表,不是那么可以轻易用个人的利益、情感、性情乃至生活趣味加以抹杀的;这里面不光是政治,更是生活,是第三条线上的大多数。另一方面,他又着力指出,"改霞"这一种路线只能通过郭振山和梁生宝的冲突才能得到呈现。此时,如果继续把是热心互助组还是热心个人发家,看成为梁生宝和郭振山之间的差别,继而看成两种不同的道路——社会主义和资本主义——的斗争的话,就很难理解柳青的这种暧昧态度。在某种程度上,柳青希望处理的,是为了国家和社会主义建

---

[1] 阎纲:《四访柳青》,《中国当代文学研究资料:柳青专集》,福建人民出版社,1982年。

设的需要走向城市的"改霞"。只有这样的"改霞",才会成为郭振山和梁生宝最终的结合点和矛盾处。在"改霞"的背后,既有大工业和城市化对农村社会的压力,也有农村建设者对未来图景想象方式的取舍;既有资源人力的输送和争夺,也有什么是更有意义、更有价值的生活标准的争论。而所有这一切,都是"互助组"这一组织形式,无法回答和难以处理的。

对20世纪50—70年代合作的小说而言,要表现上述矛盾,自然是非常困难的事。而不表现这一点,则无法说明社会主义这一新制度的诞生。至此,柳青很大一部分的意图和困惑,便落实在"改霞"的身上。[1]

在小说中,改霞的这一结构性位置决定了,她的去留,她和梁生宝的恋爱能否成功,从来不是单纯的个人事务和情感问题,而是在整个工业化过程中,后发国家能否将资本主义制度下形成的城市和农村的对立转化为内部关系的一个隐喻。也许,只有在女性的身上,这样的隐喻才是可能的,而不至于转为激烈的对抗与冲突。于是,这一现代化进程里的基本矛盾在文学叙述中,被巧妙地改写为女性参与社会工作

---

[1] 这是柳青不同于赵树理之处。对赵树理来说,思考的对象主要是乡村社会的重建,可以轻易绕开这些矛盾。柳青希望讨论的,却是整个社会主义制度建设的问题,因此也就不得不处理农村/城市,农业/工业这一系列固有的矛盾。

的愿望和照料家庭之间的冲突。

在《创业史》第一部的最后,当改霞又一次考虑自己和生宝的关系的时候,她的判断是这样的:

> 她想,生宝肯定是属于人民的人了;而她自己呢?也不甘愿当个庄稼院的好媳妇。但他俩结亲以后,狂欢的时刻很快归去了,漫长的农家生活开始了。做饭的是她,不是生宝;生孩子的是她,不是生宝。以她的好强、好跑,两个人能没有矛盾吗……[1]

有意思的是,改霞在卢书记等人眼中看起来是"浮"的,不适合梁生宝。在某种程度上,卢书记等人的判断和改霞自己的考虑正是一致的。至此,在小说中,工业化的城市建设和乡村农业建设之间的不平衡,大多数人所能够想象的好生活和更高的社会理想之间的矛盾,通过这一场失败的恋爱,得到了想象性的解决。

值得注意的是,在小说里,导致这一场恋爱终于失败的现实因素,是两条。一是梁生宝为了搞好互助组,不愿分心,希望进山回来后,再和改霞谈这个事情;一是卢书记并不知

---

[1] 柳青:《创业史》(第一部),人民文学出版社,2006年,第428页。

道他们两人的这段故事,介绍改霞进了工厂。对"改霞"这一隐喻而言,这两种导致恋爱失败的因素,自然带着格外的象征意味。这不仅意味着,对已经被国家转化为内部矛盾的工业生产和农业发展来说,农村互助组乃至合作化的形式,并没有处理这一矛盾的能力。甚至于,有些时候,它是妨碍这一矛盾的处理的。更是说明,行政领导的力量——卢书记,也没有真正解决这一矛盾的好办法。他们的做法,与其说是解决,不如说是事后的对既成事实的承认。[1]

正是在这一系列隐喻的意义上,柳青把"改霞"判定为一种路线。这不仅是因为通过这一女性,城市生活的"新天地"和乡村生活的"新局面"之间有了联系和表现的可能,更是因为这一场失败的恋爱,标示出想要通过组织的方式克服这一矛盾的难度,并不仅仅来自于"个人"的离心力,也同时来自组织过程本身。至此,"如何组织"的问题,被文学表达和重述的意义,不在于对哪一种具体方式的向往、憧憬和实现,而在于对这一提问所包含的可能和限度的不断勘定。

柳青没有完成他的《创业史》。20世纪50—70年代的理想和实践,也不再为人所熟知。然而,在全球化的过程里,

---

[1] 卢书记的表现是格外有代表性的,他一方面颇为懊恼失悔,埋怨梁生宝不让他先知道有这个事情,另一方面又认为改霞并不适合生宝,决定必要时干预他的婚事。

以不同于资本主义的方式重新组织起来的愿望，却从未消散。如果说文学的意义在于，对现实矛盾提供想象性解决的同时，标示出它的可能、缝隙和边界，那么，在今天，重读那一时期的文学作品，也就意味着重新确认，社会主义文学已经展现出的绘制这一真实愿望和为此改造观念的过程。而恢复这些记录在案的绘制方式，也就成为重启想象的第一步。

2008 年 12 月 29 日初稿
2009 年 3 月 15 日修改

想象国家的方式

——从热播的国产电视剧谈起[1]

2009年,中国大陆知识分子和老百姓兴起一股观看国产电视剧的热潮,其中的家国史、抗战史以及敌特故事,受到了格外的追捧。这当然是因为国产电视剧有无可替代的优势——"事实上,也就中国电视剧还在过中国日子。……还在传销中国生活。"[2] 不过,更为要紧的是,通过观看这一类国产电视剧,人们开始重新"记忆",收获对"理想""家国"乃至"中国"新一轮的认同。

这样的观剧热潮以及由此呈现的社会精神状态,自有其根源。2008年以来,雪灾、奥运圣火事件、汶川地震、奥运

---

[1] 本文宣读于2010年7月10日第三届上海-首尔青年学者论坛"危机、社会与文化在东亚"。
[2] 倪文尖、罗岗、毛尖、张炼红、王晓明:《"中国电视剧"的"中国气息"》,《21世纪经济报道》2010年3月9日,http://www.21cbh.com/HTML/2010-3-9/167890.html。

会、金融危机……各种事件纷至沓来。对中国来说，这不仅考验着政府的应变能力、社会自身积蓄的能量，也检验着人们思考近代以来中国和世界、国家与社会、国民与国家之间关系的能力，并提出了更为复杂的理解和想象它们的要求。人们敏锐地感觉到中国正处于重新理解和想象国家的十字路口，中国人自己的生活也正是在这一意义上得到了格外的重视。这也就意味着，当观剧热潮重构人们的"记忆"之时，首先需要检验的是它所给出的是何种构造记忆的模式。在这一记忆模式中，人们如何定位和理解自身，形成自我认同的机制？如果说对近代以来中国历史的记忆和理解，直接关系到对"国家"的认同和想象，那么当前的记忆模式所映衬或唤起的又是怎样的对国家的基本看法？这一国家想象，是否构成对现实政治的集体嘲讽和制约？毕竟，无论怎样的社会记忆，都无法任意地穿越时空送抵我们手中，它必须接受现实的检验和磨砺，以便在其中更好地生根发芽。

倘若从这一角度，打量这些意欲更新"记忆"的热播电视剧，便会发现，较之于直接讨论现实问题的作品，它们往往倾向于提供一个重新感受个人和国家关系的新空间，而提供的方式则主要分为两种。

一种是以"家"为线索，每一个家庭成员的个体选择乃至家庭的聚散离合，都与国家命运重合在一起，变得意味深长。在这一重合之中,个人的悲欢被赋予了辨认何为家国"正道"的责任。这正是《人间正道是沧桑》这一类电视剧的魅力所在。清末民初,一个倾向于新政的父亲养育了三个孩子;当他们分别投入到中国革命的历史潮流中去时,各有各的选择,每一种选择都代表着中国可能的道路。此后家庭内部的纷争友爱,也就成了一个国家历史内部的对话与此消彼长的命运铺陈。对身处其中的年轻人来说,"国家"是有待构想和创造的模糊的未来,个体的选择、爱情的取舍、事业的权衡、良心的挣扎和政治的判断,都可以被编织进对新的国家的叙述和构想之中。此时此刻,国家构想或革命理想本身也不是现成的,而是经由各自的选择、决裂与合作、热爱与憎恶,方才清晰起来的结果。于是,在这样的叙述中,国家长成的历史,几乎被等同于个人生长的历史,家庭自身的变迁史。

当然,在革命话语中,"家"并不仅仅意味着血缘关系。为了同一项事业聚集到一起、共同奋斗的人,同样处在一个革命的大家庭之中。可以说,讲述20世纪50年代"敌特"故事的电视剧,比如《暗算》《誓言无声》《誓言永恒》之类,正以此为线索,使"家"进一步延伸为"国","国"是需要人们一同来守护的"大家"。在这一类敌特片中,最为重要的主题就是辨别"谁是自家人",谁在危险的斗争中,始终和自己的同志/家庭/国家站在一起,承担起捍卫他们的义务。在此过程中，主人公所表现出的个人品质、忘我精神，往往成为观剧者认同其所献身的那一个"大家"的最佳中介。

显然，无论是单个家庭的变迁，还是保卫共和国这个"大家"的战斗故事，这样的叙述都提供了一种强烈的个人与家国的共命运感。这种共命运感，既非一般意义上的家庭故事所能比拟，也非社会动荡中的个人沉浮所能获得。[1] 显然，由这一类"家"所构造的"记忆"，恢复的是一种早已失落的个人和国家之间的感觉模式。在处处受到监管却又往往表现为"没有关系"的现实生活中，这种个人与国家发生关联的想象方式也就显得格外诱人。[2] 对人们来说，当代生活愈是缺乏相对应的生活信念和非功利、非个人的目标，愈是琐

---

[1] 比如《王贵与安娜》《贫嘴张大民的幸福生活》这一类相当优秀的电视剧，都讲述了20世纪70—90年代的整个家庭或个人命运的变迁，但显然无法提供个人与国家之间的共命运感。相对而言，这些电视剧的叙述模式是90年代以来人们更为熟悉的，即对个人与国家的关系避而不谈，将其缩减为个人性情品格的高下之别。

[2] 在当下，这样一种关系的诱人之处，可以从下面这段评论中感觉到："革命历史题材电视剧之所以受欢迎，我看也是因为其中展现了一种现在已极为罕见的生活态度和人格精神吧。《人间》里的主要人物，他们的人生都被理想的光辉照亮了，显得那么有精神、有活力。不用说瞿恩，就连杨立仁这样的反面角色，也有自己的信念和一份担当，是让人无法轻视的。这样的人生的确够迷人，即使你不接受他们的那种精神信念，但也不能否认那是一种轰轰烈烈的人生吧。相比他们，我们的确活得太苍白、太孱弱了，我们已很难说服自己去为一种主义而献身，无论它听上去有多么正义、多么美好。"雷启立、毛尖、王晓明、张炼红、孙晓忠、倪伟：《"中国电视剧"的"时代之痛"》，《21世纪经济报道》2010年3月16日。

碎无聊,就愈加反衬出这样一种个人与国家之间共命运感的吸引力。也正是在这一意义上,有评论者认为,这样的讲述历史和革命的方式,即便是封闭性的,也值得肯定;因为这样的封闭与现实生活之间的反差,足以激发起新的想象力。[1]

不过,问题在于,这一类"记忆"的封闭性是如何形成的?在我看来,其中很重要的一点便是,无论是从革命历史剧还是从敌特片中,观众所感受到的信仰和理想的力量,都无一例外地得到了历史知识的保证;余则成、瞿恩等人物信仰的可贵、经历的动人,从来不仅仅立足于剧情本身,而是贯穿着一个明确的画外音:"新中国"。同时,对大多数生活在当下的中国人来说,"新中国"既是一个历史事实,又是他们生活在其中却无法调动自己的记忆和经验去思考的一个历史节点。相比之下,所谓的反派人物,倒要亲切得多。李涯的"因公殉职",杨立仁的值得敬佩,吴站长的情有可原,谢若琳的玩世不恭,观众对这些人表现出的宽容和理解,是因为他们的所作所为总能调动起 80 年代以来的社会记忆,或者

---

[1] "(电视剧)这种封闭性本身是有生产性的。……现在的连续剧无论在深度和广度上都相当有水准,而有意思的是,这些连续剧不仅从过去汲取能量,还能转换出当代的一些被压抑的、被否定了的能量。"雷启立、毛尖、王晓明、张炼红、孙晓忠、倪伟:《"中国电视剧"的"时代之痛"》,《21世纪经济报道》2010 年 3 月 16 日。

说拓宽由历史教育所限定的空间。[1]

正是在这里,出现了革命信仰和日常生活经验的一种有趣的并置。在面对革命者的理想和信仰时,观众将它与当下生活的无意义感,做最为激烈的对比与感喟。而在面对通常意义上的反派角色时,人们则依靠改革开放以来的日常生活经验,会心一笑。在某种意义上,这是观众通过这一类电视剧对当代生活展开的一次双重和解,既依赖于革命者的崇高理想,也依赖于反派人物所彰显的日常经验,人们与平庸的当代生活达成和解。这样的和解之所以可能,恰是因为在这一通过重述"家国"构造记忆的模式中,"新中国"被抽离出历史的真实,成为一个符号性的存在,这一模式也由此短路。[2] 究其

---

[1] 比如,人们对李涯的喜爱,很大程度上便来源于对多年以来历史教育的反感。在这一教育中,信仰往往被单一化,只有选择了共产党的人,方才具有信仰,他们的形象也才高大完美。于是,李涯这样忠于职守的国民党特务人员,变得格外可爱。人们突然发现,原来国民党人也有信仰,共产党人也可以满嘴脏话。

[2] 其中最为典型的是《人间正道是沧桑》中瞿恩的一句名言,在网络上它与谢若琳的名言一样广为流传:"理想有两种,一种是我实现了理想,另一种是理想通过我而得以实现,纵然牺牲我的生命!"这样的对于"理想"的概括,自然让听闻者心潮澎湃,尽管它并没有真正触及如何判断"理想实现"的历史过程,以及理想受挫之后必然是历史虚无主义的蔓延这样一些问题。这意味着,在理想受挫或失败之后,在不追究其过程和后果的情况下,重新将其高度符号化,这样的做法在今天的中国也许仍然具有强大的冲击力和感召力。

原因，却并非源于新中国前后三十年之间的断裂[1]，而是因为"新中国"一旦被历史化，则势必构成对革命的信仰和理想、新的国家、当代生活以及个人的种种质询。要避免这样的质询，保持理想的丰润，温暖和激励今天的社会人心，"新中国"就只能被浓缩为一个抽象的符号。正是在这一符号之下，一切变得无害。对高尚的革命情操的体验与现实的生活逻辑并行不悖，所有的冲突都在"新中国"这个历史终点里提前消融。对活在今天的人们来说，这显然是一种颇为安全的方式，既可以感受到革命信仰的光环，又可以包容现实生活的经验种种。革命者的信仰不再构成对当下生活的挑战，观剧者所享用的是曾经的革命胜利留给今天的安慰奖。但与此同时，在既有的历史经验中展开对国家的新一轮想象的可能，也在这样一种抽象和安全里被终结。

也许是为了跳出这一"新中国"的安全模式，人们想要讲述更为辽远的故事，一个精神性的"中国"。在这里，辽远并非时间上的，而是指其象征和概括的程度。这一类的叙述，往往具有高度的隐喻性。革命，或者说中国向何处去的问题，

---

[1] 当前的对电视剧尤其是革命历史剧的分析，往往集中在新中国前三十年和后三十年的断裂之上。参见张慧瑜：《弥合断裂与暴露伤口——关于"建国60年"和"改革开放30年"的两种历史叙述》，http://zhwm.cupl.edu.cn/newsinfo.asp? newsid=178。

不再被精英或知识分子的思考所垄断，而是成了绝大多数人必须参与的生死之战。抗日战争往往成为这一类叙述的大背景。在这一模式中，主导和推动历史的是社会上绝大多数的普通人。他们的受教育程度参差不齐，却有着对生活本能的判断；他们的信仰没有被理论化，甚至无从命名，只是根植于自身的生存状态，在生死爱憎的指引中做出自己的选择。可以说，《我的团长我的团》《生死线》都属于这一模式。《我的团长我的团》一开头，就是一群伤兵，他们浑浑噩噩，毫无斗志，组成了一个弱肉强食的微型社会。然而，正是这样一群"炮灰"，构成了想象"大多数"的基调。[1] 此后四十集所展开的，是他们在民族存亡的抗日战争中，如何保存生命、眷恋生活，如何直面彼此的生死，如何看待敌人和友军，如何识别草莽和精英，如何声张民族大义，如何理解自己生命的价值。《生死线》则讲述了日军的无情杀戮，使越来越多原本毫不相干的人聚集到一起：乡里村民、留洋博士、不同党派的军人、拉车的小混混、地方富商、女学生、黑帮头目，如果没有残忍的日军，这些人的生活也许永远没有交集，更

---

[1] 在一个严酷且积贫积弱的社会中，人们彼此冷漠、相互欺压，却又怀着某种从不轻易表达但热烈赤诚的情感一同生活下去。这几乎是中国现代文学表现现代中国人的一大主题。无论是在萧红还是路翎的笔下，都可以读到这样一群卑贱而高贵、鄙俗而真挚的人物群像。而这一类电视剧的叙述，所恢复或依循的正是这样一个主题。

不会走到一起并肩作战。在这样的作品中，路线之争、主义之辩，变得不再重要，沉默的大多数成了家国想象的主角。由此，一个国家的"人民究竟何以构成"，作为最重要的问题被提了出来。有评论者这样写道：

> 大概是先入为主的缘故，再加上心里一根筋，就让《士兵》和《团长》奠定了我看其他电视剧的情绪、眼光和精神基调，可这也并不专属于我自己，事实上我更愿意让自己真正从属于这一切。那这一切究竟是什么呢？要我说，就是中国气息、中国生活、中国感情。这里无论现实还是历史，都在试图重新讲出中国人自己的故事，讲出那个比正在崛起的中国更深入人心的"中国"是什么，那些比自己活得更真实更坚韧也更有尊严的"中国人"又是什么样的？尤其在危难中，在困境中，赤手空拳穷途末路的中国人到底怎么办？[1]

对于我来说，观看《我的团长我的团》的过程，

1　倪文尖、罗岗、毛尖、张炼红、王晓明：《"中国电视剧"的"中国气息"》，《21世纪经济报道》2010年3月9日，http://www.21cbh.com/HTML/2010-3-9/167890.html。

就是在理解个体、个体的组织以及那组织背后的精神依托之间的纠缠。作为一部电视剧,《我的团长》未必能把其间复杂的关联整理得非常清楚,但它作为一种大众文艺的样式,也的确用感性的方式,重新结构着这三者之间的关联。当代中国的精神状况,在这三者之间是一个逐渐剥离的过程,是将家国、组织逐渐从个体之上剥离的过程。这剥离旷日持久。而在《我的团长我的团》中,我看到的是一种逆向的缝合,缝合着从个体到个体的组织,再到这组织背后的精神依托之间的内在联系。……在这个缝合的过程中,我看到的是那些已经被现代人弃置的"大词",比如"家国",比如"责任",比如"希望",比如"理想",等等,在这里找到了新的落脚点。[1]

这两段评论,充分说明了这一模式在想象国家时运用的要素及其发挥的功能。首先,在这一模式中,人们的政治感觉,往往在困境或者说"赤手空拳"的状态下被激发起来。置之死地而后生,这让每一个人都无法抽象地运用哪一种主

---

[1] 陶子:《重构个人、集体与家国的思想关联——当代中国人精神状况中的〈我的团长我的团〉》,http://www.niwota.com/submsg/7045939。

义来构想自己的选择[1];在更多的情况下,也来不及用主义或理论武装自己,而是必须凭着生活的本能去探索。其次,这样的困境,往往需要一个外在的共同的敌人。反过来说,一旦失去敌人,人们很可能也就解甲归田,各自重回原来的生活轨迹。因此,这种在民族存亡的危难时刻获得的政治感觉,一旦失去了现实中的敌人,往往也就只能笼统地指向精神性的"中国"。在《生死线》里,日本战败后,六品没有成为一个战士,而是想要回到家乡去;四道风也没能成为一个真正的共产党人,而是了无生趣,偿还了欠他叔叔的那一条命。《我的团长我的团》中这种精神性的"中国"的意图,更是在结尾处显露无遗:曾经伤痕累累的禅达,变得美丽而现代,每一个在战争中死去的人都在当下这一刻复活,他们不再是炮灰团的战士,而是社会中的普通一员,以各自的方式,随着生活的节拍,在这片土地上继续生活下去。国家、敌人和战争一同退出了镜头,此处绵延的只是生活本身。最后,

---

1 当然,一部优秀的作品也会为历史上存在过的"主义"留下位置。比如,《我的团长我的团》中那个背着一箱书想找队伍打鬼子的青年学生,在"炮灰们"眼里他显得非常幼稚,他的口号和大道理也没有人搭理。但他最终找到了中共的游击队组织,投入了战争并付出了生命,赢得了人们的敬意。不过,《我的团长我的团》显然希望指出,这样的选择只是选择之一,还有其他许多乃至更多的并存的选择,同样让人们付出了鲜血和生命,并以此凝聚我们彼此的精神。

这样的精神性的"中国",在隐隐约约中希望与现实中的国家划出清晰的界限。因为只有在这种清晰的界限之中,精神性的"中国"才能保持其完整性,也才最有力量。

如果说通过"家国"来构造记忆的模式存在着太过安全以至于无法真正展开新的国家想象的嫌疑,那么在这种通过"大多数"来构造精神性的"中国"的模式中,问题则进一步凸显出来。倘若革命者总是指那些拥有自己的政治感觉,并由此主动参与在国家命运创造之中的人,那么对当前中国社会中的大多数人来说,依赖于生存的本能,缺乏必要的政治感觉,也许是更为普遍的状况。可以说,正是这一状况,连同改革开放三十多年来不断堆积起的对社会中精英群体的高度失望和不信任,对现实中官僚体制式的操作的不满和讥讽,构成了认同这后一种模式的心理基础。在这里,"赤手空拳穷途末路",不光指向被正规师所抛弃的炮灰团的战士,指向被日本人侵略的中华民族,更是指向了当前中国社会大多数人所感受到的社会精神上的赤贫状态,弱肉强食和人心涣散。在这样一种赤贫状态中,孕育和焕发出新的精神认同,无疑可以给人以极大的鼓舞和安慰。但问题在于,如此被构想出来的"人民",其精神上的合力对于极端状态——比如战争——的依赖,对于现实国家的鄙视和排斥,究竟会在当前所急需的新的国家想象中发挥怎样的作用？在一个什么都不相信的时代里，政治感觉的重新界定，是想象国家十分要紧的步骤。但这种对精神性的"中国"的想象，当真可以为重塑今天的政治感觉提供必要的基础吗？

在这里，刘小枫对《暗算·听风》中"阿炳"的解读，或许提供了一个很好的例子。他显然对这部电视剧偏爱有加，一上来就赞叹这部片子的最大优点在于，赞颂革命历史英雄的技巧或手法有历史性突破，因为前两部的革命历史英雄（《听风》的主角阿炳和《看风》的主角黄依依）都不是党员，而"这就突出了人民群众在革命历史中的重要作用"。"与其说《暗算》没有意识形态语言，不如说在塑造新的意识形态语言。这跟时势很合拍呵：国家正在'和平崛起'，《暗算》激励人们为国家的第二次'翻身'献身。"而在这"第二次献身"中，阿炳身上所体现出来的"自然道德"是最重要的基础：

> 比如基本的是非感——什么是什么，什么不是什么。仅仅作为一个听觉天才的离奇命运，阿炳的故事并不会让我感动，哪怕他年纪轻轻就死了——如今，有是非感这种自然道德死了，才让我感怀系之，唏嘘再三……在我们的后现代社会，

稀缺的难道不是最基本的是非感？阿炳耳朵忒尖，尖在哪里？尖在能分清谁是谁家孩子、谁是哪村人，总之，能分清最基本的什么是什么、什么不是什么……阿炳容不得最最基本的是非不清，否则他没法活，一听见有人想当然地不分是非——比如究竟是母狗的崽还是公狗——阿炳就跟人急。阿炳死于听见自己的孩子不是自己孩子的声音，自己的孩子不是自己的孩子，难道不是最最基本的自然道德问题？

与这种天然的是非感相匹配的是阿炳的好人直觉——阿炳没政治觉悟，他仅仅为母亲、为安同志工作，而非为国家……因为他天生的直觉告诉自己，自己的母亲和安同志是好人。什么叫"好人"，如今你这个自由主义哲学博士说得清楚？新左派文人说得清楚？你问阿炳，什么叫"好人"，他一定也说不清楚，但他凭自己天生的直觉知道谁是好人，而且凭这直觉懂得，唯有信赖好人，自己的生活才可靠、安全，他谁都不信，只信靠自己觉得的好人——安同志是党员，阿炳的妈不是，所以，好人是自然而然的，阿炳与这"自然"有一种天然联系，如今各

> 路启蒙知识分子切断的就是这种联系——你这个哲学博士读书比阿炳多,却不一定知道谁是好人,而且,离了好人,你恐怕觉得活得尚好吧,因为你有"主义"……1

将个人的自然道德或好人直觉视为构成国家的基石,使之摆脱或"不需要"对现实政治的认识,甚至更进一步,只有那些自认为拥有自然道德和直觉的人,才能垄断对现实政治的解释和对理想国家的想象,这恐怕正是刘小枫从《暗算·听风》中捕捉到的最让他满意的想象国家的方式。

不难发现,无论是偏于革命理想——主要是由安同志所代表的为了国家利益不惜牺牲一切的大无畏的革命气质,还是偏于人民自身的质朴德行、自发的生活感觉——主要是由阿炳所代表的天真善良和好人直觉,都无从抵挡刘小枫这样一种解读逻辑的成立。这是因为,从某种意义上说,《暗算·听风》恰是上述两种模式的结合,其中既有以"家"为单位的革命历史叙述,在这样的叙述中往往有拥有高度政治觉悟的精英分子,是他们主导着历史进程,也有更为朴素的对"人民"的想象,这一想象以社会中的大多数人为依据,最终

---

1 刘小枫:《密……不透风——关于〈暗算〉的一次咖啡吧谈话》,《南方周末》2007 年 4 月 5 日,http://www.infzm.com/content/6481。

导向精神性的"中国"。在这里,革命的现实果实"新中国"和由社会中大多数人所支撑的精神性的"中国"合为一体。同时,也因为有了这样的结合,也就有了它们之间的对峙和缝隙。当刘小枫如此自然地导出他对人民、国家和政治的理解时,这样的对峙更应该引起我们的重视。想要打破他的这一套说法,就需要从《暗算·听风》所描述的拥有自然道德的普通人和现实国家之间的关系入手。

显然,一开始,瞎子阿炳不过是个耳朵极好但有些呆傻的人,他尽管可以敏锐地听出村子里每一个人、每一条狗的声音,但这样的识别除了成为茶余饭后的谈资外,没有丝毫的意义。也就是说,没有安同志所代表的国家,阿炳的才能没有用武之地。只有在监听敌台的国家安全部门,他才成了天才和英雄,享有很高的荣誉,接受人们的敬意。人们因为爱这个国家,也就爱上这个可以保卫国家的英雄。之前已经说过,在革命话语中,国家和革命队伍本身就是一个大家庭;也只有在这样一个"大家"中,人们才会来关心和张罗一个英雄的婚事,哪怕这个英雄是一个有些呆傻的瞎子。而阿炳的妻子从一开始就非常清楚地认识到自己嫁给了一个国家英雄,她的任务就是照顾英雄。同样地,也只有在这个大家庭的支持和英雄的光环之下,阿炳才会对妻子具有绝对的权威,并最终导致了悲剧的发生。[1]

需要追问的是,在阿炳的故事里,国家到底发挥了什么样的作用?当一个没有政治觉悟、只有自然道德的人,和国家的权力结合在一起的时候,他是否有能力拒绝国家权力的诱惑,重新界定这一权力,还是只能束手就擒,放纵权力对自然道德的侵蚀和占用?阿炳的悲剧,与其说是由他的自然道德所构成,不如说是这样一种太过自然的道德,在面对权力的时候毫无辨识和抵抗的能力,从而迷失了自身。而一旦他加入到不假思索地享用权力的过程之中,则加速了自身的毁灭。[2]

看来,阿炳的故事并不通向刘小枫的迷与密的王国,而是指出:在当前重构国家想象的过程中,国产电视剧所采用的这两种构造方式,尽管看起来并行不悖,互为补充,却各自回避了其所唤起的那一部分国家民族的记忆与当前的国家想象之间的实际关联。对前一种"家国"想象而言,只要不愿意去打开"新中国"这一符号,所有的信仰和革命理想就

---

1 人们以及阿炳自己都认为她应该为英雄生一个孩子,实际上阿炳无法生育,却因此迁怒于妻子,威胁说要休掉她,因为他是国家的英雄,没有什么事情是他做不到的。妻子并不知道英雄的特殊才能,在给阿炳治疗无效的情况下,无奈之中找了别的男人帮忙生孩子。但阿炳一听孩子的哭声就知道孩子不是自己的,于是自杀。而他的妻子和那个男人,则被为阿炳主持正义的安同志驱逐出了单位。

2 这一问题对安同志这样的精英分子来说同样存在,只是表现的方式不同。

无法重新落实,其所唤起的革命激情不过是对现实和解乃至妥协的另一种表达方式。而对后一种精神性的"中国"来说,拥有是非感的大多数,其精神的集合体如果只是致力于撇清与现实国家以及国家权力之间的联系,那么它就无法将自己转化为真正理解和掌握权力的人民,也就无法避免被悬空为自然道德的个体,乃至被现实中既有的种种国家论述所利用的命运。

如果说,国产电视剧是在当前社会中呼唤和构建意义的一种实际努力,那么正视其在构造记忆和重新想象国家的过程中出现的盲点,也就变得正当其时。显然,对今天的中国来说,重新构建民族国家的记忆,确立新的意义体系,完成中国的自我论述,是当务之急。而这种构建和自我论述,很大程度上便依赖于对国家的重新想象。这首先是因为,就中国内部而言,在构成中国现实的诸种力量中,国家是最为强势的一股。想要讨论中国问题,重新构建社会中的价值和意义体系,就不可能绕开这一现实基础。其次,就外部来说,现代国家往往与资本主义互为表里,与资本市场的扩张过程相互促进。对中国这样的发展中国家而言,倘若不能正视或无法说明其与别不同的国家性质,就不可能打消别国对其对外扩张的疑虑和不安,更不可能脱离了外部世界对它的看法或想象独存。然而,较之于这两条相对外在的原因,更为重要的是，如何重建意义体系，既关系到如何理解国家的构成、理解国民和国家之间的关系，也直接关联到如何认识和把握国家在转型时期所面临的基本困境，尤其是权力的重新界定与分配。所有这些，并非腾空而来，而是必须切实地针对现实的国家状况一一展开。其中，人民如何想象自身又往往占据格外重要的位置，因为只有它才能赋予国家想象以最基本的格局。

倘若以上述要求来检验当下国产电视剧所呈现的构想记忆和国家的方式，便会发现，一方面，其努力树立和表彰的正面理想、国家和人民自身的形象，颇能迎合这一时代精神的需要，但另一方面，这样的树立和表彰仍太过受制于时代的基本心理，其自发性远远多于自觉。因为缺乏当下生活的意义感而流连于无害的革命理想，因为无力面对现实的国家机器而倾心于精神性的"中国"；这样的社会精神状态，既发生在知识分子身上，也充斥于普通百姓的内心。仅仅是这样，显然不足以构成和培育这一时代所需要的真正健壮的社会精神。想要通过大众媒体教育，孕育这样的社会精神，还需要几重的勇气。首先是直面中国革命历史的勇气，而不是飞快地将它们打包成理想或信仰；尤其是直面"新中国"历史的勇气，而不是将其浓缩为一个革命成功的符号。其次，则必须摆脱那种只有立足于"一穷二白"方才能够展开自我肯定和自我想象的叙述方式。这是因为,今天中国所面临的意义重建和国家构想的条件,不再是过去的那一个建设社会主义的贫困的国家,而是一个有着不小的经济进步却也有着难以处理的失败经验的现代国家。其所遭遇的,已非是否革命,而是如何在现有的条件中重新确立国家的理想乃至确立革命目标的问题。倘若无法明确既有的条件和问题,习惯于从被动挨打、一穷二白的状况出发,去构想国家、想象人民,那么由此获得的政治感觉本身就不可避免地有其虚假的一面,在制造出民族主义的同时,缺乏面对现实的实际能力,很难针对现实中的国家问题,展开真正的辩驳。最后,在大众媒体——由媒体生产者和消费者共同组成——越来越多地承担起构造社会记忆这一功能的同时,也必须勇于承担起对社会记忆的责任。如果说在过去,我们总是认为"遗忘"是教育灌输和信息管制的结果,仿佛"遗忘"是被迫的,和自身的选择无关,那么在今天看来,社会记忆的构造正越来越多地受制于大众媒体。任何唤起记忆的模式,又总是或多或少地包含着社会遗忘的集体惰性。在现实中对国家感到无能为力,以至于在想象和重构记忆的过程中巧妙回避,便是当前这一集体惰性的集中表现。这也就需要我们在越来越依赖于媒体语言,通过各种叙述模式来安抚或创造自身的精神的同时,对此类社会集体情绪或记忆的惰性保持充分的警惕。

2010 年 6 月 8 日初稿

2010 年 7 月 18 日修改

原刊于《台湾社会科学季刊》2010 年 9 月，第 79 期

收录本书时有删节

时事的滑稽:"城市"续篇

极其简单的舞台背景,几乎没有道具,几页纸的提纲,一个人站在台上滔滔不绝,说上两个小时的笑话。这就是周立波的"海派清口"。在香港,这种单人的讲话表演,被称为"栋笃笑"。所谓的"栋笃笑",是 stand-up comedy 的译名。20 世纪 90 年代,由黄子华将这一西方的脱口秀表演形式引入香港,此后逐渐在粤语地区打开市场。据说周立波正是看了香港"栋笃笑"的表演,才萌生一念,将自己的表演命名为"海派清口"。而网上的维基百科则将周立波定位为"中国粤语圈之外,第一个以其他方言表演 stand-up comedy 的艺人"。不过,如果查查上海滑稽的历史,便会发现,早在 1928 年,滑稽戏中便有以反映时事新闻为主要特色的单口滑稽这一路,人称"潮流滑稽"。

其实,无论是将"海派清口"归结为西方脱口秀文化渗透的结果,还是划入上海滑稽自身的百年传统,都未免有些书呆子气。如果滑稽是一种制造社会笑声的装置,那么舞台表演形式的变迁和更新,与其说是这一装置按照自身规律所发生的演进,不如说是社会对笑的需求发生变化的结果。在这里,线性的进化论再一次失去了它的解释力。对这一门笑的艺术而言,经济的迅速发达和社会的高度复杂,并没有带来更为精致和繁复的喜剧。相反,当社会变化如此迅速的时候,人们对于笑的要求却返回到了最初的也最简约的形式之中。在过去,弄堂里、人群中,总有那么一两个古灵精怪、好发议论的家伙,为人们带来街头巷尾、茶余饭后的笑声。时至今日,这种普通人的智慧和幽默,只能通过网络和短信迅速流传。这一流传方式,决定了它所能带来的大多是单个人的会心一笑,却始终难有众人一同开怀,彼此确认为共同体的现实感受。于是,"face to face"的滑稽,一个人讲、一群人听、大家一起笑的形式,以舞台演出的方式重新归来,仿佛是要填补这一种现代生活的不足,驱赶其中的孤单和呆滞。

与此同时,日常生活中无偿的随性的幽默和滑稽,也在日趋减少。其中的一个标志,便是在都市生活的重压下,人们越来越规矩地过自己的日子。在这样的生活里,保留闲心余力来给大伙讲笑话,已经成了一件越来越困难的事。而在生活中愿意随时随地好玩一把的人也就越发稀缺。周立波决意在"海派清口"中打造的,却正是这样一个有着闲心和余力的新形象。按照他自己的描述,他是一个有着丰富的阅历,有闲有钱的人。对他个人的生计而言,他似乎并不需要以演出或娱乐观众为生。只不过因为热爱滑稽和表演,所以重返舞台。也就是说,他的笑话本可以完全不讲。只是为了纯粹的娱乐——"纯粹的娱乐"的意思是不光为了大家高兴,也为了自己高兴,才要出来讲一讲,演出这样一个"周立波"。[1]

这种"闲人",或上海话中的"白相人"形象,的确为都市生活所稀缺和宠爱。本雅明早早注意到了游手好闲者对于巴黎的意义。只有在游手好闲者的漫步和观看中,一座繁华的无限扩张的巴黎才能聚拢为一个相互关联的内部景观。如果说,大都市总是需要这样一种游手好闲的眼光,才能够对不断分化的社区、日趋分离的阶层和持续涌入的各色人等做随时随地的总结,那么精神上的游手好闲者自然也就必不可少,因为他们收集的恰是这迅速分化中的都市思维的景致。于是,当人们无暇自顾地卷入都市严酷的生存竞争的时候,对这一类精神上的游手好闲者的期待也就应运而生。

---

[1] 在演出中,周立波总是要做如下说明:以下是周立波演的"周立波",其言论和周立波本人无关。本文沿用了这一区分。

时事的滑稽:"城市"续篇

纷繁复杂的区隔状态和貌似通达的整体旁观,本就是都市生活自我运转所构成的两极。在源源不断地生产出激烈竞争和严格的区隔的同时,它也一并生产出对于闲暇或"白相"的强烈欲望,生产出对于某种冷眼旁观、不以为意的闲情逸致的向往。可以说,这种身处其中却能冷眼旁观,又因为冷眼而格外"拎得清"的姿态,构成了"海派清口"的重要基础。当人们因为"周立波"的"搓刻"而轰然发笑的时候,他们分享的不仅是这一个笑料,更是这种冷眼旁观的"拎得清"的基本姿态。[1]

至此,剧场的效应,"众乐乐"的快感,已经不只是对某种集体的欢乐形式的想念和重温,更是对当下都市生活一瞬间的拒斥而来的阵阵快意。当然,此时此刻,无论是集体的欢乐形式的回归,还是冷眼旁观的心理角色的获取,都只能是通过商品的形式来购得。毕竟,鲁迅早就说过,在上海,白相是一种职业。

以商品的形式供给都市精神生活的某种需要,这本是现代都市生活的基本规律,并没有什么值得大惊小怪的。不过,每当这一生产和消费的链条当真确立起来的时候,人们总是或多或少地显现出惊讶的神情,被自身所表现出来的精神生

---

[1] "拎得清"和"搓刻"都是上海话。前者的意思是头脑清楚明白,懂得其中的奥妙;后者的意思是指刁钻刻薄。

活的欲望所震动。在这样的时刻,与其以后事之明分析周立波红火的原因,缓解我们的惊讶,不如定睛打量,在这红火之中,人们究竟在"海派清口"的表演中获得了什么。也许,只有在这样的分析中,方才能够明了这一座城市哄然大笑的意义。

按照周立波自己的解释,"海派清口"是一种真诚幽默、紧跟时事的表演方式。每天看十几种报纸,花上几个小时浏览新闻,寻找灵感,俨然成为这一表演的基本功。甚至,在谈论招收怎样的徒弟时,周立波的要求是可以没有学过滑稽表演,但一定要有相当丰富的阅历、相对完整的知识结构和社会视野。这自然不再是一般意义上对专业滑稽演员的要求。显然,对今天的社会而言,每天都在发生各种各样充满了黑色幽默的事情,急需有人及时对此展开整理、议论和讽刺。较之于网络上的浏览与发帖、朋友间的口耳相传,剧场有着这些日常手段无法企及的优势。因此,当专业的滑稽演员们仍然被束缚在固有的演出体制和表演形式之中备感苦恼之时,对于社会时事的点评和讥讽却已经成了一片最为开阔的市场,亟待开掘。时事评论也就此成为"海派清口"最为鲜明的旗帜。

然而,以"时事"为旗帜,却并不意味着"海派清口"能完全满足当下社会生活对时事评论的这一需求,彻底占据这一市场。如果说每天阅读报纸、浏览新闻、选取笑料,涉及的是最宽泛意义上的时事,那么在实际的演出过程中,"时事"在"周立波"的组织和议论中究竟呈现出何种状态?这一点恐怕就不能以"海派清口"自己拉起的大旗为依据,而是要对实际的表演做一番仔细的辨认。

表面上看起来,周立波的演出的确紧扣当下重要的社会热点。从改革开放三十年、金融危机,到上海解放六十周年,单人讲演的表演形式,使得他可以涉及新鲜的社会话题。不过,如果进一步分析周立波的这几期"海派清口",便会发现,他的讲演并不总是一个完整的故事,或者用周立波本人喜欢的说法——拥有一个完整的逻辑。

到目前为止,所有演出中整体结构相对完整的,当属"笑侃三十年"。作为对改革开放三十年的回顾,衣食住行构成了这一轮表演的主要线索。只是这一相对完整的结构,与其说是有赖于表演者组织构思的巧妙,不如说是借了"改革开放"这一主题的光。毕竟,三十年来,"改革开放"渗透到生活的方方面面,凡是在这三十年间发生的事情,都可以纳入其中。同时,"笑侃三十年"对改革的叙述模式,和当下的主流叙述基本一致。那就是对后三十年的说明,总是需要求助于和前三十年的对比。在这一叙述模式中,将新中国以来的社会生活纳入"笑侃三十年",也就顺理成章。于是,前三十年的物质生活的匮乏、精神生活的单一，构成了讲演中一大半的笑料。后三十年的笑声，则集中在对舞厅、抓赌和打桩模子的模仿和回忆之上。在此过程中，重述网络上流行的段子，挪用旧有的相声或滑稽段落，模仿老滑稽和政治人物，所有这些也都可以毫不费力地融入其中，构成一台热闹的"话说当年"。

如果说人们总是以今天为出发点，向过去投去视线和笑声，即便丝毫不谈论今天的现实，也能够通过这些视线和笑声回溯出一个今天的位置。那么，要想在"笑侃三十年"中完成这一对今天的回溯和定位，却并不容易。对"笑侃三十年"来说，主题的确是时事的，然而支撑这一主题的讲述内容是散漫的各色回忆。当然，这些回忆并非只属于周立波个人，而是置身于对两个"三十年"的主流评价之中，从属于整个社会集体的记忆模式。于是，在如此紧扣时代的主题下展开的滑稽，与其说是一次立足于当下而展开的对过去的回顾，不如说是将人们拉出现在，沉浸到过去之中的一次笑声之旅。"时事"的定义，也就在这样的旅行中被模糊了。一切以"今天"的名义所做的回忆，和当下并无切实的关联。从"时事"出发的"海派清口"，最终成为脱离当下，沉溺到过去中的一次借口。而这样的沉溺带来的，是某种隐秘的今天的安全感。

这一整体结构的模糊和基本态度的暧昧,在"我为财狂"和"笑侃上海滩"中表现得越发明显。尽管舞台上的"周立波"仍是那么胸有成竹地勾画手中的提纲,不过这份提纲似乎并没有清晰演出结构的作用。他的表演也往往分散为几个不同的部分。一部分自然是和主题直接相关的精彩原创,比如"我为财狂"中,当大盘一片飘绿时,小鸟却把它当成了森林公园,纷纷遭殃之类。一部分则是对早已流传的笑料的讲述或再加工。这一部分的笑料,聚集了众人的智慧和幽默。它们对听众来说并不新鲜,却可以让人们再一次一同发笑。另一部分则是无论何种主题都会出现的段落。比如,对政治人物和打桩模子的模仿,讲述周柏春老师的趣闻轶事等。不难发现,这几个部分和"时事评论"之间的关系,并不完全一致。其中,最能紧扣"时事",表现"海派清口"表演者的态度和看法的,当属原创。而在选择对哪些旧有的笑料展开重述时,观众的熟悉程度和搞笑程度往往取代了对"时事"议论,成为最重要的取舍标准。至于最后一部分的模仿秀,则是任何主题都可以搭配的段落,大有成为"海派清口"保留节目的趋势。

的确,要在两个小时之内,滔滔不绝地讲述完全原创的笑料,是非常困难的事情。借助于一些既有的材料,搭配上一些拿手或压轴的段落,也在情理之中。不过,这样的借助和搭配能否真正服务于演出的主题,紧扣其所要品评的时事,却是考察"海派清口"中的"时事"的关节所在。其中的尺度和平衡,并不容易把握。而一旦过分依赖于既有的材料或拿手的段落,忽略了对主题的深入推进,放弃了时事评论的基本职责,那么整个"海派清口"所推崇和标榜的"时事"的含义,也就模糊起来。至此,即便构成每一场演出的各个段子都逻辑严密、精彩异常,都无法掩盖这一由"海派清口"的整体结构显现出来的对"时事"的暧昧态度。

可以看到,从始至终,"海派清口"给出的是两种对于"时事"的不同理解。其一,是选题上的,即对社会当下重要话题的关注。然而,选择何种话题加以关注和紧跟,并非因为表演者对此类话题有怎样深入的认识、全面的把握,大多数情况下只是因为它正是当下的热门议题。也就是说,在这一层面的"时事"的选择上,表演者是"从众"的,紧紧跟随主流媒体或大众舆论的焦点。在此,他并不特别需要有自己的态度和立场。即便他的态度和立场是相当模糊不清的,也可以照样"真诚地幽默和搞笑"。其二,是指具体的社会新闻。比如在"笑侃上海滩"中,沈阳授予"小沈阳"劳模称号,便被周立波及时拿来讽刺了一把。而在"我为财狂"中,投机失败的荣家大小姐则成为刻薄的重点对象。在这一类的讥讽中，社会新闻的焦点总是集中在具体的人事之上。周立波的伶牙俐齿，更是将人们的目光聚焦于此。

于是，"海派清口"自我标榜的"紧跟时事"，实际上游走在这两种对时事的理解之中。在社会重大主题的选择上，周立波并无自己独到的见解，他的优势只在于对于具体个别的社会新闻，发出自己的讥讽。这种整体把握上的匮乏，也就使得"海派清口"在不知不觉中形成了结构散漫的传统，仿佛总可以在其中随心所欲地加上观众喜欢的笑料。这样做的结果是，每场发笑 600 次的效果不难达成，但演出对时事评论的要求却并不高，对表演者的挑战也就越来越小。即便随处可以看到闪光点，但却始终串不成一条完整的项链。甚至于到了后来，想要串出项链的愿望也在哄然的笑声中被淡忘和遗弃了。

希望一名演员具有对社会整体的把握能力，拥有自己独到的见解和立场，这自然是非常高的要求。表演者一时无法达成，或他的智慧只在于具体的时事新闻，而非对时代的洞见，这一状况也很正常。不过，由此而来的问题是，如果当下如此红火的"海派清口"中并没有这一类洞见，那么那种被观众所期待、认同和激赏的"拎得清"的旁观者的姿态，又是什么呢？

实际上，在散漫的演出结构中，仍有一种贯穿始终的态度填补了此类整体把握的空缺。那就是对城市文化的基本态度。无论是在城市里才能通行的极端的计算逻辑——"花了同样的价钱买票，别人笑了一百次，你只笑了九十八次，那你就吃亏了"，还是由咖啡和蒜头的对比而来的南北文化的不同，"周立波"时时体现出一种大城市良好的"自我感觉"。这或许也是周立波将自己的演出命名为"海派"的一大原因。自从被鲁迅一语封杀，定名为"商的帮忙"，"海派"的名声便一直不佳。直到 20 世纪 90 年代，才迎来了自己的转机。一面是上海的"重整旗鼓"，兴致勃勃地和国际接轨，向着大都市的标准进发；一面是"张爱玲"挽着"老上海"的风潮，从海外刮来。"海派"为自身正名的事业，也就此开始。经过十多年的努力，现在的"海派"已经一改过去急欲为自己辩护的守势，开始拥有不屑于辩白的矜持。周立波的"海派"，正是这矜持的一个部分。他不再"急吼吼"地为自己的城市姿态辩白，而是含蓄地指出，城市和它的生活方式乃至快乐原则，已经成为社会中无需讨论的部分。

有人说这样的演出充分迎合了上海人的自我想象。这样的说法，并非毫无道理。不过，如果仅仅把"上海"理解为一个确定不移的区域，而不是中国社会转型过程中出现的城市文化的象征符号，那么这一类的说法很容易忽略掉城市文化，尤其是大都市文化在当前中国社会中的暧昧地位。按照雷蒙·威廉斯对文化的定义，文化不仅是艺术和人类精神生活的结晶，更是社会制度和生活方式的总和。如果说在过去的几十年中，由大都市所代表的现代文明在发展过程中有着不可置疑的地位，预示着美好生活的方向的话，那么21世纪以来，对这种城市文化的质疑也在与日俱增。尽管上海世博会的中文标语仍然可以不假思索地宣称"城市，让生活更美好"，不过在英语标语中，这样的宣称却摇身一变，成了"better city, better life"的期许。怎样的城市才能带来更好的生活？更好的生活，需要怎样的城市文化？在这些问题面前，人们变得越来越迟疑和迷惑。

在对"改革开放三十年"和金融危机的态度中，这一类的迟疑和迷惑往往表现得最为鲜明。一方面，城市生活给人们带来了种种生活上的便捷和舒适，他们倾向于认同和保留改革开放的合理性，继续将前三十年的社会生活经验视为此后改革合法性的基础。然而，另一方面，当代都市生活的巨大压力，又构成了人们对今天城市生活的诸多不满。想要为这些不满寻找解释和出路，却又困难重重。一时间，人们纷纷议论"中国模式"，希望以此概括中国的特殊发展经验。这一概括的目的，与其说是弥合断裂的历史叙述，总结宝贵的中国经验,不如说是想要借此框定对"发展"的理解,明确此后中国社会发展的基本方向。也许,对中国庞大的电视剧制作产业而言,它们可以通过反复讲述中国革命的故事来弥合前后三十年在意识形态上的裂缝。不过,对生活在大都市中的个人而言,想要获得这样的弥合和调整,真正的入口应是对时事的认识和理解。

在讨论滑稽的意义时,柏格森曾经指出,所谓的滑稽,"与其说是丑,不如说是僵",是"身体、精神和性格的某种僵硬"。"社会要进一步消除这种身体、精神和性格的僵硬,使社会成员能有最大限度的弹性,最高限度的弹性。这种僵硬就是滑稽,而笑就是对它的惩罚。"[1] 如此说来,由社会时事而来的滑稽,呈现的恐怕便是社会本身的僵硬。当人们由紧跟时事的滑稽哄然大笑时,其所惩罚和清除的正是这种社会本身的僵化和呆板。

以此打量周立波的"海派清口",便会发现,这种以时事评论为特点的喜剧装置,的确可以更方便直接地引发及时的笑声,清除社会的某些僵硬。然而,到目前为止,这一装置本身却仍然牢牢地立足于城市文化的固有姿态,不愿意更深地触及乃至批评自身。正是在这一种更深层的僵

---

[1] 柏格森:《笑:论滑稽的意义》,徐继增译,中国戏剧出版社,1980年,第13—18页。

化中,时事的选取,往往只能听从于社会主流媒体,或拘泥于具体的事件,无法进一步获得组织时事、编织社会的新的眼光,更新人们对于城市文化和生活方式的理解。如此一来,"海派清口"体现的,正是当前处于徘徊中的中国城市文化的基本状态。人们一面表现出对时事评论特别的热衷和快意,一面又流连在固有的城市文化之中,从对社会时事的搞笑中获得片刻的安心,满足于某种不自觉的自得与骄傲。

在此,观看"海派清口",与其说是新的城市娱乐方式,不如说是生产出这一文化产品的城市生活给人们新出的一道选择题。红火的"海派清口"所揭示的,不仅是一次成功的商业运作,更是当前城市文化的现实需要和可能选择。如果社会时事的含义,在这一类的表演中变得模糊不清,仅仅沦为搞笑的消费对象,那么城市文化内在的机械和僵硬,并不因笑声而减少退却,反而可能由此递增叠加。如果社会时事对于今天的城市文化的意义,能够通过这样的演出和笑声日渐明确,越发突出,那么这样的笑声,便是在为重新定位和理解城市文化清扫道路。"海派清口"的大受欢迎,既意味着重新理解城市文化的可能,又有着重新遮蔽这一可能的嫌疑。这便是城市文化的吊诡之处。

生活不能没有笑声。是满足于一时的愉悦,还是发出更为有力和长久的笑声,不只是滑稽演员的责任。时事的滑稽,我们的笑声,也许是"城市"的续篇,也许什么也不是。

2009 年 10 月 4 日

原刊于《艺术评论》2009 年 11 月,发表时标题改为

《周立波的时事和"海派清口"的城市文化》

月光宝盒里的"归来"

自 2008 年以来,中国思想界左派与右派的分歧进一步加深,在大众媒介领域展开的争夺战,自然也是越演越烈。其中一大焦点,便是如何经由大众媒介,重述进而重新体认中国近现代的历史。无论是追慕在当代语境中极具争议的"民国范",还是一系列历史题材影视剧作的创作,比如《归来》《黄金时代》等,以及由此引发的大规模争论,都不脱这一争议的范围。

值得注意的是,尽管左派和右派在这一系列争夺战中,立场鲜明、观点迥异,展开批评的方式,却出奇一致。那就是每个观众或读者都被默认为一台全自动 3D 打印机,他们将按照书本或影片,在内心深处把那个时代打印成型。对此,我的疑惑在于,在今天以城市青年为主的观影或阅读群体中,如此自动而合格的观众是否依然大量存在?在这个疑惑的背后,一个更大的问题则是,当左右派依据各自对当代中国社会状况的理解,争夺历史教育权之时,作者/读者、教育者/被教育者之间的直白关系,构成了其争夺和教育的基石;只是这一想象中的关系究竟在多大程度上仍然有效?本文将以张艺谋的《归来》及其相关争议为例,考察这一教育权的前提,并对由此凸显的当前这一轮争论中潜在的意义生产模式,以及现实中急需被思考的观看/阅读模式,提出后续问题。

显然,对《归来》来说,我就不是这样的合格观众。[1] 和那些在《来自星星的你》中发现名牌睡衣和高级红酒的观众一样,我总是被现成的散落在电影中的各色符号一再伏击。之所以说是"现成的",是因为无论是郭涛、张嘉译等人"正经不起来的脸",还是"国民党特务李涯",都不过是当前一整套娱乐系统明确生产出来的系列符号。如果对这套体积庞大、内容杂乱的娱乐符号缺乏了解,那么想要在今天的媒体网络中完成观看、寻找欢乐,就会变得极为困难。这不仅因为所有这些符号,构成了人们理解"剧情"、辨识"笑点"所仰仗的基本知识,也因为这些符号发生作用的方式,就是引发人们即时的情绪性反应,进而将这一反应模式确认为首选的观

---

[1] 在某种意义上说,我自认为是一名更加投入的观众,既毫不吝啬自己的眼泪,也不放过任何一个笑点。

看/阅读模式。[1] 就此而言，今天的普通观众，早已不是张艺谋刚出道时的那一群娱乐饥渴症患者，而是被迅速膨胀的文化市场不分昼夜训练的一群人。

可以说，条件反射式的快感、扁平化的联想机制、缺乏深度的非此即彼的选择模式，正汇聚生成着新一轮的观看方式。[2] 当《归来》和随之而来的评论，仍然诉诸深度阅读的观众并为此展开争夺之时，其实际面对的却极可能是一大批被新的观看方式日益支配的观众。毫无疑问，这一新的观看方式有着再清楚不过的弊端——人们越来越难以沉浸到整体叙事之中，而是不断地游离、后设乃至跳脱开去。不过，仅仅批评这一新的观看方式，则远远不够。因为这种三心二意

---

[1] 小森阳一指出，通过这种快感与不快感的二元对立图式来区分世界，是当前大众媒体控制心脑时采取的一大策略。正是这种操纵模式让人陷入到非此即彼的状态。小森阳一、陈多友：《大众媒体墙和心脑控制》，《开放时代》2007年第5期。而在讨论御宅族文化时，日本著名评论家东浩纪则区分了两种不同的读取意义的认知模式。一种是树状图模式，另一种则是资料库模式。东浩纪认为，后一种资料库模式，是后现代社会，尤其是网络迅速发达后日渐取代前者的读取意义的重要模式。东浩纪：《动物化的后现代——御宅族如何影响日本社会》，大鸿艺术，2012年。

[2] 在教学中，学生缺乏深度阅读的能力，可能是让今天人文学科教师最感头疼的一个问题。就我自己的状况来说，似乎介于两种阅读方式之间。说得好听一点，是深浅皆宜，说得难听一点，就是两边都不见得真正深入掌握。以下的记录，其实是对这两种阅读方式在我身上发生串联的一个观察，也是对"除了抱怨新的观看之法没有深度之外，我们还能做些什么"这类问题的初步思考。

的观看,势必意味着意义形成的过程正变得更为复杂,不仅对原有的深度阅读模式提出了挑战,也将在与旧有模式的对话中,形成新一轮意义生产的可能。

让我真正意识到这一点的,是《归来》中陆焉识为了让婉喻认出自己,不断出现在火车站的那个桥段。一次又一次,陈道明扮演的陆焉识穿上自己最好的大衣,打扮得一表人才,紧张而又期待地走下楼梯,经过妻子身边。然而,他始终没有被认出;在婉喻的眼中,他只是个陌生人。因为爱情不断回到同一个时间或同一类场景之中——家里、火车站、钢琴边;一次又一次地失败,但毫不气馁,重新再来。这些温情却又充满荒诞感的瞬间,让我不由想到《大话西游》里的经典场景:为了搞清楚白晶晶死亡的真相,至尊宝借助月光宝盒的力量,一次又一次地重返同一现场,可每次都失败了——他总是来迟了一步。

乍看之下,由《归来》联想到《大话西游》,自是驴唇不对马嘴。一个是温情而又悲伤的正剧,另一个却是充满了调侃的无厘头。不过,在这两部风格迥异的电影中,"因为爱情""失败的重返"和"百折不挠的从头再来",这几个要素却出奇地一致。其中,最为要紧的重合,是重返的冲动与不断的失败,以及由此产生的荒诞感。一般说来,深度阅读模式中的合格观众,既要感受到这其中的悲情与荒诞,又能自觉地删去至尊宝这一类的联想，因为这些不必要的联想会妨碍更为深入和专注的观看。这也是我最初的一个循规蹈矩的反应；直到发现，至尊宝这一看似荒唐的参照系，有助于辨识"归来"的盲点，给出完全不同的阐释框架。

首先，同样是重返，他们返回历史的目的、采取的方式和结果却大不相同。陆焉识希望回到的是过去的家庭生活，采取的手段是不断回到那一个特定的"五号"，因为婉喻认定她的丈夫将在这一天坐火车归来。于是，每个月的"五号"都成了一个陆焉识可能被重新认出，完成"归来"，接回历史的入口。然而，每一个"五号"的到来，既带来新的希望——对婉喻来说更是如此，却也越发凸显出难以归来的无情现实。对这一对夫妻来说，时间不断地流逝，却未能生成任何新的历史。他们被彻底抛在了历史之外，陷落在时间无意义的循环之中。相比之下，周星驰扮演的至尊宝，并不以重新融入过去的历史为己任。对他来说，重返过去的目标只有一个，就是搞清杀害白晶晶的凶手，阻止历史的发生。于是，当至尊宝终于看清了历史真相——"原来是自杀"——的时候，在下一次重返中，他便毫不犹豫地踹起大脚，踢飞了企图自杀的晶晶。也正是这一脚，让他摆脱了无限循环的时间，进入到一段新的历史之中——回到五百年前，完成自己的前史。

较之于至尊宝的成功重返，电影《归来》想要告诉人们的是，陆焉识的"归来"失败了。这一对失败的判断，也被左派和右派共同接受，成为展开后续评论的前提。不过，这一判断究竟建立在怎样的预设之上？这一预设是否理所当然地成立？类似的问题却被彻底忽略。只有在和至尊宝做对比时，此类判断的基石方才显露出来。显然，对至尊宝这样的无厘头人物，人们既不会费心为其设定公共生活/私人生活间的断裂，美好的个人情感和个人生活的正当性，也就不可能成为控诉历史的工具。[1] 可对陆焉识和冯婉喻的故事来说，公共生活与私人生活、国家与个人，政治与人性的对峙，却是剧本、导演乃至整个社会舆论从一开始讲述和接受这个故事时，便已经默认的基本框架。之所以这么说，是因为平反之后的"右派分子"陆焉识需要回归的，从来也不是一段抽象的社会生活。如果将其粗略地分成公共生活和私人生活两个部分的话，那么在公共生活的部分，陆焉识的"归来"并未受阻，且颇为顺利。电影中并不缺乏这样的线索：为了向婉喻证明陆焉识的身份，居委会干部出示了官方文件，周围的邻居也都被请来帮忙证实身份；临走的时候干部还特别和

---

[1] 成为齐天大圣往西天取经，是至尊宝的公共生活，而他与紫霞或晶晶的爱情是私人生活，并最终被公共生活牺牲掉，这样的点评一定会让大话西游迷们大跌眼镜。

陆焉识提了重新工作的问题;当婉喻将这个陌生人拒之门外的时候,街道提供了住处,发动大伙帮忙收拾。"归来"唯一受阻之处是他的私人生活,或者说是一部分的私人生活:妻子不再认识他。电影叙述牢牢锚定的,正是这一部分的不成功;并指出,婉喻的失忆是由那个时代的政治运动——那位从未现身的"方师傅",以及由此塑形的家庭生活——女儿剪掉了所有陆焉识的照片——合力造成的。在这一叙述逻辑中,公共生活的顺利回归,不仅不能推翻人们对"归来"失败的判断,反而加重了由这一失败引发的审判历史的焦虑:一纸公文便可以让人重返公共生活,而私人生活的大门却再也无法打开。于是,只有倚重于这一组二元对立的力量,人们才能将陆焉识的归来确认为失败。而一旦搁置由整个当代史所形塑的公共生活与私人生活之间的曲折关联,陆焉识的"归来",便很难说是失败还是成功——组织重新接受了他,女儿叫了"爸爸",日常生活仍在继续。

不过,在这里,真正意味深长之处在于,从始至终,在整个当代中国社会的语境中,人们一刻也没有偏离上述公/私关联的历史理解来判定陆焉识的"归来"。[1] 在这一理解中,

---

[1] 就此而言,电影对小说的改编或重写,也就变成了另一个证明。《陆犯焉识》的线索有好几条,其对私人生活的理解也因为这些不同的线索而有不同的指向。但改编之后的电影,则完全倚重在这对夫妻的关系之上,再无他物。

重返公共生活的意义被私人生活的难以归来彻底吸纳。陆焉识的归来，必然是一个令人伤痛的失败。

更深入揭示这一失败的实际意味的，是电影里从未现身的方师傅和失忆了的冯婉喻。值得注意的是，他们总是成对出现：每当陆焉识有被辨识的希望时，方师傅总是被用来证明或加固婉喻的失忆症。如果说，在整个故事中，陆焉识是那一场运动的受害者，丹丹是无力洞穿权力和生活奥秘的小女孩的话，那么方师傅和冯婉喻就是在那个历史阶段真正体验纠缠中的公与私、国家与个人、政治与人性这一系列关系的人物。然而，正是这样两个关键人物，在影片中只能以无面目或失忆的状态出现。对于高度纠缠、急需阐明的那一段历史中的公私关系而言，婉喻的失忆和方师傅的无面目，与其说是剧情需要，不如说是以上述预设重述这一段历史时必然会呈现的症候。也就是说，只要是在上述预设中重述历史，那么公共生活和私人生活之间的实际关联和可能讨论，就必须被彻底抹除；唯一留存的，是它们之间抽象的对立。至此，无论是婉喻的失忆，还是方师傅的无面目，都不过是这一抹除在讲述过程中留下的痕迹。他们的作用，并不在于故事本身，而是标示出意识形态在此类重述中发挥作用的方式：既然公与私的断裂和对峙，是这一类历史叙述得以成立的开端，那么同时纠结和承受了公私力量的人物，自然无法在这一叙述中获得任何实际的面目和处理。正如齐泽克所指出的那样，意识形态就是试图抹掉自身不可能性痕迹的那一种整体性。[1] 在这里，无面目的方师傅和永远失忆的婉喻，恰恰是在重述的过程中，以最显眼的方式被隐匿起来的不可能性。人们无一例外地看到了这两处"空白"及其背后的不可能性，却毫无迟疑地将其作为故事的材料，进而加固"公共生活和私人生活之间天然割裂与对立"这一意识。

毫不意外，之后的评论也都围绕着这一隐匿起来的不可能性，在公私抽象对立的意识形态机制下发生。对恐惧与厌恶"文革"的人来说，无法完成"归来"的私人生活被直接等同于整个社会生活，成为控诉"文革"的有力证明。而对那些企图重新理解"文革"和中国当代史的人来说，此类经由私人生活的控诉不过是再次证明了电影《归来》是一次"去历史"的表演，而历史究竟从哪里开始被顺利切除或隐匿，却并未得到真正的讨论。

也正是在这里，这两种看似迥异的解读，不约而同地无视了上述意识形态的重述中必然蕴含的一个有趣悖论。那就是，公私之间的抽象对立意味着，陆焉识的难以归来，与其说是对"文革"的片面控诉，不如说是更为直白地指出：当

---

[1] 齐泽克：《马克思怎样发明了征兆？》，《意识形态的崇高客体》，中央编译出版社，2002年，第69页。

一个人只是为了重获一种日常生活甚至于私人生活中的身份——比如"丈夫",而重新进入历史时,他的"归来"便不可能成功。在这一悖论中,被电影浓墨重彩表现的失败的"归来",凸显的是更为深刻的且与张艺谋自以为正在表达的内容完全相反的另一层现实:在今天,如果人们仍意图像陆焉识那样重返历史,但其重返历史的目的又只是回到看似普遍实则狭义的私人生活领域的话,那么,这样的重返就没有任何成功的可能。

在这一意义上说,难以归来的陆焉识,恰恰成为那些采取与张艺谋相类似的方式重返历史的人们的写照。无论他们经由怎样的手段,只要仍然是在不假思索的公私对立中重述历史,就势必遭遇和陆焉识相同的命运:任何以私人生活为目标的返回历史的企图,总是不断被历史本身所拒绝。即便有电影这样的月光宝盒帮忙,人们仍然无法免于陷入无意义的时间循环的窘境。而对那些企图积极理解社会主义历史的人们而言,这样的窘境同样存在。即便他们是在"重新历史化"的口号之下重述历史,但只要并不真正打算处理实际发生过的公共领域与私人领域的纠缠状况,那么时间循环的陷阱,恐怕仍然无法避免。

这恰恰是电影最令人意外的意味深长之处。显然,一旦戳穿了这一隐含在电影中的悖论,陆焉识的无法"归来",不过是对某一类历史重述之法的极具反讽的表征。张艺谋的《归来》，也由此呈现出某种意想不到的荒诞性和与之相伴生的现实感。如果说，中国的艺术家或知识分子总是在跌跌撞撞之中想要挣脱或逮住历史，说出"真相"的话，那么，更真实的状况倒是，他们往往被历史驱使和控制，成为它的傀儡，不由自主地说出了历史要他们说出的、他们自己从未意识到也听不懂的语言。因为正是这一以悖论形式呈现的表征，隐含着一系列极为紧迫的现实问题：在今天这样的历史时刻，人们重返过去、重述历史的目的究竟是什么？又是什么样的人在展开这样的有目的的重返？如果说，陆焉识的失败已经表明，经由私人生活的重返此路不通的话，那么，什么样的重述和返回才是真正可能的？显然，重述历史的工作，从来不仅仅是如何再现和描述历史的问题，而势必涉及到对既有的历史书写背后的意识形态机制的整体反思。一旦缺乏这一性质的反思，无论出发时的初衷如何，人们恐怕都将跌入无效的时间循环之中。但这一反思究竟何以可能，却成为横在今天中国知识分子面前的一大难题。

写到这里，便会发现，如果没有至尊宝这一类无厘头的联想，仅仅依靠深度阅读模式，便很难产生意想不到的解读和思考。这并非偶然。究其原因，不过是因为庞大的娱乐系统、各色信息符号实际上构成了社会现实的组成部分。当我们下意识地删除或禁止此类不请自来的联想之时，实际上便是拒绝或无视这一部分的现实。如果说每一个人的解读势必基于或受制于既有的意识形态的话，那么对这一部分现实的删除，则意味着整个阅读状况中，既有的意识形态和现实感受之间的力量对比发生着变化。尤其是，如果把人们的现实感受视为那些反对或溢出既有意识形态的可能性的话，那么当一个读者按照"好"的深度阅读模式删除对这一部分现实的纷乱感受之时，他实际上也就删除了自己对既有的意识形态进行反思的现实条件。

于是，如果套用"归来"的故事模式，理解深陷于深度阅读模式中的作者/读者、教育者/被教育者的话，那么，在某种意义上说，张艺谋和他的《归来》，以及由此争夺着历史教育权的评论者们，似乎都希望可以通过教诲性的故事，化身为一表人才的陆焉识，与需要接受教诲的观众终于重逢与相认。而被规定了只能采取深度阅读模式的观众，自然也就变成了那个总是失忆，无法辨认出影片企图带给我们的"真实历史"的冯婉喻。显然，此类对观众的想象和影片对冯婉喻的设定，格外一致。观众缺乏对现实生活的感受和记忆，正如婉喻接了无数次的车，却毫无记忆；观众缺乏足够的历史知识，正如所有焉识的照片都被毁掉了，成为一团空白。然而，如果不是经由既有的阅读模式的规范和下意识的自我检查，没有谁会真的赤手空拳地进入或接受历史。张艺谋们如是，观众们也不例外。当"郭涛和张嘉译们"不断把我们挤出历史、挤回现实的时候，《大话西游》、至尊宝以及其他生活的杂乱片段，都不断提醒着我们：个人记忆、观看模式、理解历史的冲动和现实生活的焦虑，早已是自身不可分割的一部分。就此而言，假装是一个可以对所有的现实经验和娱乐符号关门、无视深度阅读模式和新的阅读模式之间关联的观众，和那些假装相信今天的中国仍会出现一部过去意义上的现实主义作品的评论家们一样，都是自欺欺人。这一类假装的后果，不过是让所有人持续患上想象性的心因性失忆症，拒绝时间的实际作用，以便逃脱现实的纠缠。此时，电影、电视剧或其他貌似重述历史的文化商品，也就成了人手一份的"月光宝盒"。它们永无止境地让我们在时光的隧道里穿梭往来，却一刻也没有真正把我们带回历史。因为当心因性失忆症切断了我们和现实的联系时，重返历史也就不再可能。

对此，一个老老实实的做法，恐怕是要带着自己所有的记忆和联想，带着所有消费社会在我们身上烙印的恶习和快感，展开对历史的阅读。在此过程中，做一个真正的目不转睛的现实主义者。条件反射式的快感也好、扁平化的联想机制也罢，都不过现实烙在我们身体感觉中的再真实不过的部分。与其仿佛做错了事一般地将它们打包藏匿、视而不见，不如对那些看似不请自来的联想及其背后新的观看模式毫不躲闪，采取毫不妥协的现实主义的态度，以便定睛看看，今天大多数的主体，在"月光宝盒"的作用之下，究竟发生了什么样的直接而复杂的反应。此时，所有不正确的、奇奇怪怪甚至有些滑稽和微妙的反应，可能是干扰思考的混乱信息，却也可能是帮助人们跳脱意识形态控制，以最直白的方式呈现自身，进而使得历史真正"归来"的实际入口。

2014 年 8 月 1 日

原刊于《媒介批评》第六辑

"大众"何以"文化"?
——重读《大众文化的隐形政治学》

一、神话学家的尴尬

罗兰·巴特曾经叹慰,在一个发达的资本主义社会中当一名神话学家,是一份讥讽者的职业。这类从业者可能遭遇各种窘境:他需要切断和神话读者的一切关系,他被禁止想象未来,他还要冒着其所保护的现实消逝的风险。[1] 在神话消逝之后,神话学家势必失去过去、现在和将来,这便是此份职业的限度。相比之下,作为第三世界的知识分子,鲁迅则透彻得多。他希望自己和批评对象一同消失在没有时间的黑暗里,消失后的"无"远比青史留名的"有"来得珍贵和

---

1 罗兰·巴特:《神话——大众文化诠释》,上海人民出版社,1999年,第217—219页。

清白。

然而，与如此激烈的自诩和忘我的期待相比，现实总是平庸得多。通常的情况倒是，在遭受激烈批判的同时，神话兀自扩张起来，现实在它的统摄下继续匍匐。戴锦华的《大众文化的隐形政治学》一文，在今天遭遇的便是此种尴尬。用这份记录20世纪90年代末中国社会大众文化的手册来核对当下，你不禁怀疑，中国社会的心理时间已经在十年前的某一刻停止。从那时起，拔地而起的购物中心，追逐奢侈品的人流，依赖家庭伦理叙述的电视剧，与市场亲密无间的文化商品，以及与此同步展开的社会贫富分化，便不曾离开我们。

变化也是有的。它们由生理时间的流逝促成，以便让已经发生的这一切更深入地渗透到人们的内心和身体之中。坦然矗立的购物中心，依旧是居民的朝拜圣地；去大型超市购物，成了城市家庭最廉价的娱乐形式。对"广场"的挪用，已然成功，曾经的遮蔽却不再有效。[1] 在不到十年的时间里，"广场"成了"商业"的同义词，很少再有人惦记铭刻其中的

---

[1] 在《大众文化的隐形政治学》中，戴锦华梳理了凝结在"广场"一词中的革命记忆，指出把plaza翻译为"广场"，为商业建筑命名，这一做法显现了20世纪90年代中国特定的意识形态症候和实践内容。因为"对'广场'这一特定能指的挪用，是一次遮蔽中的暴露，它似乎在明确地告知一个革命时代的过去，一个消费时代的降临。"

政治记忆。[1]

　　这一类的"不变"与"变",同样鲜明地表现在文化的生产上。进入新世纪,广告越发无孔不入,随时随地捕获人心,却也不见了当年的幽默。"黑五类"和"北大荒"没有了原先的刺激效应,"五月花"和"欧陆风情"也不再拥有天然的吸引力。在开放了所有有利可图的禁忌之后,曾经诗一般的广告语言,沦落为半通不通的病句一堆,"地毯式轰炸"成了它唯一的法宝。走在大街上,人们不再会为社会主义标语和各色商业广告间的拼贴、并置感到兴奋,因为现实已经耗尽了这一类幽默感的记忆源泉。"文化创意"继续待价而沽。当越来越多的创意产业园区建立起来的时候,房价和地租却总是比"创意"更为迅速地增值。没完没了的家庭伦理剧昂首挺胸,既追溯共和国的历史,又演绎当下的悲欢,既遵循人们喜欢的情感模式,却又不失时机地加上一点现实的调味。[2] 可以拿来庆祝"改革开放三十周年"的,却是一部三

---

[1] 当然,十多年来政府对城市空间的规划和拆迁、房地产商们对城市的改造,也在其中发挥了巨大的作用。

[2] 仅以2007年颇为流行的《双面胶》为例。一个城里的姑娘,嫁了一个通过大学教育从农村流动到城市的丈夫,由此产生了各种家庭矛盾。除了被人们热议的南北文化差异、绝难处理的婆媳关系之外,这部连续剧还传达了另一个值得关注的信息。那就是,在这个城乡差异巨大、人才流动频繁、高消费和高房价的社会中,核心小家庭的成本和风险已经如此之高,以至于很难继续成为社会稳定的基本单位。

十年前的老戏。[1]

马克思曾情不自禁地赞美资产阶级改造社会的巨大热情，伯曼也为让一切坚固的都烟消云散的、不断否定自身的现代性喝彩。不过，对中国社会而言，它们并没有随着市场经济一同到来。如果说，多年来经济的"滞涨"带来的，是国民生活的危机，那么文化的"滞涨"则使得《大众文化的隐形政治学》批判的神话得不到修复，在现实中磨灭了光泽，变得千疮百孔。如果说，20世纪90年代初的影视作品——无论是《编辑部的故事》里初涉市场时的人心惶惶，《我爱我家》中纷纷下海的冲动，还是《闲人马大姐》的入世梦想，都还充满了质朴认真、以为好日子在前头的社会热情，那么今天，这样的热情早已一去不复返。梦想成为中产阶级的人们饱尝了被剥削的艰辛，见识了丰裕社会的风险，散发出对自己小日子计算后的一股哀怨。[2]

---

[1] 2008年12月，为了庆祝"改革开放三十周年"，上海话剧中心重新上演《于无声处》。这部三十年前由上海业余剧团创作的戏，曾在当时引起轰动，由中央领导点名，进京公演。

[2] 2008年12月，上海"第一财经"频道推出为期一个月的"激荡三十年"专题节目。其中一期节目的主题是谈论三十年来的消费观念。有意思的是，在讨论这一问题时，历史的维度总是在不知不觉中退居二线，抱怨和控诉今日消费者的艰难处境，成了绝大多数嘉宾的兴奋点。这些嘉宾自然不是什么炼钢工人，而是改革开放以来的成功人士：大学教授、公司董事、电台主播、网站高管。然而，正是这样一群成功人士在公开讨论消费问题时，把话题集中在了自己在消费过程中感到的不安、压迫和无能为力 （转下页）

如此滞涨的"文化",自然无力生产出一个新神话。于是,中产的神话不得不在千疮百孔中继续膨胀。报纸上,人们再也读不到炼钢工人对奢侈品义正词严的控诉,[1] 更多的倒是四平八稳的规劝,要大家在抢购奢侈品的特卖会上注意安全。[2]

我们当然可以说,这一切都是因为以"神话"为武器的批判,总是先验地设定了社会结构的凝固不变。然而,对仍在和"市场经济"热恋的中国社会来说,轻易地把这种"凝固"和"滞涨",视为神话分析的当然后果,却非明智之举。

(接上页)之感上。与此同时,电视上出现大量针对"白领"的谈话类节目,讨论的话题是都市白领们面对的"内忧外患"。比如,东方卫视的"上班这点事"的谈话节目,其话题就完全集中在白领自身的生活和工作困境之上。而在最新一次的上海市市民调查中,"无奈"以54%的得票率成为2008年的年度表情,排名第二的是37%的"叹息"。《"我的2008"市民调查结果公布 近半数被访市民满意2008年》(《新闻晨报》2008年12月11日A22版)

1 这是戴锦华在《大众文化的隐形政治学》中提供的一个非常精彩的例子:1996年11月,浙江某企业的一条"50万元能买几套海德纯西服?"的广告触犯众怒;《北京青年报》对此展开报道,特别引证了一则钢铁厂青年工人的来信:"我在炼钢炉边已战斗了五个春秋,流了多少汗水,留了多少伤疤,你是无法想象的。这本是我的骄傲和自豪,但我现在感到很可悲,因为我五年的劳动所得,还不够买你公司的一套西服……"

2 2008年正值金融危机的寒冬,不过12月以来,已有多则报道和奢侈品特卖会相关。报道称,人们对奢侈品的热情未见消减,由于场地和管理的问题,品牌特卖会存在人流拥挤、踩踏等安全隐患,建议多增警力,以便维持现场秩序。参见2008年12月的《东方早报》和《新闻晨报》。

毕竟，对一个总是愿意相信"时间开始了"[1]的国度而言，没有什么比这一类时间的停滞更为触目。对一个总是在寻找自己的方法和道路的国家而言，也没有什么比将这样的触目理解为方法上的局限更为漫不经心。

二、"大众文化"：武器还是修辞？

在20世纪90年代末一套名为"当代大众文化批评丛书"的总序中，李陀曾对"大众文化"做过这样的说明：

> 大众文化不仅是现代工业和市场经济充分发达后的产物，而且是当代资本主义在文化上的一大发明，它从根本上改造了文化和社会、文化和经济的关系。[2]

---

[1] 1949年，胡风发表了长诗《时间开始了》，其中有这样的诗句："诗人但丁/当年在地狱门上/写下了一句金言：'到这里来的，一切希望都要放弃！'今天/中国人民的诗人毛泽东/在中国新生的/时间大门上写下了/但丁没有幸运/写下的使人感到幸福/而不是感到痛苦的句子：'一切愿意新生的/到这里来吧/最美好最纯洁/的希望在等待着你'"。有意思的是，在当下播放的纪念"改革开放三十周年"的纪录片里，话外音们争先恐后地告诉我们："三十年前，时间又一次开始了。"

[2] 戴锦华：《隐形书写：90年代中国文化研究》，江苏人民出版社，1999年，第3页。

"大众"何以"文化"?

当时,中国知识分子对"大众文化"的研究兴致,大多来源于这一判断,即在现代工业社会中,"大众文化"拥有改造社会和文化关系的巨大能量。因此,关注和分析90年代兴起的各类文化现象,是为了更清晰有力地描述中国社会的转型过程,介入当代中国意识形态和价值观念的转变之中。

然而,要真正把握和介入这一转变并不容易。首先遭遇的,是如何界定"大众"。正如戴锦华所言,在中国社会历史语境中,"大众"一词有着特殊的意义。一方面,"大众"和"人民大众""劳苦大众""工农大众"相联系,"90年代中国大众文化的倡导者,正是有意无意间借助这一历史文化与记忆的积淀,为其提供合法性的论述与申辩。"另一方面,这一"大众"又与90年代文化工业和文化市场在中国大陆的再度出现密切相关,此时的西方批判理论也在某种程度上改写了法兰克福学派自上而下的批判路径。在这一状况下,两种不同的对待"大众文化"的态度在90年代的中国社会取得了某种含混的一致。[1]

如果仔细辨析这一含混的一致,便会发现,其中,对"大众"究竟以何种方式与"文化"发生关系,有两种完全不

---

[1] 在《隐形书写:90年代中国文化研究》中,作者对中国现代历史语境中的"大众",进行了有效的梳理,并面对这一"大众文化"时中国知识分子的复杂心情,有十分到位的判断和分析。戴锦华:《隐形书写:90年代中国文化研究》,江苏人民出版社,1999年,第9—11页。

同的态度。按照西方文化批判理论的思路,进入后工业社会后,阶级的界限越发模糊,人们更多的是以消费者的身份参与到社会的再生产之中,其所具有的抵抗性也在此过程中被激发出来。这一类的抵抗汇拢起来,构成各种亚文化的形态。收罗这些新的文化状态,捕捉其中的能量,是西方批判理论青睐大众文化的一大原因。然而,如果按照中国革命的逻辑,为了全面抵抗资本主义,所谓的"人民大众"或"工农大众",恰恰要拒绝这种将自己首先定位成消费者的文化生产模式。中国革命反复强调的是"大众"作为主导的文化生产者的地位,针对"文化"的争夺亦由此展开。[1] 对少数的精英分子来说,这两种"大众"和"文化"发生关系的方式,都是对"大多数"的重视。但究其实际,这两种关系中"大众"发挥作用的逻辑完全不同。是作为文化的生产者、筛选者,还是作为文化的消费者、分享者,出现在大众文化的生产过程中,恰是其中最不可通融的关键所在。

有意思的是,在进一步辨析 90 年代意义含混的"大众文化"时,这两种完全不同的"大众"和"文化"发生关系的方式被忽略了。用来澄清这一含混的,是之所以产生这两种方式的社会状况:

---

[1] 对于这一点,最鲜明的表达莫过于毛泽东《在延安文艺座谈会上的讲话》中强调的"为什么人服务"的问题。

大众文化及大众社会的拥戴者们所有意无意地忽略的，却是所谓后工业社会的基本前提："在消费上消灭阶级"、"蓝领工人白领化"等等，在中国并无可以与之对应的事实。如果说，在"后工业"社会，"冉阿让式的犯罪"已成为了古远的过去，取而代之的，是弗洛伊德意义上的疯狂，那么，90年代的中国却原画复现式地充满着巴尔扎克时代酷烈而赤裸的欲望场景。[1]

这一澄清的效果是双重的。一方面，它描述了社会现状，标示出西方批判理论的局限性。另一方面，也带来新的危险。那就是把现代社会中"'大众'何以'文化'"这一普遍性的问题，简化成了后工业社会和中国社会各自的遭遇。粗略地来讲，这样的说法并无问题。但在处理中国90年代社会语境中"大众文化"的含混性质时，这一简化中所包含的中国特殊论，往往生产出一种新的含混：造成差异的，并非考量文化自主性的不同标准，而是社会不同的发展程度。

到了这一步，文化自主性的标准问题自然存而不论。这也使得"大众文化"在90年代末的文化批判中，成为一种尴

---

[1] 戴锦华：《隐形书写：90年代中国文化研究》，江苏人民出版社，1999年，第11页。

尬的命名。说它是武器,因为它的确击中了现实的弊端,揭破了彼时方兴未艾的中产神话;说它是修辞,因为对这一武器的运用,以对文化自主性标准问题的悬置为前提,这也就等于主动取消了自己辨析和界定"大众"的权责。这样的"大众文化",自然很容易成为各种观念的栖身之所。[1]

一面是着实独特的中国现实,一面是被中国特殊论削弱了批判力的理论武器。在某种程度上,这也构成了90年代以来,中国大陆文化批判的基本困境。当现实逼迫人们越来越看到"文化"的重要性的时候,文化自主性标准问题的存而不论,使得人们无力将"文化"的力量从浩如烟海的市场行为中辨识出来,更不要说加以整合和利用了。

三、"政治"的回归:"大众"何以"文化"?

十年前,中国社会搁置"文化自主性"标准问题的背后,有几种可能的态度。

其一,默认西方后工业社会的现在,便是我们的将来。

其二,坚持"大众文化"的生产就是以工农大众为主体的生产,不考虑90年代社会文化生产过程中资本和政治体制

---

[1] 正是在这样的"大众文化"的名义下,人们既在"超女海选"中看到了"民主"和"政治",也在网络暴力中忍受了"自由"和"权利"。

对它的夹击。

其三,不认同以上两种看法,但也不知道如何重新叙述现实。

现在看来,认同第一种态度的人,大概越来越少;相信第二种的,却也不多。真正值得深究的,是第三种态度。

不过,在这一态度里徘徊,并不意味着只能对"大众文化"保持矛盾的心态,而是隐含了更为积极的问题。毕竟,在90年代的中国社会,等待拥抱"大众文化"的,并不是一个没有记忆和理想的社会,而是一个背负了太多欢笑和泪水、自尊和屈辱的民族。来势汹汹的中产阶级文化和大张旗鼓的消费主义,也许会在一瞬间淹没他们,但以为就此可以将他们整装打包,却也是某种幻觉或空想。因此,在之前的社会记忆和情感结构的基础上,三十年改革开放的社会进程,是否意味着在现行的体制和市场环境中生产出一种"新人"?这一"新人",自然不是社会主义时期的理想接班人,却也不可能是后工业社会的标准件。因为一个一并承受着冉阿让式的生存压力和弗洛伊德式的深度疯狂的个体,一个被政府和市场同时高度掌控的个体,势必脱离之前所有的轨道,不断产生寻求新的意义和自由的冲动。[1]

---

[1] 当震灾来临之时,整个中国社会对自身的反应感到惊讶和震动,这恰恰说明,人们对这种"新人"的出现,缺乏准备。

如果说在《大众文化的隐形政治学》被书写的时代,"大众文化"让"政治"隐形,那么如今,随着社会矛盾的积聚,社会不公的加深,对平等和幸福生活的诉求屡屡受挫,对自身仅有的力量的精心使用,势必成为深陷困境中的人们的本能反应。其中,自然也包括了大多数人掌握的文化的力量。[1] 可以说,恰是这三十年里成长起来的"大多数",提出了新一轮更为迫切也更含混的文化要求,呼唤着"政治"的回归。

这一次"政治"的归来,是颇为宽泛的。它既表现为抵制家乐福,反CNN,批判《色戒》和《集结号》,也表现为"杨佳事件",追究华南虎照片真相;既表现为人肉搜索这样的网络暴力,也表现为震灾中的无私救援;既表现为对中国软实力的呼吁和期盼,也表现为"政治决断"成为青年知识分子中的流行语。如果说在90年代,"政治"一词被改换了定义,成为少数人的专有,与绝大多数人的生活绝缘,那么现在它的定义正在发生新一轮的变化。

---

[1] 顺着这一思路,如何约束乃至运用文化的力量,改变当前文化生产自发且盲目的"市场"现状,成为人们普遍关注的问题。乍看之下,这和阿诺德用文化和教育的力量,纠正英国陷入思想无政府状态的主张,异曲同工。然而,在今天的中国,一味强调文化维持社会人心的这一面,却远远不够。毕竟,对中国社会而言,"文化"和"大众"的关系问题,从来就不是什么新问题,而是反复出现在中国现代革命历史中的难题。

然而，在这一变化之中，作为中坚力量的"大多数"，他们的冲动往往极为模糊。他们有对"何谓理想"的认真思考，却也夹杂着前途迷茫、思考无益的"不担心"。他们接受了更系统的教育，掌握了更多的知识，却免不了下意识地用它们为自己做辩护。他们对现实感到不满，却又只会用单调的语言——暴力或搞笑——实施批判。他们有人道主义的热忱，有对道德的要求，却不能容忍别人对这样的人道主义或道德观念有丝毫冒犯。他们更容易有和别人共命运的感受，但内心并不由此强大，反而更加脆弱，易受伤害。他们不再以为外国的月亮更圆，但也更希望成为一个世界公民。他们有对民族国家的认同和热爱，对自由民主有积极盼望，却对究竟如何参与和设想民主的问题不甚关心，随意解释着"何谓自由"。他们强烈地同情那些被侮辱和被损害的人，却不确定，自己是否已经和他们站在一起。他们有改变社会的冲动，但又立即感到厌倦，希望回到个人主义的舒适区。他们并不斤斤计较、看重金钱，又对自身利益锱铢必较，毫不讳言。他们有对自己聪明才智的充分自信，又对自己的无能为力不以为然。他们生长在中国经济高速发展的时期，物质生活的条件越来越好，然而内心却充满了被时代亏欠和被社会压抑的恶劣情绪。

在此，"大众文化"孕育的，是一种新的样式的"大多数"。你很难评价这种"大多数"的精神状态是好是坏，是意味着更多的希望还是挫败。然而，正是它的出现，它所呼唤的"政治"的归来，构成了重新讨论文化自主性、讨论"大众"何以"文化"的现实基础。

与此同时，被这样呼唤而来的"政治"，也带来了将这一问题再次简化的危险。一方面，人们强烈地感觉到过去的概念已经无法承载今天的现实和思考，但另一方面，争论一旦发生，现实斗争的需要却让双方迅速跳入过去挖就的战壕，继续对垒。[1] 面对着不仅生产自己，也在生产对手的"大众文化"，在不能对这一生产关系展开有效分析的情况下，再激烈的争论都很难走出文化"滞涨"的怪圈。而中国社会的消费主义或中产阶级神话，也在这种对垒中继续膨胀。

因此，"文化自主性"已经在以下两个层面上成为不得不重新讨论的问题。其一，当新的样式的"大多数"已经出现，原有的"大众文化"难以对它展开有效的说明，不讨论"文化自主性"的标准，不讨论"大众"何以"文化"的问题，就无法实现这两者的自我更新。其二，当"政治"在人们的呼唤中逐渐归来，而"文化"和"大众"的关系却难以推进

---

[1] 比如，近两年来，对某一类影视作品的大规模论争，总是沿着民族主义和人性论的战线展开。无论是针对《色戒》《集结号》还是《海角七号》的讨论，都飞快地陷入了这一对峙的僵局。这一局面恰恰说明，从90年代至今，在社会思想的转型中，"大众文化"并没有作为一个有效的分析工具，真正进入人们的视野。

之时，正在转化中的"政治"，便会在各种社会力量的推动下不断泛化，去囊括那些本该由"大众"和"文化"的新关系加以解释的部分。然而，一个被无限放大的"政治"概念，却并非这个时代的需要。把那些从"政治"中解放出来的领域和词语，再次毫不犹豫地放回"政治"，也并非新一轮"政治化"的意图所在。

于是，问题也就变成了：新的"大多数"的身份如何重新确立？他们是怎样被"滞涨"的文化塑造出来，并形成关于"政治"乃至"文化"的种种直感和观念？这样的"大多数"有何种能力，介入到目前这一"滞涨"的文化生产之中，使之更符合自己现实的精神要求？当前的治国方略、政府决策、体制改革乃至教育规划，是与这一介入相互配合，还是恰恰相反？

也许，只有顺着这样的思路，才有可能把当年被"大众文化"封存的"'大众'何以'文化'"的问题重新释放出来，开启现时代所需要的讨论空间。

2008年12月18日初稿
2008年12月30日改定
原刊于《天涯》2009年第2期

城市结构中的"个人悲伤"

一、"坏时代"里的"好小说"

2013年,一篇讨论当代青年命运的小说《涂自强的个人悲伤》,在社会上引起了关注和好评。小说讲述的是一个名叫涂自强的青年,通过考大学走出山村,进入城市。不过,知识并没有就此改变他的命运。出身农村、家境贫困,涂自强没法获得其他同学"天然"就能享有的生存便利。尽管他对此坦然接受,并希望用自己的努力去克服它,但实际的结果却是,无论他如何吃苦耐劳、积极勤勉,都没有办法让自己的生活变得好起来,也无法真正融入城市。当肺癌终止了他的奋斗之路的时候,小说伤感地写道:"他从未松懈,却也从未得到。他想,果然就只是你的个人悲伤吗?"而这也正是作者方方把主人公叫做"涂自强"的寓意所在——在这个社会中徒然地奋斗,却毫无结果。

不难发现，在当代中国社会，和涂自强相类似的徒劳无望之感，已经存储和发酵相当一段时间了。从对《蜗居》《裸婚时代》等电视剧的追捧，到对"蚁族""屌丝""穷矮挫"等流行词的创造，都是这种无望之感的持续累积。有所不同的是，当这种情绪经由文化商品和流行词得以宣泄之时，躲闪和回避现实往往成为它的最大特点；人们总是不由自主地陷落到自嘲和不甘相交织的精神胜利法之中。而这一回，小说却给出了一个毫不躲闪的指控。那就是，所有这些徒然自强的悲伤不只是"个人的悲伤"，而是整个中国社会的悲伤。

正是在这一意义上，人们给予小说高度的评价："涂自强是多么规矩的青年啊，他没有抱怨、没有反抗，他从来就没想成为一个英雄，他只想做一个普通人，但是命运还是不放过他。一个青年努力奋斗却没有成功的可能，扼制他的隐形之手究竟在哪里？"[1] 也是在这一意义上，"涂自强的个人悲伤"被顺利转化为了社会的集体的悲伤，其所包含的绝望感，被视为当代中国社会的典型状况。"绝望感突出为一种醒目的社会存在，是一种新状况。……在这一问题上，中国当代文学似乎重新拥有了介入当代社会进程的强烈愿望、动力与能

---

[1] 孟繁华：《从高加林到涂自强——新时期文学"青春"形象的变迁》，《光明日报》2013年9月3日。

力,并获得多年未见的社会反馈。"[1]

如果上面描述大体不错的话,那么正是这构成了在今天这样的一个"坏时代"里评价"好小说"的基本模式。自20世纪90年代以来,以讨论社会问题为宗旨的文学创作日益边缘化,供人消费、提供虚假满足的商品化的文学则越来越兴盛。而此次讨论青年命运的作品能够得到社会的强烈反馈,则释放出一个积极的信号,即商品化的文学并未笼罩一切,总有一些无法被消费欲望彻底吸纳和处理的情绪,牵动人心,需要被认真对待。社会生活越是艰难,这一类情绪的构造和积淀也就越是庞杂,越发成为一种社会现实的底色,有待文学展开独立的理解和分析。于是,越是对这个时代的现实感到忧虑和不解,也就越需要作为艺术的文学对其展开分析和抵抗。高度评价直面社会问题的小说,几乎成为社会的本能。而这样的本能,也不过是时代的产物,隶属于时代所催生的感觉结构。

问题却也由此产生。

最初的症状,似乎只是文学介入现实的愿望与其实际能力之间的脱节。对今天的文学创作而言,愿望与能力之间的关联并不通畅,以至于有论者认为,"我们的小说经常得益于

---

[1] 吴铭:《中国文学重新出发》,《21世纪经济报道》2013年9月23日。

新闻故事,那是因为现实中的故事已经超越了我们的想象力"。[1]《涂自强的个人悲伤》也不例外,作者坦言小说是由一则大学生徒步进城的新闻得到了启发。很多人肯定这篇小说,也是基于对社会形势和自身情绪的理解:几乎很少有小说这么直截了当地书写日常生活中的绝望和艰难。甚至有网友表示,自己出身农村,对小说的很多描写都不以为然,但"个人悲伤"这样的概括仍然打动了他。

显然,人们对小说的阅读和评价,始终镶嵌在对文学创作和社会现实这一竞争性关系的认识之中。不过,基于这一认识,便将上述脱节归咎于社会现实太过强大或作家个人能力不足,其实际效果却是将社会和个人进一步神秘化。看似高度肯定"作为艺术的文学",实则将其推进了死胡同。既然今天中国的现实超越了人的想象力,或者说现实比文学更有创造力,那么,人们所期待的文学介入现实的能力究竟是指什么呢?于是,这种既肯定直面社会问题的文学创作,又总是感慨创作能力不足或对此避而不谈的评论模式,实际揭示的不过是:当前的阅读和评论在其介入现实的愿望和能力之间,同样脱节。

---

[1] 程德培:《现实与超现实的"主义"——阎连科长篇小说〈炸裂志〉的欲望叙事》,《收获》2013年秋冬卷。

至此，这样的脱节便不只是个人能力问题，也不仅与文学写作和评论的实际状况相关，而是与当代社会所遵循的整理和描写现实经验的整体模式密切关联。因为当那些企图讨论现实的作品，总是被贴上"作为艺术的文学"标签热心保护起来的时候，其对社会现实经验的实际处理，也就在这一承认/否定的本能中被草率搁置。这无形中导致了社会理解自身经验的恶性循环。那就是，越是缺乏对自身经验的真正梳理，社会就越是渴望"作为艺术的文学"的出现，而越是如此渴望，以至于愿意为任何有此苗头的作品贴上"文学"的标签，也就让后续的讨论变得可有可无。在看清处理现实经验的难度——"这为何是一种糟糕的描写"——之前，匆匆宣布胜利——"它讨论了社会现实经验"。这样的宣布，实际上是把描述和理解现实经验的整体任务，彻底推卸开去。然而，对任何急剧变动中的社会而言，这一过程不可能通过贴标签来完成，其所需要的文学总是不得不经历这样的质询。此时，出于社会自我保护的本能，对"作为艺术的文学"或"直面社会问题的文学"做太过迅速的认定，反而可能将"究竟什么才是处理当前现实经验的文学"这一问题遮蔽起来，进而丧失审视社会处理自身经验的基本模式的契机。

基于上述的问题意识，本文将围绕着小说《涂自强的个人悲伤》展开的书写和理解"个人悲伤"的方式，视为当代中国社会处理自身经验的个案。通过对这一个案的分析，获取当前感觉结构处理自身经验的一些基本特征，并讨论以下问题：如果说绝望感或"个人悲伤"已经成为弥漫在当前社会中的一种重要的情感经验，那么人们究竟是如何理解、想象进而处理它的？在这里，以文学的方式重述社会经验、对此展开的阅读和评价，以及由此而来的此类经验的进一步社会化，这些彼此扣连的环节实际上延续了何种看似矛盾实则一致的逻辑？由此凸显的社会处理自身经验的方式，存在着什么样的问题，需要被更主动自觉地意识到，进而修正？

二、什么样的"个人悲伤"？

洛文塔尔曾这样规定通俗文学出现之后作家的职责："描述和命名新的经验"，因为"只有在完成了这类创造性工作之后，大多数人才能认识到、进而清楚地表明他们的困境及其根源。……否则，他们的'观点'仅仅是陈词滥调而已，所反映的都是早已过时的东西"。[1] 这意味着，当"涂自强的个人悲伤"被判定为一种新的社会经验时，它一定有它的过去时。这一过去时从来也不是时间上的前后，而是同一时空之

---

1 洛文塔尔：《文学、通俗文化和社会》，甘峰译，中国人民大学出版社，2012年，第7页。

中那些既有的描述之法。

可以看到,整个2013年,有关青春和命运的话题,一再以不同的目的和方式被谈论着。2013年5月,《人民日报》发表了一篇批评"青年观"的短文《莫让青春染暮气》。文章认为,在当代中国,本应充满朝气和锐气的青年人,却暮气沉沉。这些青年人,尤其是80后的问题在于:"生活就像一部不断加速的跑步机。它一方面代表了某种值得追求的生活品质,另一方面也意味着不提速就要被甩下来。更令人担心的是,你跑了半天,却不知道目的地在何方,不断地奔跑,换来的只是显示屏上一连串的数字。"[1] 显然,这是主流媒体对"个人悲伤"的描述之法。在其看来,"个人悲伤"的原因是青年陷入了前途迷茫和未老先衰的状态;而在迅速变化的时代中,树立明确的理想,则是其开出的治愈悲伤的药方。[2] 与此同时,重新书写"青春"的电影也一并上映。值得注意的是,他们的主人公,都是和涂自强一样的从农村走向城市的青年。在《中国合伙人》中,农村青年的奋斗终有回报,这样的奋斗也就不再是一个人的故事,而是与冉冉升

---

[1] 白龙:《莫让青春染暮气》,《人民日报》2013年5月14日。
[2] 其后不久,《人民日报》再次刊发同一主题的文章,批评今天青年人的消极状态,指出"年轻就有机会,年轻需奋斗。唯有'戒娇',才能把命运掌握在自己手里"。徐隽:《命运,不相信娇气》,《人民日报》2013年8月6日。

起的"中国梦"遥相呼应。[1] 而对《致我们终将逝去的青春》的男主人公来说,家境贫困的他容不得半点闪失,任何微小的误差都意味着失败;以至于在影片中,他将自己的人生比喻为不容出现一毫米误差的高楼。不过,在电影中,现实与青春——尽管此处的青春只是"爱情"或"激情"的代名词——的对立,既构成了主人公的"个人悲伤"的来源,也成为对它的终极解释。在这里,"个人悲伤"永远只是青春无法战胜现实的悲伤。

和这些描述比较起来,"涂自强的个人悲伤"的新颖性在于:他的经历意味着,在这个社会中,大多数人的奋斗之路已经断绝。当官方媒体企图高举理想的旗帜,循循善诱的时候,小说却揭示了,青年人的迟暮不是因为他们没有理想,而是因为他们所拥有的那一类梦想在社会中已经失去了实现的通道。而当《致青春》企图将悲伤限制在个人成功或收获爱情的"二选一"中时,"涂自强的个人悲伤"则意味着,无论农村青年向现实做怎样的妥协,都难以完成"立足城市"这样的微小理想。在这里,"立足城市"这一梦想之所以微小,不是因为它容易实现或微不足道,而是因为在现有的社会结构

---

[1] 在这部电影中,如果有所谓的"个人悲伤"的话,很大程度上是中国青年的"美国梦"终于破碎的悲伤。

和改革路径之下，它几乎成为中国青年展开自身梦想的"唯一"开端；无法立足于城市，也就被彻底剥夺了做梦的权利。

可以说，这正是方方对"个人悲伤"的基本定义。小说对此的描述也最为彻底，这一彻底性表现在两个方面。其一，在小说中，涂自强并未谈论过别的理想，他一直在追求的只是一切理想的起点——进入城市。其二，为此，涂自强具有一切优秀的品质：勤劳聪明、自食其力、心胸宽阔，高度自尊且并不自卑。当这两个方面重叠在一起时，一个毫无瑕疵的青年人的失败，也就显得更加彻底和触目。

不过，作者对彻底性的这一追求，却也限制了涂自强这个人物对"个人悲伤"的感知能力，大大缩小了小说所能描述的"个人悲伤"的含义。显然，虽常被同学嘲笑，不断遭遇打击，但在这条"进城"的道路上，小说里的涂自强并不悲伤，而是不卑不亢地奋斗着，相信只要努力就有希望。这正是作者着力强调的优秀品质。小说也因此更愿意指出，涂自强总是怀着新奇和希望相交织的苦涩心情去面对各类挫折。当涂自强喜欢的女生因"傍大款"离他而去的时候，他有些伤感，但伤感很快就被电脑和QQ群冲淡了，毕竟它们开启的世界要大得多。当涂自强因为不会用宾馆里的淋浴器，被同学们嘲笑的时候，他想的却是：只要知道了，我就会了。在这里，城市生活以及构成这一生活的各类器物，既是个人悲伤的来源，也是让涂自强升起新的希望和憧憬的媒介。正是这些新鲜的刺激，以及由这些器物所允诺的美好生活，让涂自强在这条"进城"的道路上坚持前行。然而，仅是悲伤和新奇的交织，还不足以构成"个人悲伤"的新颖性。对这个城市总是拥有无穷诱惑力的时代而言，真正需要说明的恰恰是，城市貌似广阔的无限可能与其高度等级化的结构所导致的各种排斥——以及由此感到的无法进入的悲伤——之间的巨大张力。当小说并未聚焦于这一张力，而是通过情节设置一味突出"个人悲伤"之时，以下的疑问也就不可避免。如果没有因父亲的死而失去考研的机会，没有因公司老板的突然"失踪"而失去奖金，也没有因"晚期肺癌"而失去继续奋斗的权利，如果没有作者刻意安排的命途多舛，我们还能从这一命运中读出涂自强的悲伤吗？如果涂自强始终在城市生活带来的新奇和屈辱、刺激和窘迫之间辗转，并最终安顿下来，娶妻生子，和母亲生活在一起，我们还会为此感到悲伤吗？而在这背后，一个更大的问题是，如果人人都是"涂自强"，但绝大多数的"涂自强"又在奋力进城的过程中这样那样地存活了下来，那么让他或她依旧感到悲伤，从而和涂自强产生强烈共鸣的究竟是什么？

不难发现，在当代中国社会中不断累积起来的悲伤，正是这样一种既因"进入城市"的奋斗而倍感屈辱，却仍然以此为目标继续存活下去的悲伤。这是一种虽不必然涉及生死，却更为广泛和深远的悲伤。小说对彻底性的刻意追求——一个良好青年的最终失败，其实际效果是放弃了对这类更为深广的"个人悲伤"的描述，放弃了对在此过程中更为曲折的欲望与尊严以及由此产生的绝望感的讨论，转而聚焦于其中极为特殊的一种——奋斗失败的悲伤。

当然，如果只是这样，小说恐怕不会引起多少反响，因为这样的描述已经太多了。"涂自强的个人悲伤"的另一个新颖之处在于，它努力将对个体悲伤的认识，转化为对社会的集体悲伤的指认。不过，问题在于，如果此时"涂自强的个人悲伤"只是奋斗无法成功的悲伤，而非那些在城市化过程中奋力生存下来的大多数人正经历着的悲伤的话，那么这一转化就并非自然而然，而是需要说明，这样一种个人的悲伤，究竟在什么意义上可以转化为社会的集体悲伤？

乍看之下，促成这一转化的是格外朴素的逻辑：一个认真奋斗的青年，理应得到良好的结局；如果不能，那一定是社会出了大问题，是社会的悲伤。不过，社会从来不是个体间的简单叠加，"奋斗"和"良好的结局"只在具体的社会过程中才有其明确不移的定义。文学对个人与社会关系的质询，也只能在此基础上展开。比如，对信奉新自由主义的社会而言，"奋斗"依靠的是勤奋和个人能力，是劳动时间的有效投入和积极产出,"良好的结局"则是按照既定标准的个人成功。而对那些质疑或否认新自由主义的人来说,奋斗的目标便不可能只是个人或小家庭的安逸,而须讲求对社会和国家的贡献,良好的结局也和"进入城市"没有必然的关联,而是追求社会整体的共同进步。如果说,"涂自强的个人悲伤"是中国青年的共同经验——依据个人能力在城市中的奋斗无望——的话,那么这一共同经验恰恰意味着,由新自由主义所设定的、自20世纪90年代以来成为"常态"的个人与社会的认知模式,以及与之相配套的由城市化进程限定的个人怀抱理想的方式,已经无法顺利运转。在这样的时刻,个人悲伤向社会悲伤的转化,需要同时完成两个任务。其一,区别于新自由主义对个体的界定,摆脱既有的城市化思路的制约,重新定义"奋斗"和"良好的结局"。其二,在此基础上,重新设想个人与社会之间的关联方式;在这一设想中,城市将发挥什么样的作用,占据何种位置,都需要重新定位。因为在此背后持续制造着社会不公、催生各色悲伤的,恰是弥漫于整个社会的高度等级化了的城市结构。文学对社会悲伤的指认,也许无法完成上述任务,但就此方向展开的努力,却是帮助人们真正理解这一悲伤的必不可少的步骤。

然而,有意思的是,无论是小说对转化的处理,还是人们对转化的普遍接受,并未据此行事。相反,将社会视为每一个个体的机械叠加,认为个人的悲伤必然叠加为社会的悲伤,这种由新自由主义所规范的对个人和社会的认知方式,依旧支配着描述和指认集体悲伤的企图。由"涂自强的个人悲伤"向社会悲伤的转化,也因此变得格外平顺,无需思索。至此,围绕小说的书写和阅读而展开的对社会的指控,生动地表现为,虽意在抗议社会对青年的不公,却始终牢牢依附在主导着当前城市进程和青年梦想的发展逻辑之上,没有片刻的偏离。这似乎意味着,当社会矛盾的积累促使人重新思考和描述现有经验之时,企图批判现实的文学和普通读者一样,无力免于一种自相矛盾的困境:在既有的以城市和个人为核心的发展逻辑之下,设置问题,寻找出路。而读者在阅读中遭遇的困惑,则将这一困境揭示得更为生动和具体。比如,一位读者显然把握到了"涂自强的个人悲伤"的含混之处,他说涂自强让他想到了"李建国":这是当年一首歌的名字,也是一个被批判的庸俗、安逸青年形象,"但这难道不是涂自强所渴望的吗?"[1] 而另一位网友则写道:"我是一口气

---

[1] 1996年左右,汪峰(当时还是"鲍家街43号"乐队)有首摇滚乐,叫《李建国》。其歌词为:"他爱喝冰镇的可口可乐/他爱穿时髦的便宜货/他喜欢看七点钟的新闻联播/他喜欢听邓丽君的流行歌/你一定在那儿见过他/他的名字叫李建国/如果你问他是谁/他就是我们每个人"。钟二毛:《读方方中篇小说〈涂自强的个人悲伤〉》,左岸文化网,http://www.eduww.com/thinker/portal.php?mod=view&aid=32377。

看完的,看完之后觉得:如此悲伤!但是也不禁质疑方方了,为什么要写这么悲伤?感觉是在说:在我们这个时代就算像涂自强一般努力也改变不了什么?这是我们这个时代的个人悲伤!是在抨击社会不公还是在告诉我们不要努力了,什么人走什么路。前世早已安排好,我们都是有原罪的人,今生就该安分守己?"[1]

无论是被消费文化擒获的安逸的都市青年形象,还是就此放弃奋斗的消极态度,所有这些都不过是在既定的个人与城市关系的延长线上的必然反应。那么,新的思考的线索,可能在这一极为有限的延长线上出现吗?

三、"悲伤"的社会意义

毫无疑问,一个时代中人们普遍感到的悲伤,具有重大的社会意义;文学如何呈现和思考这一悲伤,则标定了社会对现实经验的思考能力。这是因为,将什么判定为悲剧,从中感受悲伤,总是受制于这一时代中人们对必然与偶然、特殊与普遍、个人与社会等基本关系的看法,以及由这一系列

---

[1] 海蓝:《多数人的悲伤——读方方〈涂自强的个人悲伤〉有感》,天涯论坛,http://bbs.tianya.cn/post-248-29860-1.shtml。

看法构造而成的感觉结构。[1] 正是在这一意义上,"涂自强的个人悲伤"呈现的一整套理解"悲伤"之法,为我们把握社会整体的感觉结构,提供了有效的线索。

首先,什么是这个时代人们所理解的必然?不同于20世纪八九十年代对未来的乐观情绪,一种悲观和失望的情绪已经笼罩了青年。无论在读者看来,小说的情节是否刻意,今天的年轻人在城市中的个人奋斗,总归是走投无路,这个状况已"实属必然"。这一必然性,构成了同一时代中人们共同体验悲伤的基础。然而,需要追问的是,在这一对必然性的认识中,包含着怎样的对现存社会秩序的理解?显然,在这里,对现有社会秩序的理解,集中表现在对涂自强个人失败的彻底追求之中:似乎只有将个人的失败贯彻到底,才能实现向社会悲伤转化,也才有可能谴责社会。不过,问题恰恰在于,对这一彻底性的强烈需要,究竟呈现了何种对个人与社会之间关系的实际理解?

自改革开放以来,"个人奋斗应该有所回报"的逻辑已经深入人心。它不仅被后三十年经济高速发展中的城市经验所印证,也由此被装扮为"真理",以至于人们常常忘记了,它

---

[1] 参见雷蒙·威廉斯对"悲剧"的界定。雷蒙·威廉斯:《现代悲剧》,丁尔苏译,译林出版社,2007年,第37—38页。

终究不过是从一段短暂的历史中抽离出来的特殊甚至片面的经验，是在新自由主义预设的一整套"国家""市场""城市"和"发展"的关系中方能通行无阻的理解。在这一逻辑中，"个人"被动地接受现有的社会规定，在将城市生活确立为目标之后，负责努力奋斗；"社会"则根据所谓的个人能力，负责分配相应的回报。"个人奋斗"和"社会公正"，也由此相互支撑，形成了这个时代中理解个人与社会之间关系所必需的配套的关键词。如此一来，只要不打算从根本上质疑现有的城市结构中个人与社会之间关系的构造方式，那么想要证明它的不合理性，便只能将这一奋斗和回报的逻辑推向极端。于是，令人悲伤的首先是有奋斗而无回报的不合理，其次才是对个人与社会之间关系的不满。而这一不满，针对的也只是这一关系展开的实际结果，而非基本原则。

这一墨守成规，也在人们为锚定涂自强而提供的人物谱中显露无遗。在第一反应中，人们总是更乐于将涂自强与"进城"的失败者——高加林——视为同类，而忽略其与《创业史》"题叙"中那个终于认识到"单靠个人，发家无望"的梁生宝的相似性。其实，单就个人奋斗终归失败这一点而言，涂自强、高加林和梁生宝的最初遭遇并无多大差异。区别只在于，前两者都与努力进城相关，后者则是在农村单打独斗。这一归类方式，恰恰意味着，对当代的感觉结构而言,进入城市,是比个人奋斗更要紧的感知前提。个人奋斗只有在"进城"这一前提下才被承认,失败的悲伤也由此获得共鸣。

有意思的是,对柳青和路遥来说,城市既不是感知悲伤的前提,也非评判个人奋斗的基本框架。柳青通过"题叙"传达的恰恰是,无论坐标城市还是乡村,个人奋斗和与之相配套的旧的社会制度,都是死路一条。对梁生宝而言,正是失败的个人奋斗的经验,构成了他此后深刻理解集体劳动、积极参与公家事的基石。而路遥在他的小说中,也从未肯定过"个人奋斗"的高加林,更不在这一意义上理解他的悲剧。相反,他企图更为沉着地评价其人生的起伏:

> 如果社会各方面的肌体是健康的,无疑会正确地引导这样的青年认识整个国家利益和个人前途的关系。我们可以回顾一下我国50年代和60年代初期对于类似社会问题的解决。令人遗憾的是,我们当今的现实生活中有马占胜和高明楼这样的人。他们为了个人的利益,有时毫不顾忌地给这些徘徊在生活十字路口的人当头一棒,使他们对生活更加悲观;有时,还是出于个人目的,他们又一下子把这些人推到生活的顺风船上。转眼时来运转,使得这

城市结构中的"个人悲伤"

些人在高兴的同时,也感到自己顺利得有点茫然。[1]

在这里,差异是格外鲜明的。那就是,进入城市本身从未构成理解或评判"高加林"的依据;"国家"或"社会"以何种方式出现在个人际遇的书写之中,以便判定"个人悲伤"的位置和意义,赋予其必然性,才是首要考虑的问题。

相比之下,在当前这轮对必然性的理解中,尽管国家和社会从未真正在场,偶然的个人命运却仍被顺利地认定为必然。这一方面是因为,对中国这样的社会而言,个人与普遍性之间的关联总是极为"自然",即主人公的命运总是被视为国家或社会正在经历的历史的隐喻。[2] 这不能不说是第三世界的人们在创作和理解文学时的基本特点。在这一特点的作用下,将涂自强的遭遇理解为某种必然,似乎并没有太多的难度。然而,另一方面,已经习惯于如此联系的人们恰恰忽略了,在《涂自强的个人悲伤》中,国家的位置已经被城市彻底替代,城市成了这一不假思索的必然性的唯一支撑。正因为如此,城市在小说中的面目,势必格外抽象。它无法作为某个人们生活着的因而拥有自身历史特点的具体城市被描

---

1 路遥:《人生》,陈泽顺选编:《路遥小说名作选》,华夏出版社,1995年,第109页。
2 詹明信:《处于跨国资本主义时代中的第三世界文学》,《晚期资本主义的文化逻辑》,生活·读书·新知三联书店,1997年。

述，而只能作为那一个格外空洞的有待进入的等级结构出场。与此同时，"社会"的形象更是彻底分裂。它忽而由一个又一个的好人叠加而成，比如涂自强一路上遇到的那些善良友爱的人们，忽而又成了小说所欲指控的"个人悲伤"的始作俑者。显然，这一抽象而分裂的"社会"想象，正是和无需历史的抽象的"个人"配套出现的。只有如此，社会利益才是个人利益的简单叠加，个人利益也才成为社会利益的缩略形式。此种对必然性的理解，无疑再次确证了当前感觉结构对城市以及个人与社会关系的把握方式。即便是企图介入社会问题的写作和阅读，也无法真正摆脱这一结构的限制。

最后，死亡在这一感觉结构中的功能也由此确定。显然，并非一切死亡都让人感到悲伤。它的意义，总是附着于每个时代人们对生命的独特理解之上。值得注意的是，对涂自强所经历的死亡，人们的反应并不一致。即便是作者自己，对这一死亡的必然性，也没有太多的把握。在一次事后的访谈中，针对读者认为"涂自强的短命很是悲观"的看法，方方表示："即使涂自强没有死，他活到三十岁，还是会看淡一切，变得很'油'，走向另一个人生轨迹。"[1] 这说明，在当

---

[1] 《方方讲述涂自强式的悲伤》，《京华时报》2013年8月20日。一方面指认这个悲伤是社会的集体的悲伤，但另一方面仍然认为个人奋斗是唯一的出路，这当然是作家在观察和分析这一时代命题时的个人局限。但这一局限显然不仅仅属于作家个人。

前的感觉结构中，死亡并不意味着对必然性的认识，而是发挥着双重的功能。第一层功能，是死亡剥夺了涂自强继续奋斗的权利，人们为此感到悲伤。此处的重点，不在于生命的逝去，而是对丧失奋斗权利的哀悼。而另一层功能则在于"死亡"使人们——既是作者也是读者——免于"继续活着，仍须被动地奋斗，这样的人生是否悲伤"这一类实际上更为严峻和现实的追问。此时的死亡，成为有效逃避更为广泛的也更难以治愈的悲伤的手段。显然，在这一感觉结构之中，死亡无法构成对现有的社会秩序的质疑和挑战。逃避现实的死亡是可以接受的，而被剥夺了奋斗权利的死亡，则是令人哀伤甚至愤懑的。经由死亡，人们并未重新发现生命的价值，反而再次确认了现有的社会秩序。

到了这一步，我们或许也就明白了，在个人的经验和情绪被积极治理的时代，作为艺术的文学，其新颖性已经无法建立在对现有的社会经验的捕捉之上。相反，文学究竟能够在多大程度上，准确把握既有的感觉结构咀嚼和体会社会经验的方式，通过积极的描述将其对象化，使人们意识到自己和既有的感觉结构之间的微妙距离，才是今天的文学创作和批评必须共同面对的问题。

四、"社会悲伤"的贬值

大半个世纪前，霍克海默和阿多诺在批评文化工业时，认为其所制造的无穷无尽的"快乐"，不仅没有给人们的生活带来任何的尊严，反而使快乐彻底贬值了。[1] 那么，可以说，我们这个时代的文化工业，已经组装出了一套既不断制造悲伤又令悲伤持续贬值的新机制。如果说在霍克海默和阿多诺的时代，控制文化工业、令快乐持续贬值的只是垄断经济的利益集团，那么在我们的时代，伴随着互联网和全球文化工业的发达，几乎人人都参与在这一既持续不断地生产着社会性悲伤又不断令其贬值的机制之中。

这一机制，既体现在对"屌丝"的命名以及不断利用该命名的商业模式之中，也表现在以"涂自强的个人悲伤"为代表的文学写作和评价模式之中。显然，在这一条通向城市的无尽道路上，社会地位的对比、商品的标示、上升速度的快慢，正源源不断地生产出青年们的悲伤。值得注意的是，生产悲伤的方式要比生产"快乐"曲折得多。因为此类个人悲伤并不由"不能得到"直接产生，而往往是在人们将"不

---

[1] 霍克海默、阿多诺：《文化工业：作为大众欺骗的启蒙》，《启蒙辩证法：哲学片段》，渠敬东、曹卫东译，上海人民出版社，2003年，第156—158页。

能得到是一种不幸"确认为现实，进而对这一既定现实展开理解、改造和误认的过程中，曲折地生产出来。正如涂自强的命运所演绎的那样，不能进入城市生活虽是一种不幸，但真正令人悲伤、引发无限共鸣的是，当他将这一点作为既定的现实接受下来，为改变它而不懈努力之后，仍然一无所获。在这里，新的悲伤机制的作用恰恰在于，在积极确认此类悲伤的同时，貌似客观地指出：无论悲伤如何曲折地产生，都无可避免地和现实条件或物质匮乏相关——表现在涂自强的身上便是出身农村，没有任何家庭背景可言，从而夯实了"不能得到是一种不幸"这一对现实的认识。在这一认定中，悲伤被合理化了，却也由此变得无害。人们越是接受这样的悲伤，就越是相信必须走上这条通向城市的道路，以至于城市之外，别无他物。而越是走在这条道路之上，越是加速卷入这一悲伤机制，就越需要通过新自由主义所规范的个人和社会的对立，展开想象性的自我解释。"社会的悲伤"也就此登场。只是，由此出现的"社会的悲伤"，并不聚集任何悲伤本应具有的反抗力量，而是象征性地处理由上述机制所确立的个人与社会的对立，提供宣泄的名号。这意味着，尽管无论对于个人还是社会而言，悲伤都是严肃并可能带来行动力的现实经验，但想要突破眼前的这一套悲伤机制，不管是躲闪在个人悲伤之中，还是愤愤于象征性的社会悲伤，都于事无补。

所有这些，只是在炫耀感受悲伤的自由，却忘记了这一悲伤被描述和理解的方式，早已被社会既有的感觉结构所限定。

对企图展开思考和介入社会的文学而言，这里的真正问题在于，如何重新理解人们普遍感受到的悲伤，对它展开严肃的有原则且毫不妥协的描述，以便为创造现实打下基础？在《漫长的革命》中，雷蒙·威廉斯郑重提出了"原则"在战斗中的重要性。在他看来，一旦离开了对社会理应坚守的原则的坚信与思考，任何战斗或争论都将沦为没完没了的讨价还价，徒然让人们增加彼此的敌对心理，且在斗争的过程中接受经济犬儒主义而毫无自觉。[1] 参照这一意见，我们可以说，尽管严肃而有尊严的悲伤，从来没有离开过人们的生活，因为它们常常是由越来越模糊不清但绝不可能彻底清除的对基本原则的感受引发而来。但在上述的社会悲伤的贬值机制中，引发悲伤的原则性根源被巧妙地遮掩起来，变得似是而非，"古老而宝贵的原则"也由此面临消失殆尽的危险。至此，重新确认乃至伸张人们体会悲伤时需要遵循的基本原则，也就成为批判现实的文学理应承担的任务。其中，首先需要讨论的一条就是，城市本身是否构成完整自足的社会原则？如果不是，那么究竟是什么样的社会制度和发展模式，

---

[1] 雷蒙·威廉斯：《漫长的革命》，倪伟译，上海人民出版社，2013年，第320—322页。

使得城市被视为决定性的因素，不仅左右着绝大多数青年的命运，而且掌控着全社会喜怒哀乐的基本方向？显然，面对由此产生和被误认的悲伤，作家所要悲悯的，从来不是被笼罩在城市结构之中的"个人悲伤"，也不是作为其倒影的"社会悲伤"，而是当人们被塞入固有的城市结构之中，既不能坚持原则，正面主张生活的尊严，又不能完全根除原则，彻底放弃尊严之时出现的自我理解的难度。

最后，回到当代青年所感到的普遍的"个人悲伤"。《人民日报》的评论并没有说错，理想的匮乏导致了悲伤的泛滥。但它的失误在于，深陷在当前既定的个人与社会的关系之中，将青年理想的重新确立，视为一己私事。而上述对社会感觉结构的分析，则意味着，之前充斥着乐观情绪的个人确立理想的方式已经走到了尽头。不断积蓄的社会的有尊严的悲伤所能确立的新的理想，既不可能局限于城市道路，也不可能只是关乎"个人"的伸张。然而，正是这样的社会悲伤，将为这个时代规定方向。

2013 年 10 月

原刊于《文学评论》2015 年 3 月

压倒性便利下的"御宅"

一、作为典型人物的"御宅族"

2014年7月,上海地铁驶出了中国首列"痛列车"。因为车厢外贴满了日本动漫《Love live!》9名成员的立绘,车厢内随处可见手机游戏的广告和动漫人物,它被动漫迷们称为"LL二次元痛列车"。报道称:"有人在站台蹲守7小时,只为一睹真容,更有粉丝直接跪拜。"此后的社会舆论,集中到了如何看待跪拜这一"疯狂"举动之上。[1]

---

[1] 《动漫"痛列车"首现上海 粉丝专程守候当场跪拜引发争议》,《东方早报》2014年8月1日,http://www.dfdaily.com/html/8757/2014/8/1/1171879.shtml。这篇报道放上澎湃新闻之后,有不少追加的讨论。比如,有人指出,男儿膝下有黄金,怎么可以随便跪拜;但也有人认为,既然年纪大的人可以拜菩萨有信仰,那么为什么年轻人不能跪拜自己的偶像?这些讨论大多非常简短,但恰恰说明,正是看上去疯狂出格的"跪拜"举动,迫使人们拉出了各种不同的价值系统——性别、家庭、宗教、信仰问题等等,来帮助自己确定和理解它在当代社会的意义和位置,以便回到假象中(转下页)

压倒性便利下的"御宅"

几乎同时,郭敬明的《小时代3》和韩寒的《后会无期》在暑期档上映。如何评价这两部影片,成为评论界的难题。人们既模模糊糊地意识到,已经没有现成的评判此类电影的标准,影像、叙事、寓意,乃至商业和艺术的对峙,都无法直接套用,又宁愿将这一类电影和庞杂的后续讨论,胡乱塞进过去的评价系统,摆放一通,以便得出令人安心的论断。

乍看之下,这两者并无太多的关联。对"痛列车"的跪拜,是发生在一小撮沉溺于二次元世界的年轻人身上的特殊事件,而对《小时代3》和《后会无期》的评价,则事关今天中国大多数青年对生活常态的理解。于是,即便在关心当代文化问题的人中间,将前者视为例外,将后者视为更普遍的文化现象加以关注,也是极为普遍的反应。

不过,此类厚此薄彼的反应或许并不恰当,甚至于会背离初衷。这是因为,越是依赖于正常/异常这一类话语的操作[1],建立起极端的御宅族和大多数喜欢/不喜欢宅的人们之间的区分,就越是容易无视这样一种实际状况。那就是,集中体现在御宅族身上的意义读取方式,已经大规模地渗入到了日常生活之中。"萌经济"不仅对少男少女们有效,也同样

(接上页)的安全地带。同时,这些议论也反映出,在当代社会中,到底是哪些价值系统和历史认识,在帮助人们理解自身的位置和他者的意义。

[1] 有趣的是,运用这套正常/异常的话语操作方式,人们同样可以选择将《小时代》系列和韩寒的电影视为一种异常状态,不予关注。

成功打动了成年男女的心;"宅"不仅被电商们拿来标记和召唤用户,也被越来越多的年轻人用来自我理解;娱乐节目习惯于用二次元的方式表达情感——飞过的乌鸦表示窘态、闪电说明被雷倒,仿佛不如此便无从说明感受……而无视这些渗透的后果之一,则是当人们坚持用"好故事"来衡量《小时代》和《后会无期》这一类的电影时,永远无法形成真正有针对性的评论。

这倒不是说,御宅族文化必然成为今后中国社会的主流。但一个急需思考的问题是,当一个社会中的年轻人在耳濡目染之中,越来越多地分享了上述实践经济、观察社会和体验情感的方式时,未来出现的将是一种什么样类型的人?如果说,思考的意义从不止于事后的追认和检讨,更在于对社会可能的走向进行判断和介入的话,那么仅把"御宅"视为一种亚文化类型,表示条件反射式的不解是无效的。尤其是,随着文化经济在中国的兴起,当各色媒体广泛、甚至于过于积极地传播着一种新的意义读取模式时,我们需要搞清楚的问题,显然比这要多得多。比如,御宅族文化带来的,究竟是一种什么样的意义读取模式?促使这一模式得以形成和广泛传播的社会条件是哪些?这样的意义读取模式将塑造出一种什么类型的新主体?对社会而言,这样的主体带来了何种新的问题?在这一系列疑问中,御宅族自然也就无法被视为少数的例外，而是要作为一类新的典型人物被仔细考察。

就此而言，日本评论家东浩纪在《动物化的后现代——御宅族如何影响日本社会》中的思考，更值得借鉴。这不仅是因为"御宅族系文化的结构，极充分展现了我们的时代（后现代）本质"的论断是他撰写此书的起点，更是因为他企图通过把握御宅族所代表的新的主体类型，来预测可能的未来。

二、新型的主体：资料库动物

和大多数御宅族文化研究者的看法相类似，东浩纪认为，御宅族文化是日本进入后现代社会的产物；自由民主社会中的拟像增值和宏大叙事的衰落，构成了日本御宅族文化得以兴起、泛滥乃至跨越国界、全球流通的现实条件。其中，尤其值得关注的，是以下的命名和分析。

首先，在他看来，日本的御宅族系文化[1]标示了现代社会的意义读取模式向后现代社会读取模式的转变过程。其中，

---

[1] 东浩纪使用"御宅族系文化"这一概念，以说明日本的御宅族文化已经在发展的过程中诞生了三个不同的世代，成为一组上下承接、彼此关联替代的系列。东浩纪：《动物化的后现代：御宅族如何影响日本社会》，大鸿艺术，2012年，第10—15页。此后，本文所讨论的该书的观点，除特别重要或较长的引用之外，不再一一注明页码。（此书在知乎上有连载，有兴趣的可以上网查看。）

现代社会的意义读取模式,被称为"树状图模式"。在这一模式中,人们习惯于通过表层的许多小故事,去体会深层的意义,从而接受由深层意义所提供的大叙事,形成一个有深度的主体。而后现代的读取模式,则被称为"资料库模式"。在这一模式中,同样存在表层和深层的区分。不过,当此时的表层仍是一个又一个分散的小故事时,深层却不再提供有意义的大叙事,而只是作为一个庞大的资料库存在。人们参照资料库,方能读取表层那些由拟像增值而来的小故事,但这些小故事究竟具有什么样的意义,却并不由深层的资料库决定,而是"随着读取顺序而呈现出不同的表现"。也就是说,读取的时间顺序,构成了可能的意义。东浩纪认为,在互联网日渐发达的社会中,后一种模式正取代前者,成为主流,而这也构成了日本御宅族不同世代间的差异。

其次,他把以资料库模式为主导形成的主体类型,称为"资料库动物"。

之所以如此命名,是借用了科耶夫在《黑格尔导读》中对人类和动物所做的区分。在科耶夫看来,人之所以区别于动物,是因为拥有欲望,而动物只有需求。在这里,需求是人(或动物)和作为对象的物之间产生的关系,而欲望则只在人和人的关系中产生。这意味着,只要有他者存在,欲望便不可能被真正满足,也不会消失。这是非常典型的西方式的主体论述。不过，如果将此种对主体的主张和资料库模式结合起来看，问题也就成了：在资料库模式中，他者是否还存在？由此形成的主体又是什么样类型的主体？

显然，此时的"他者"，不只是一个抽象的哲学概念。在一个网络如此发达，一切都可以通过网络而非人与人的交往方便获得，与他人展开面对面的社交不再是社会生活必需品的社会中，"他者"正逐渐失去它在主体形成过程中的实际作用。或者说，在我们这个时代的"压倒性便利"之下，一种新的社交方式正在形成。在这一方式中，不再有什么他者，也不可能形成真正的欲望，一切都只是需求。这一现实条件决定了，在资料库模式中，无论主体在各色小故事中收获什么样的意义，有多少的感动，都只是满足一种情感的需求。而此种类型的主体，也因此被命名为"资料库动物"。东浩纪进一步指出，这一类主体将始终处在分裂的状态之中。一边是在无需与他者发生关联的状况下，满足于情感的即刻需求，一边是资料库对大型非叙事产生的欲望——玩家仍然有对各种可能的命运和路径整体把握的愿望。这两者可以毫无困难地以分离的方式共存。

倘若东浩纪对"资料库动物"的分析到此为止，我们可以说，他充其量是承接了西方世界一直以来的"末人"思路，让整个人类社会的未来显得黯淡无光。不过，他的分析最有价值之处,并不在于指出这一动物化主体的状态,而是在于他对"日本社会究竟为何会生产出这样的主体"所做的历史分析。在这一分析中,"主体""末人"或"后现代",并非放之四海而皆准的抽象概念,而是随着全球化的进程,与再具体不过的日本社会历史结合之后,方才获得某种现实性的词汇。

在这一历史性的分析中,东浩纪解释了两个问题。其一,为什么日本社会对"后现代""拟像"之类的接受是如此方便和迅速?如果按照线性进化的历史观来看的话,一个还未彻底现代的社会全面拥抱后现代,无疑属于超速行驶,那么超速是在什么条件下完成的?其二,在这一类型主体的形成过程中,日本社会究竟提供了哪些现实条件,使之最终实现?如果说第一个问题事关御宅族系文化形成的精神动因的话,那么这第二个问题则关系到它得以成形的物质基础。

对于第一个问题,东浩纪指出,整个御宅族系文化,是在战后美国和日本的不对等关系中曲折生长出来的——"在御宅族与日本之间,还夹着美国"。其得以生长的物质条件,简单说来,有这样几个:首先,是整个战后,美国压倒性的优势对日本形成的强大压迫。其次,在美国的援助和冷战需求的刺激之下,日本经济高速发展;与此同时,由战败和经济高速发展而来的社会矛盾却被彻底打包，不予处理。最后，是在社会文化领域，伴随着一整套以现代化的先进/后进为基调的美国文化对日本文化的强势入侵，日本社会始终面临着"如何将美国文化'国产化'"的难题。而御宅族系文化，便是上述三重力量的交错作用之下产生的想象性的解决方案。这意味着，这一类型的文化，不仅是在先进/后进这一现代化叙事强有力的主导之下诞生，同时也是以回避整个日本社会经济高速发展的现实问题为前提壮大起来的。而其"后现代"的迅速转向，更是源于让日本社会彻底摆脱由整个现代化叙事所给定的后进位置的强烈愿望。在东浩纪看来，正是这些诞生时的历史条件/局限，使得日本的御宅族系文化对于精致的虚拟，有着一种强大而特殊的依赖。换言之，此时的日本社会，正需要通过这样一种精致的虚拟设定形成新的意识形态，以此摆脱和遗忘自身的历史/现实问题，进而获得某种新的自我认知。因此，表面上呈现了独特美学的日本御宅族系文化，实际上是在"日本人决定性地失去了传统自我认同的残酷事实"中开始诞生的文化类型。

对于第二个问题，东浩纪没有做太多的说明，只是在一处这样写道："90年代的御宅族市场，有组织性地将消费者培养成将这两者看待成是连续的，同时以泛滥'相关商品'为前提扩大市场规模。其结果并不是由各个故事产生出登场人物,相反地,是先设定登场人物才有包含故事在内的作品或企划。"[1] 不过,这却是很重要的说明。它意味着,以意义为核心的故事的日渐退场和以资料要素为核心的人物的强势登场,并不只是资料库动物们全然主动的选择,而是在有组织的市场培养之下才最终完成的转变。换言之,无论是从树状图模式到资料库模式的转化,还是从有深度的现代主体到后现代的资料库动物的养成,都不是一个自然而然的演进过程,而是在不断扩大市场规模和泛滥相关产品的有组织的操作下催生和定型的。于是,一个随之而来的问题也就成了,如果没有这样的大规模且组织化的市场操作,转变还会以此种形式发生吗?

三、成年人的义务:观过世界之后

东浩纪对御宅族系文化对日本社会影响的分析,要比上述粗略的介绍深入得多。不过,对理解御宅族文化对中国社会的影响来说,上述分析已经带来极大的启示和新的思考方向。

显然,对东浩纪命名的这两种意义读取模式,我们并不

---

[1] 此处,所谓的"这两者",指的是人物和围绕这一人物策划出来的相关性很弱的各种作品。东浩纪:《动物化的后现代:御宅族如何影响日本社会》,大鸿艺术,2012年,第76页。

陌生。今天的学校教育中仍然占据主流的教学教法[1]，人们对"好故事"的叙述要求，乃至媒体发表评论时所假设的受众模式；所有这些之所以成立，其背后倚重的恰是树状的有深度的意义读取模式。与此同时，后一种由网络带来的资料库模式，则随着互联网和各种上网工具的普及，迅速增长；在无数的点击和网页链接中，被一再重复。在网络普及之后成长起来的中国青少年，势必同时受到这两种模式的夹击，并在此过程中形成其意义读取模式。不过，这不止是对青少年的挑战，更是对中国社会的成年人提出了挑战：如果不想放任自流，让下一代在这一尖锐的冲击中自行生长的话，那么应该做什么和怎么做？此时，一味固守于树状图模式，无异于鸵鸟战术，而因为所谓的文化经济，向资料库模式敞开怀抱，则不过是放弃了成年人的社会责任。

这倒不是说要提出第三条道路，或在这两种意义读取模式之间达成和解，而是说，东浩纪对日本御宅族文化的历史分析，或许已经提示了成年人想要对此负责时，可以选取的路径。

首先，如果把令人困惑的《小时代》系列、《后会无期》

---

[1] 显然，21世纪后展开的各阶段的课程改革，实际上是想要克服对这一树状图模式的依赖，以便更贴近资料库模式，但效果不佳。

现象放到两种模式的冲突这一背景中去看时，便会发现，电影呈现的大多是资料库模式的基本特征，而引发争论的正是这两种模式的差异。[1]《后会无期》中的这句台词："你连世界都没观过，哪来的世界观？"，更是无意中呈现了我们这个时代才可能发生的两类主体间的对话。显然，对年轻观众而言，这句话之所以具有意义，并不在于它在这部电影的叙述中有什么样的位置，而是表达了某种默会的情绪。这种情绪，首先表现为，见多识广的资料库动物对那些总是寻找深度意义的人的嗤之以鼻和老大不服气。尽管后者的大道理（大叙事）一套又一套——在现实生活中，它可能表现为老师、家长、长辈、现成的制度、各种规矩等等，可现实决定了，和资料库动物通过网络所能观看的广阔无垠的世界比较起来，树状图模式所能观看到的世界显得那么狭小可笑。既然如此，

---

[1] 在我看来，既引发激烈争论又往往各说各话的原因在于，秉持不同读取模式的人既不愿承认另一种模式的合理性，也就无法形成人们需要携手面对这一难题的共识。对熟悉树状图模式的人而言，这样的文本毫无深度，一地碎片，无从解析。而对熟悉资料库模式的人来说，同样是这一地碎片，却并不妨碍他们把玩和回味其中每一块具体的碎片。这一点非常鲜明地表现在人们对《后会无期》的评论中。比如，在豆瓣论坛上，我们可以读到各种各样对碎片的有意思的解读，而其中的绝大部分都属于脑补式的解读，即需要参照庞大的资料库，才能完成对这一片段的意义的理解。这些解读并不关注整个故事究竟具有何种意义，但对每个片段所具有的意义乐此不疲。而对《后会无期》的严厉批评，则源于深度解读的愿望在电影中彻底落空。其中最有代表性的莫过于肖鹰：《"天才韩寒"是当代文坛的最大丑闻》，《中国青年报》2014年8月19日09版。

成套的大道理又有什么意义呢？其次，这又是某种自我激励。此时的年轻人，并不认为自己真的已经不再需要任何世界观，而只是认为老的那一种观看方式得来的世界观已经无法再说服自己。同时，他们依旧隐隐约约地相信，如果观遍了世界，那么自然就会形成新的世界观。然而，如果参照东浩纪对资料库动物的分析的话，那么他们接下来的麻烦在于：观过世界之后，真的会形成世界观吗？如果资料库模式意味着永远无法真正观看完世界，或者就算看完了世界也不可能因此形成世界观，最终成型的资料库动物，不过是陷落在了无限延宕循环的观看过程之中，这个选择的后果你是否能够承受？于是，对今天的正在形成意义读取方式的年轻人来说，问题从来不是非此即彼的选择，而是既有的这两个选择都有各自致命的缺陷。促其真正看清这一状况，恐怕要比强迫与放任其选择更为要紧。

其次，东浩纪的历史分析说明，日本御宅族文化中对虚拟的强大需求，来自日本战败及其后独特的冷战历史；资料库动物是在美日关系和现代化叙事的压迫之下，通过市场有组织的操作最终成型的。既然如此，那么无论在抽象的表现形式上如何模仿，身处中国语境中的年轻人，在形成新的主体类型时，便不可能彻底地"copy 不走样"。这意味着，此时需要搞清楚的是，自 20 世纪 90 年代以来，如果中国的年轻人也在不断增长出对虚拟的热爱的话,那么这一热爱究竟是根植于何种具体的社会历史因素?如果说经济起飞、现代化叙事的压迫是中日社会彼此类似的历史因素的话,那么,这一经济和现代化叙事得以扎根的历史和由此被封闭起来不予处理的现实又有何种不同?

再次,便是对当下正在迅速膨胀的有组织的养成手段的认真考量。虽然在面对无法解释的文化现象时,市场的力量每每成为人们诟病的对象,但越是如此笼统地批评市场,就越是无力捕捉,在当前这一主体形成方式的转化过程中,究竟是什么样的有组织的手段在发生作用。在这样的思路中,一旦报道青年跪拜"痛列车"一类的新闻,焦点往往只在于跪拜者身上,将其奇观化,而忽略了更为重要的社会组织的问题。那就是,作为城市公共服务系统的上海地铁,为何需要开出这样一趟旨在宣传《Love live!》的列车?是出于对动漫文化的热心宣传,出于商业买断的广告行为,还是某种追逐文化经济潮流的莫名冲动?如果将这一举动放到意义读取模式的冲突上来考量时,媒体评论和监督的恰恰不应该是那些跪拜的御宅族,而是政府公共部门参与到对御宅族文化的推波助澜之中的意图和效果。显然,和日本兴起御宅族文化的状况有所不同,中国的推波助澜者从来不止于以利益为导向的市场,同样也包括了负有公众教育之责的媒体和公共部门。如果说在文化经济或创意产业的名义之下，政府对此反而有着更大的利益驱动的话，那么，它已经制定了何种政策，正在实行何种有组织的操作？这些操作发挥了什么样的作用，又将如何影响当前的主体形成模式的转型？这些恐怕正是在中国展开御宅族文化研究时，不可回避的现实问题。

最后，同样值得思考的是东浩纪对"资料库动物"展开命名的前提假设。这一命名得以成立的基础在于，在一个自由民主的压倒性便利的社会中，他者消失了。在这里，"压倒性便利"也罢，"他者"和"自由民主"也罢，都不过是对现实的一种命名或设定。问题在于，对中国这样一个历史大不相同的社会来说，现实是否果真如此，或者只有这样一个光滑的面向？比如，如果说"压倒性便利"带来人与人交往的缺失，那么，止步于即时需求的便利，显然也带来了诸多的社会层面的不便乃至瓦解，此时，"便利"的含义是否应该被重新设定？同时，在我们的社会中，"他者"是否真的会因为"压倒性便利"彻底隐身，还是只是改头换面地出现？[1] 显然，这些都是在观看世界时，需要重新设定和思考的问题。

---

[1] 在某种意义上说，一切都网络化虚拟化之后，他人在我们生活中便不存在了，不过是一种新自由主义式的虚妄。更准确的说法可能是，在一些社会条件改变之后，他者将以与过去不同的更为隐匿的方式出现。比如，在政府服务网络化之后，官僚主义的问题仍然存在，普通百姓和公务员之间的矛盾，将以不同于过去的方式发生。

就此而言，资料库模式反而可能具有某种认知的优势。因为修改固有的设定，依据新的设定展开探索，给出不一样的对"便利"和"他者"更为灵活的定义和组合方式，这本身就是它的擅长。而我们所能期待的，或许便是在人们充分意识到两种模式的各自局限之后，所能生成的自我修正和持续更新的能力。

2014 年 8 月 23 日

原刊于《中国图书评论》2014 年 10 月

辑 三

"社会生活"的障眼法：
来自课程改革的思考

将中国学校教育的顽疾归咎于"应试"，是当下为数不多的社会共识之一。当考试的紧箍咒牢牢锁住了学生的心神，使之日渐失去理解现实世界的愿望和能力的时候，人们认为最好的解药是让他们多多接触社会生活，重新发现生活的兴致和学习的乐趣。于是，在批评应试教育的同时，鲜活多变的社会生活成了乞灵的对象。它让人们或多或少抱住了这样一个希望，那就是学校教育不仅能够从社会生活中获取鲜活的知识，直接体现当下社会对"素质"的基本要求，也可以从中归纳出辨识人才的不同标准，抵抗单一的"应试"逻辑。

仿佛是与这一希望相呼应，20世纪90年代中期开始的普通高中课程改革开出的，正是一剂"贴近社会生活"的药方。2000年教育部颁布《全日制普通高级中学课程计划（试验修订稿）》，增设包含研究性学习、劳动技术教育、社区服务和社会实践等内容的"综合实践活动"。[1] 作为课程改革实验特区的上海"二期课改"[2]，则在基础型课程之外，明确列出了拓展和研究两类课程。[3] 在这些新的课程规划中，社会生活都是培养学生主体意识和学习能力时必须倚重的重要环节。

不过，社会生活真有此种扭转应试现状的神力吗？[4] 进入课堂之后，社会生活本身会发生哪些变化？对学校的师生

---

1 课程教材研究所：《20世纪中国中小学课程标准·教学大纲汇编 课程（教学）计划卷》，人民教育出版社，2001年，第396—402页。
2 1988年，国家教委委托上海作为课程改革的特区，承担经济比较发达地区的中小学课程教材改革的研究和实验的任务。人们通常把这一时期的改革，称为"一期课改"。"一期课改"的内容，既包括改变课程设置，如增加活动课；也包括变更普通高中的办学形式，如区分不同的学校类型。这一系列探索为90年代后期开始的全国课程改革提供了经验。1998年左右，新一轮的全国"课改"启动。此时的上海，则延续之前课程改革的特区身份，进入"二期课改"的阶段。因此，在这一轮课程改革中，上海的"二期课改"颇具典型意义。
3 其中，拓展型课程"以培育学生的主体意识、完善学生的认知结构、提高学生自我规划和自主选择能力为宗旨"；研究型课程为"学生运用研究性学习方式，发现和提出问题、探究和解决问题，培养学生自主与创新精神、研究与实践能力、合作与发展意识的课程。"上海市教育委员会：《上海市普通中小学课程方案（试行稿）》，上海教育出版社，2004年，第6页。
4 实际上，在课程改革之后，"应试"仍是学校教育中第一重要的内容，绝大多数的课改措施往往经由"应试"的修正之后方能施行。可以说，"应试"镶嵌在课程改革的过程之中，构成了改革的重要部分。显然，较之于一般的反对应试教育、向往素质教育的做法，课改的实际过程显示了"应试"和"素质"之间更为复杂的现实关联。不过，本文讨论的重点在于"社会生活"给学校教育带来的变化和影响。因此将不涉及对镶嵌在课程改革中的"应试"的说明，也不展开对"应试"和"素质"的关系的讨论。

而言，这些变化意味着什么？它们是否改变了学校旧有的教学方式，构成制造新知识的基本动力？这些问题，显然需要仔细的考察和辨析。与此同时，更值得关注的是，对处于转型时期的中国社会而言，针对学校教育这一国家意识形态机器的改革，往往也是国家变革自身意识形态生产方式的重要尝试。"社会生活"的进入，是否意味着新的课程生产方式的诞生，意味着原本由国家垄断的课程生产权的重新分配？在这一分配中，由国家主导的意识形态生产又将在其中占据怎样的位置？因此，本文将以上海普通高中"二期课改"为例，[1] 讨论社会生活进入学校教育之后引发的一系列变动，说明课程改革对"社会生活"的选择和运用，并以此为线索，揭示国家在更新自身意识形态生产方式时的基本主张和处理方式，进一步辨识其在改革中遭遇的实际困境。

---

1 本文引用的材料，主要来自：2005 年 2 月至 2006 年 1 月间，笔者对一所示范性高中 J 中学和一所普通高中 D 中学进行的田野调查；2006 年 2 月至 8 月间，对一批上海普通高中的教师和校长所做的访谈。此外，需要说明的是，在本次课程改革中，"贴近社会生活"这一主张对不同课程的作用并不一致。理科方面的课程，基于固有的系统性知识，所发生的变化相对外在；比如，不同于以往的教学顺序、删减或添加教学内容等。而文科方面的课程，因为很难凭借自身固有的知识体系，给出课程内容的基本范围，往往受到更大的影响，引发更为内在的变动。因此，本文描述的重点，将落在语文、历史和思想政治这些课程的变化之上，以便说明"社会生活"在课程改革中的实际作用和影响方式。

"社会生活"的障眼法：来自课程改革的思考

一、"社会生活"的多重身份

本次课程改革对社会生活的运用，首先表现为提倡一种新的教学法，即一切从学生的生活和兴趣出发，开设能够"创设学习情境""提供多种的学习经历""营造良好的情感氛围"的课程[1]，引导他们学习和思考预先给定的课程知识。这一教学法中的社会生活，指的主要是学生在现实生活中遭遇到的各种社会行为或经验。正是在这一主张下，"二期课改"的语文教学从过去强调系统的语法知识，转而要求学生"随文阅读和在此过程中学习适度有用的知识"。[2] 历史课程则一改过去的论述框架，大量增加社会生活史的内容。[3] 就连思想政治课程，也因此改变学习内容的顺序：

> 过去总是讲商品、价值、价值规律，这是老的程序。但是现在为什么从消费知识开始讲起呢？因为消费是最浅显的，最容易理解，人总是要消费的，消费了就有经济生活。……除了注意学生要学些什

---

1 上海市教育委员会：《上海市普通中小学课程方案（试行稿）》，上海教育出版社，2004年，第1—3页。
2 这也是全国课程改革中语文学科改革的一个整体趋势。
3 对"二期课改"中历史课程的分析，见《课程改革中的"历史教科书问题"》，《开放时代》2009年第5期。

么，我们更注意怎么让学生有兴趣来学。一个是怎么从学生的实际经验出发，设计活动和栏目，同时更多的是从实际出发做知识上的增减。[1]

当然，在课堂上，更多的社会生活还需以另一种面目出现。比如，思想政治教材中便有这样一段导语：

> 在我们的日常生活中，当你交学杂费、购物或者去银行存钱的时候，可能你还没有意识到，这已经是在利用金融服务、参与金融活动了。随着我国进入小康社会，人们的收入在用于生活消费之后有了较多结余，投资理财已经成为经济生活的重要内容。金融对国民经济的发展有巨大作用，上海正在努力建设成为国际金融中心之一。作为上海的中学生，掌握一点金融知识，培养金融意识，是十分重要的。[2]

这一导语颇能体现"课改"之后教材编写的思路，即从某一

---

[1] 田野笔记，2006年3月16日，"二期课改"政治教材编写者和教师的座谈中，高中政治教材主编的发言。
[2] 上海中小学课程教材改革委员会：《高级中学课本思想政治》（高中一年级试验本），上海教育出版社，2004年，第143页。

具体的生活经验入手，交代这部分生活隐含的知识，用它们与未来生活间的联系来强调其重要性。对大多数学生来说，暂时还不会遇到理财、投资这一类的问题，更很少接触其中隐含的知识，不过，在编撰者和教师们看来，这一类的社会生活同样应该成为学习的重要内容：

> 我觉得整个高中教材的设计思路是一个生活的逻辑，从你的生活出发，从高一来说，讲经济常识，生活当中的消费、投资、银行保险，至少作为一个上海大都市的年轻人，如果你对保险基金股票债券都不懂，或者你听都没有听到过，那么你作为一个都市的青年，那么你和纽约、香港的青年比，你就有差距了。……我们现在的新教材，就非常贴近生活，这些知识对你的生活，有时候就是一种经验，包括你学了以后对你的家庭也是有用的。[1]

在这里，以教学法的名义进入课堂的社会生活，发生了一次微妙的时空位移。它所指向的，不再是实际生活中的经验和感受，而是尚未发生但可能经历的未来世界。所谓的生活经

---

[1] 田野笔记，2006年3月16日，"二期课改"政治教材编写者和教师的座谈中，高中政治教师的发言。

验，其意义也不再是此时此刻的真实性，而是充当了同时承载当下生活和未来世界的想象性的容器。

"社会生活"的这一位移，看似顺理成章。既然学校教育训练的，本就是个体参与未来的能力，那么社会生活一旦进入课程，势必带上此种虚构的性质，从属于对未来社会的基本想象。也正是这样的"社会生活"——无论是真实的生活经验，还是虚拟的未来世界，构成了改革后课程知识的重要来源。不过，究竟应该在这一"社会生活"的容器里装点什么呢？在过去，这往往是教学大纲和教材说了算，或由应试的指挥棒变相敲定。但在课程改革之后，它却成了一道教师们必须随时面对的选择题。

变化最大的，当属语文。进入课改后，语文教师们发现，原本应该成为课程开发依据的课程标准过于笼统，缺乏规范课程的实际能力：[1]

> 这个课程标准定得过于抽象，……不是什么指导性的可操作的东西，就是一种抽象的理念而已。[2]

---

[1] 限于篇幅，此处无法展开对课程改革的具体文件和各学科课程标准的分析。概括说来，尽管各学科的课程标准规范能力并不完全相同，但一个整体的趋势是课程标准大多趋于笼统和抽象，缺乏实际的规范力。

[2] 访谈笔记，2006 年 8 月 21 日，访谈对象：高中语文教师。

对"整体把握"和"随文阅读"的强调,又使得语文教材大大"缩水"。除了每一单元的主题导语和字词的注释之外,教材不提供任何的指导意见或参考说明;就连与教材相配套的教师教学用书也是如此。显然,在教材编撰者看来,不提供任何现成的思路,更有利于鼓励教师和学生根据自身的生活经验展开学习。然而,这一做法的实际意味在于,默认同一篇课文可以有不同的学习目标。而选择具体的学习目标、设定明确的课程知识的任务,则落到了教师的头上:

> 一篇文章有很多种教法。……现在"二期课改"以后,它是没有一个固定教法的,《教参》里面没有一个教法的参考,所以老师往往无从着手,不知道怎么讲法才好。[1]

一旦失去了《课标》、教材和教参的规约[2],教师们便拥有了极大的自由度,可以完全按照个人的理解——这种理解

---

1 访谈笔记,2006年5月22日,访谈对象:高中语文教师。
2 按照课程改革对"课程标准"的设想,教师应该根据语文学科的《课程标准》用教材教,而不是教教材。教材的重要性和实际的约束力,也由此降低。不过,由于语文学科的《课程标准》对能力的规定和要求都相当笼统,难以把握,对大多数教师而言,据此标准,取舍学习目标、重新开发教材,几乎是不可能完成的任务。

不仅是对课文的,也是对社会生活的,来组织自己的课堂教学。于是,"课改"中每一个语文教师的处境,便和教材中每篇课文的处境一同,变得起伏不定。因为有多少种处理课文的方式,就有多少个同等有效的学习目标。语文教师需要根据自己的喜好和对社会生活的判断,自行选择:

> 比如我感兴趣的是梁衡的作品:《跨越百年的美丽》。……我当时设计的是,第一个,梁衡散文的语言很优美,可以从解读他的语言这一角度来读这篇文章。第二个,就是把握"跨越百年的美丽"这个题目,美丽总是觉得就是"漂亮",但是漂亮是随着时间的推移而失去的。第三个,就是从这个语言里面有很多的双关,比如把居里夫人描写成攀登者,比如居里夫人对于贝壳的态度,不是只看它的美丽,而是去探究它是怎么来的。很多的双关部分,可能不是一下子可以看懂的。我后来选择的是第二个,我自己是比较喜欢的。[1]

这一变化,为语文教材的使用带来了前所未有的宽松局

---

[1] 访谈笔记,2006 年 5 月 22 日,访谈对象:高中语文教师。

面。一些学校的语文组,干脆把课文的选择权交给学生。在J中学,语文教师通过汇总学生们最愿意学习的现代文课文,来确定讲解的篇目。XH中学在介绍学校的"课改"经验时,也把这一做法列入其中:"在每单元学习之前,学生可独立阅读、预习,写出简要的单元导语,并在班级内交流。交流后,由学生投票产生单元中最希望教师讲解的课文,……对于学生不喜欢的文章,教师在课堂上放弃讲解。"[1]

在这里,进入课堂的"社会生活"所引发的变动,并不在于教师和学生是否有意识地运用各自的经验和判断,而是这一运用在整个学校教育中位置的变化。如果说,在过去往往是社会生活的经验配合已经预先规定的学习目标,那么,现在就成了由个人的社会生活经验,来取舍学习目标和相关知识。于是,当《课程标准》和教材的约束力分外薄弱,教师和学生不得不依据各自的判断取舍学习目标、选择课程知识之时,为他们个人所把握和理解的"社会生活"也就一跃成为课程知识取舍的实际标准。正是这样一种"社会生活",决定着什么样的知识可以被学习,而什么样的知识又应该被忽略。

---

1 《课改从这里起步》,上海市中小学(幼儿园)课程改革委员会办公室:《上海二期课程教材改革的探索与实践——来自课改研究基地学校的报告》,上海科技教育出版社,2006年,第98页。

不过,这既不意味着,由个人所选取堆砌的"社会生活"已经取得了完全的胜利,足以替代国家主导的意识形态[1],也不意味着由此筛选出的课程知识,将及时迅速地反应社会对自身的看法和反思。这一点在思想政治课程里表现得最为鲜明。一方面,该课程所要培养的,是学生对"社会生活"的兴趣、理解和想象力;另一方面,思想政治学科及时反映和传递国家主导意识形态的功能,却并未改变:

> 跟得最紧的一门课程,就是我们这门课程,很能跟上形势。[2]

无论是课程标准的制定者,还是教材的编写者,都依然根据形势的变化,即时添加和删改课程内容:

> 比如"和谐社会",我们也已经放进去讲了,这就是一种变化,是及时地反映现实,然后考虑讲到什么程度合适,学生可以理解。比如,有些问题,我们就要回避。比如,"阶级""阶级斗争"。过去

---

[1] 此处的"国家主导的意识形态",指的是改革开放以来,在"不争论"的基调中逐渐形成的"首要的是发展经济"的主导意识形态。
[2] 田野笔记,2006年3月16日,"二期课改"政治教材编写者和教师的座谈中,区高中政治教研员的发言。

> "阶级""阶级斗争"在理论界的讨论很热闹啊。首先就是有没有阶级?阶级结构有没有变化?工人阶级的领导有没有变化?工人阶级有没有变化?工农联合的基础有没有变化?很多问题。这些问题我们编写教材就要避重就轻。……比如,过去我们讲政治经济学,四大论:劳动价值论、剩余价值论、帝国主义论、经济危机论;现在这几个里面只讲劳动价值论,其他三个基本上都不讲了,因为讲不清楚。所以我们也很难的。[1]

这说明,当金融、保险这一类的课程知识以"社会生活"的名义不断填充入课程的时候,另一些和社会生活同样密切相关的课程知识,正在被替换、删改,乃至抛弃。于是,当社会生活和国家主导的意识形态在学校教育中遭遇时,其实际效果就变成了:并非所有,而只有某一部分特定的社会生活才可以被"贴近",顺利地成为课程内容。在这一国家主导意识形态的作用之下,由社会生活归纳而来的各类知识,进入课程的速度和方式也并不一致。其中,经济类知识进入的速度最快,方式也比较直接。而与政治、文化相关的知识,

---

[1] 田野笔记,2006年3月16日,"二期课改"政治教材编写者和教师的座谈中,高中政治教材主编的发言。

则总是需要经过各种筛选和过滤,方能进入。[1] 甚至,这一类知识只能首先或仅仅被当作经济类的知识,进入教材。[2]

思想政治学科的任务之一,是通过描绘、阐释当下和未来的社会生活,帮助学生确立正确的价值观和人生观。因此,这一有所选择的"贴近",实际上也就成了对现实中的社会生活的直接删改、规定和重新阐释。在这种情况下,学校教育越是包揽了教师和学生绝大部分的时间和精力,他们对社会生活的认识和理解,也将越发依赖于这一特定的"社会生活"所给出的框架。

倘若在改革之初,直截了当地告诉人们,某一种特定的"社会生活"将成为学校教育中课程知识取舍的标准,顷刻之间便会引起不小的争议。人们势必仔细审查这究竟是一种怎样的"社会生活",辨别其取舍大权的正当性,讨论它是否足以成为生产学校知识的依据,乃至争执它是否符合学校教育

---

[1] 思想政治类的教学杂志,往往取代《课程标准》或教材,成为发布和规范这一类信息和课程知识的通道。比如,《思想政治课研究》一类的刊物,总是根据形势的变化,刊登研究思想政治教材的文章,讨论社会公平、三农问题、社会主义荣辱观教育等,使之"正确"地进入思想政治课程。

[2] 例如,一般而言,"劳动者权益"不仅是一个经济问题,也是一个重要的政治问题。然而,在"二期课改"思想政治学科的《课程标准》和教材中,"劳动者权益"被放在了经济常识"产业发展和劳动就业"这一部分,分为"劳动者的权利和义务"和"依法维护劳动者的合法权益"这两方面的内容。上海中小学课程教材改革委员会:《高级中学课本思想政治》(高中一年级试验本),上海教育出版社,2004年,第109—117页。

的需要。然而，当作为"课改"手段的"社会生活"，可以在教学法、知识来源和知识取舍标准的多重身份之间腾挪转移之时，它便轻松避开了这一类的争议和审查。一方面，选取"社会生活"的重任被改革径直交给了学校师生，另一方面，国家主导意识形态则继续保留修剪和规范的权力。最终呈现在课堂上的"社会生活"，是这两股力量共同塑造的结果。正是这一特定的"社会生活"，在不知不觉中攫取了定义课程知识的大权，强有力地确立起它在学校教育中的正当性。

在此过程中，学校师生，尤其是教师，被推举为它的执行者。但他们很快发现，对教育本身而言，这一特定的"社会生活"远没有想象中的那么管用。

二、教学的重担：解释"社会生活"

乍看之下，"社会生活"为教师大大地松了绑。他们再不必揣测《教学大纲》的意图，也无需听从教材的指挥。既然每个人都有对"社会生活"的理解和判断，那就根据自己的理解，设计课程，完成教学。奇怪的是，"课改"中的老师们，似乎并未因此感到松快和自由。

在"影视欣赏与评析"的第一堂课上，Z老师一上来就宣布，要认真抄写课堂笔记，以便日后检查。此后，她照本宣科地介绍起了电影发展的历史，下面的学生显得无精打采。

当被问起为什么不播放电影,或采取其他更能调动学生积极性的方式时,Z老师的回答是:

> 过去不是没有试过直接放电影,结果把偷懒的学生都招来了,因为大家觉得这个课很轻松。但是事后,学生们就会反映说这个老师不认真,不负责任;还会有更多的学生逃课,让这个课就变得很难管理。[1]

而另一所中学的政治老师则说:

> 在我们学科里面,一开始开过"全球热点""金融与投资""以案说法""法官、律师和公民""人生哲学"。这些课程都是我们自己报名,然后就看这个课程自己的生存能力。像我们政治课开出来的拓展型课程,生存能力都不是很强,学生兴趣不高。所以我们现在也比较苦恼。[2]

在大量吸纳了"社会生活"的内容,甚至于将其视为选

---

[1] 田野笔记,2005年3月8日。
[2] 田野笔记,2006年8月23日,访谈对象:高中政治教师。

择课程知识的首要标准之后,教师们发现,激发学生学习兴趣的难题并没有迎刃而解。相反,在此之前,他们倒是迎头撞上了另一个新问题,那就是如何解释和理解这一特定的"社会生活"。因为一旦不能为学生解释这一呈现在课堂上的"社会生活",找到其与学习兴趣之间的关联,那么对学生来说,这些蜂拥而至的"社会生活"很可能不过就是另一套凝固死板的知识,既没有什么特别的兴致,更谈不上什么能力的培养。

在这道解释"社会生活"的难题面前,教师可以有一种比较方便的选择。那就是直接选取时下最流行的对"社会生活"的理解,教授与之相关的现成且实用的知识。下面这堂"青年理财问题研究"的拓展课,便属于这一做法:

> "请同学们计算一下在今后的三十年里,你需要多少钱才够自己的生活所用?"对这样的问题,学生显然十分有兴趣,马上几个人围成一堆,开始了热烈的讨论。
>
> 大约十分钟之后,老师请学生起来回答,他们计算的三十年大概需要多少钱。一个学生站起来说270万,另一个说450万,还有一个说是650万。老师询问他们是怎么具体计算的。有的学生说要买

房子，有的说要买车，有的说要娱乐和教育。

老师说："那么让我们来具体计算一下，到底哪个数字更接近于我们今后三十年需要的总数。"以下是老师的计算：

"购买房子：120万，如果只购买一次房产的话，用于自己住，而不是投资；

装修房子的费用：20万左右，但是你不可能三十年里面只装修一次房子，所以算两次的话装修费用可能就是40万；

赡养老人的费用：43万，前面同学们光计算自己的花费了，好像没有同学把赡养你父母的钱算在里面。但是现在你的父母抚养你，以后你就要赡养他们，所以这笔钱是一定不能少的；

抚养子女的费用：50万，这个刚才同学们有的想到了，有的没想到。你成立家庭以后就有对自己子女抚养的义务啊，就像你父母对待你这样，所以孩子的抚养费用我们姑且算它50万；

买车的费用：一辆车15万左右，但是你不可能三十年都开一辆车，我们就算十年一辆车，那么三十年就是3辆，也就是说花在购车上的费用是45万；养护的费用：买了车就要养护，我们算养护

"社会生活"的障眼法:来自课程改革的思考

的费用是90万;

个人日常生活的费用:如果我们算2 000元/月,那么三十年就是72万;

退休以后的费用:用来养老的费用,大概是27万。"

经过计算,老师说:"这么一路计算下来,每一个同学之后三十年大概需要450万—490万。按照大家工作以后每个月工资一万来计算,离这笔理想的数额就还有将近90万—100万的差距,那么我们理财的目标就是把这每月一万或一万多的工资和这笔理想数额之间的差额补上。"

之后,他便向学生粗略地介绍了投资的各种渠道,包括股票、债券、基金、期货、外汇、房产、银行业务、保险、黄金、实业、收藏品、健康投资等等。[1]

在这一节青年理财的拓展课中,时下流行的对"社会生活"的解释和想象,成了课程必不可少的推动力。对生活在上海的高中生而言,不断攀升的高额房价、以车代步的趋势

---

[1] 田野笔记,2005年3月1日。

和可能的实际收入，是发生在周遭生活中真实可感的现实。有房有车、闲适而健康的中产阶级生活，则是当下最为普遍的对"美好生活"的想象。这样一来，只要教师在课堂上不引导学生讨论"什么是美好的社会生活"这一类的问题，对"未来三十年生活所需费用"的计算，往往被径直规范为一份"如何才能过上中产生活"的可行性报告。此时，现实感受和"美好的社会生活"之间的差距，势必成为刺激学生的好奇心和学习热情的法宝，理财知识也就顺理成章地成为值得学习或必须学习的对象。

不过，一旦离开实用性技能和知识的领域，想要如法炮制，通过直接复制流行的"社会生活"的理解，获取更为高级的学习能力，就要困难得多。比如，在绝大多数学校的拓展课表上，都出现了影视作品欣赏、电影赏析这一类的课程。上海中小学课程教材改革委员会办公室编著的《拓展型课程实践研究与探索》，更是提供了一个"蒙太奇艺术的欣赏与应用"的教学案例，作为"领悟-创造"教学模式的示范。其中，教学目标是本次"课改"注重的"迁移能力"，教学内容是将电影中的"蒙太奇"手法迁移运用到语文的阅读、写作之上：

> 该教师确定的教学目标主要是准备达到两点：

一是通过举例,初步学会用蒙太奇知识(连接方法和表现方法)进行鉴赏和感悟;二是激发求知欲,引导在实际中应用尝试,培养创造性思维能力,实现从鉴赏影视迁移到提高读写能力。教学流程主要有三大环节:(一)观察-感悟蒙太奇艺术。教师用了实例指导的模式来展开:播放了10部中外影片经典镜头选辑录像,让学生鉴赏,再引出"蒙太奇艺术反映了人们观察生活、认识生活、概括生活、反映生活的规律。所以影视如此,我们平时的生活如观察、阅读、写作也可以有蒙太奇现象"。如:找钥匙,乘汽车等。(二)迁移——体验蒙太奇艺术。指导学生在文学作品中寻找蒙太奇现象:如朱自清的散文《荷塘月色》、茅盾的名作《风景谈》、李白的七绝《送孟浩然之广陵》、毛泽东的词《沁园春·长沙》等,从中都可以看到蒙太奇手法的生动运用。这就可以让学生体验到"把文字变为画面"的感悟能力,这也是一种创造。(三)实践——应用蒙太奇艺术。到这时,教师建议学生分组学习,运用蒙太奇艺术手法,分别以《干旱》《饥饿》《抗洪》《车祸》《一年》《课间》《升旗》等为题,进行片段设计与写作。其中先把《饥饿》一题作为示范,做些讨论,使实践应用比较有所参考。[1]

一位讨论阅读教学的教师更是引用夏衍在《写电影剧本的几个问题》中的话，来说明"蒙太奇这种艺术表现手法与语文教学的艺术"的相通之处："几个镜头连接在一起等于文章里的一句或者几句，这一个或几个镜头连接起来的片段和那一片段连接起来，就等于文章里的一段话或者一个小节了。"[2]

不过，区别在于，当年的夏衍是用人们熟悉的"文章"的句法和章法，来解释一个并不熟悉的新事物——"蒙太奇"。而现在，教师们却不约而同地希望通过电影和蒙太奇，来指导学生的文学阅读和写作。显然，在这个影像时代里，电影镜头、蒙太奇和其他的视觉语言，早已代替文字，成了学生们最为熟悉甚至于不自觉地把握外部世界的观察术和阅读法。这个时候，学生对文章和文字的体验，是颇为陌生的；教师们反而需要通过他们熟悉的对影像的体验，才有可能重新找回他们对文字的兴趣。此时，作为"社会生活"的一种呈现，电影和其他影像作品的进入，的确在某种程度上为教

---

[1] 上海中小学课程教材改革委员会办公室（编）：《拓展型课程实践研究与探索》，上海教育出版社，2005年，第10—11页。
[2] 王文芸：《电影蒙太奇在阅读教学中的运用》，《语文教学与研究》2005年12月（上）。

"社会生活"的障眼法:来自课程改革的思考

学提供了新的可能。然而,越是高级的学习能力,比如理解力、想象力或是本次"课改"最为注重的创造力等,越无法通过对流行的"社会生活"的"copy不走样"或生搬硬套来获取。在这里,教师们首先需要解决的问题,乃是如何解释我们所面对的这个信息和影像泛滥的社会。其中,重要的一步便是能否将这一人们浸润于其中、仿佛空气一般的不断构造"社会生活"的技术语言分离出来,使之成为在学习过程中真正被审视、分析和把握的对象。比如,在这个"蒙太奇"的案例中,想要完成培养迁移能力和创造性思维的教学目标,可能便需要这样一些分离的步骤:首先,播放电影中经典的"蒙太奇"片段,让学生了解什么是"蒙太奇";通过"蒙太奇"指导学生的阅读和写作,是怎样的效果?其次,文学作品的阅读本身就有一些固定的概念,比如"意象"。如果通过"意象"来指导阅读和写作,会有怎样的效果?最后,通过这一具体的迁移案例,请学生根据自己的体会,理解什么是有效的知识迁移。如果"蒙太奇"的学习效果优于"意象",那么将"蒙太奇"运用到阅读和写作之上,是一种有效的知识迁移,反之则是无效的迁移。如果没有上述的解析过程,而只是把"蒙太奇"视为生活中理所当然的所在,那么学生也就很难真正拉开距离,认识他们早已习以为常的阅读法,更遑论反思与迁移。至此,经由影像作品培养迁移能力或创造能力的希望，也就变得越发渺茫。而本次改革关注的重点，恰恰在于这一类能力的培养而非实用性知识的掌握。

你当然可以说，能否完成这一任务，取决于教师水平的高低，教师个人应该对此承担全部责任。不过，当"蒙太奇艺术的欣赏与应用"这一类的教案被"二期课改"的权威文本拿来示范和推广，蒙太奇和迁移能力被如此"焊接"之时，问题恐怕就没有那么简单了。显然，这一示范性的教案是在提示人们，在"迁移能力""研究能力""创造能力"和"实践能力"这些重要的培养任务面前，解释和理解"社会生活"的问题——其中，既包括对特定的"社会生活"的讨论和质疑，也包括对构成此种"社会生活"的话语或技术手段的审视和反思，都可以忽略不计。看来，在课程改革的主导者的愿望中，他们显然是希望仅仅复制流行的对"社会生活"的理解——在某种程度上，这一复制往往意味着回避学校教育重新解释"社会生活"的责任——照样可以培养这些能力。

三、学校的尴尬：如何定位？

如果说，对教师而言，解释和理解"社会生活"是一种苦恼，它让人不断陷入教育者肩负的社会责任与省力方便的实际操作间的挣扎,那么,对学校来说,"社会生活"的涌入以及其实际形成的对实用性技能的倚重,引发的却是激烈且盲目的竞争。

D中学就是陷入这一竞争的一所普通中学。在它的拓展课表上,既缺乏《信息技术课程标准》所规定的信息类课程,也找不到严格意义上的技能类课程,如表1所示。[1]

表1 D中学拓展课表

类别	科目(模块)
文化历史	文化寻根、中外节日寻源及其文化、上海旅游文化、英美文化背景知识简介、中国古代汉字与文化、中西方文化解读、中国古代哲学、《周易》知识浅谈、金庸作品赏析
戏剧、影视、艺术	主持人、语文课本剧表演、英语课本剧表演、电影配音(英语)、感受沪剧艺术的魅力、走进戏剧、合唱、动起来跳起来
学科、综合、技能	化学学习的技巧与方法、数学建模、数学思想方法和数学史、区域生态问题与自然灾害、女娲补天——臭氧层空洞问题、化学魔术、生命科学之拓展、英语小记者班、化学与社会、物理拓展课

---

[1] 《上海市中小学劳动技术课程标准(试行稿)》对拓展内容的规定,分为"设计""加工""控制""应用"四个一级主题。在这四个一级主题下,《劳动技术课标》规定了一系列"二级主题",包括:材料加工、简单机械的设计和制作、数字电路基础、遥控技术、自动控制、计算机硬件技术、现代生物技术的简单应用、汽车模拟驾驶和摄录像与编辑等。上海市教育委员会:《上海市中小学劳动技术课程标准(试行稿)》,上海教育出版社,2004年。

(续表)

类别	科目（模块）
活动、体育、心理	网页制作、Flash 制作、手工活动课（剪纸）、手工艺术制作（丝袜花）、高一篮球社团活动课、校园快乐足球、健美操、心动与行动（集体辅导）

表格 1 来源：由 D 中学直接提供。[1]

该校师资较弱，开发课程能力不强，自然是其中的一大原因。不过，D 中学校长对拓展课程筛选原则的说明，还给出了另一个解释：

> "二期课改"非常强调体验，因为它的一个前提是创新能力。……我们学校以前在"一期课改"的时候搞得相当红火，当时开设了缝纫、修自行车一些课。97 年的时候还来开过一个上海市现场会议。我们学校那个时候买了五十台缝纫机，现在都被我处理掉了，我觉得现在这些技艺已经没有必要了。但是像插花、编织、剪纸，这些东西我就觉得要开，这些技艺我觉得有必要开，这就是课程筛选。因为这是中国传统民俗的技艺，这对学生体验有好处。因为里面可以有德育，可以体验到美啊，美化生活

---

[1] 田野笔记，2006 年 6 月 27 日。

啊，另外还要体验到传统和文化认同。在这个过程中又可以增长技艺。这就是我们筛选课程的大致要求。当时搞缝纫机，搞得很好，后来不弄了，他们说很可惜，我还是咬咬牙处理掉了。这个筛选的要求，一要符合国家大纲和办学方针，二要符合市里面有关文件和"二期课改"的要求和《两纲》，三要提高学校的文化品位品牌文化。如果老是搞缝纫机、修电冰箱、修自行车的话，那等于我们这个学校的学生就直接到路边去修车，那就两样了。这些课，技工学校职校可以搞，但是我们不需要。[1]

校长的话，道出了这样一个事实。在D中学，原来是有合格的技能类课程的，不仅有而且"相当红火"。只是随着"二期课改"的推行，校方主动取消了这些课程。因为学校敏锐地感觉到技术随着时代而变化，高中学校的技能类课程要能跟上这种变化。但取消这些课程的实际依据，却是"这些课，技工学校职校可以搞，但是我们不需要。"值得注意的是，在这里，企图跟上技术变化的初衷和实际取消这些课程的依据之间，并不完全对等。这些课程之所以被取消，不是

---

1 田野笔记，2006年5月10日，访谈对象：高中校长。

因为这些技能已经是现实生活中不需要的,而是因为它们不够有"文化"。可惜的是,虽然通过和职校技校的比较,取消了过去的技能类课程,但这种对比并不能同时回答"学校究竟需要什么样的技能类课程"这一问题。最终只能以"体验到美""美化生活"之类的课程取而代之,尽管就培养学生的能力而言,这一类课程并不能真正替代技能类课程。

按照课程改革提倡的现代学校制度的理想,学校应该根据自身的定位和对社会的判断开发课程。D中学这样的普通中学,完全可以拿出眼光来判断、选择和开发符合本校学生需要的课程。不过,这种选择和定位的能力,显然受到了现实的极大制约。只要改革遵循的仍是力争上游的组织原则,那么处在这一竞争序列中的学校,就只能通过前后的比照,判断自己的位置,获取关于自身的基本想象。于是,普通中学的校长,通过与职校技校的对比,得出了"哪些课程是我们不需要的"结论。而一旦用这一方式做向上的参照,得出的结论却总是限于学校的经济条件和开发能力,无从实行。[1] 在这一参照系的作用下,普通高中吸纳特定的"社会

---

[1] 在日常工作或开会的时候,D中学的校长经常会感叹学校的资金和场地不足。比如,听说别的学校开了驾驶课程,他的反应是"这种拓展课程是很好啊,可惜我们学校没有场地,所以不可能开";听说别的学校开设了维修电脑的课程,他同样认为学校没有这样的实力这么做。见田野笔记,2006年5月26日。

"社会生活"的障眼法：来自课程改革的思考

生活"的雄心，给自己带来的是着实尴尬的实际处境。对它们来说，传统的劳动技能课程已经主动或被动地消失，而真正能够替代它们的课程，却难以出现。

处于这一竞争序列顶端的示范性高中，也许不会这样的尴尬，却同样面临在改革中如何自我定位的问题：

> 本来应该是从学校的办学理念出发，要培养什么样的学生，才有和这个目标相匹配的校本课程，不一致的就不能开。……但是现在我们学校的办学理念是什么，"满足学生充分发展的需求"，其实也是一句空话，基本就是个口号。什么是发展，什么是充分发展，怎么评判，什么是学生的需求，这些都没有的，都是模糊的。现在评价校本课程的标准也是没有的，没有对拓展课的通盘考虑，这些学校都是没有考虑的。现在基本上是停留在自发状态，比较乱。[1]

只不过，掌握着更多课程资源的示范性高中，在面对特定的"社会生活"时，总是拥有"及时"开发的便利。这使得其所开设的课程，仿佛一架强劲有力的机器，随着现代生活的节

---

[1] 田野笔记，2006年8月21日，访谈对象：高中语文教师。

奏，源源不断地复制和传递某一部分"社会生活"所需的信息技术和生活方式。[1] 对示范性高中而言，正是这种开发上的便利与强劲，掩盖了"如何确定学校的办学理念""如何开发适合自身的课程"等难题，使人们将学校直接复制"社会生活"的能力，错认为其解释"社会生活"和开发课程的能力。

这样一来，在课程改革中，无论是示范性高中还是普通中学，实际上都回避了解释"社会生活"的任务。也就在这种绕道而行的本能中，一些流行的生活休闲方式——比如茶道、插花、瑜伽、编织、十字绣之类，作为兴趣爱好或一种宽泛意义上的"技能"涌入学校课堂。[2] 这些生活体验类课程，对示范性高中来说，是锦上添花；对普通的高中学校来说，却成了技能类课程缺席后必不可少的代用品。

显然，尽管课程改革使得学校教育拥有了吸纳社会生活

---

[1] 比如，单是J中学的技能类拓展课程就包括：计算机与应用、Flash动画制作、Dreamweaver网页制作、Turbo Pascal程序设计、C++语言及其程序设计、VB6.0编程实践、VBScript编程指南、Photoshop软件的应用、虚拟现实构造语言VRML入门、黑白木刻、室内装饰设计与施工、机器人、热工基础、TI图形计算器的使用与研究。

[2] 生活休闲方式成为课程知识，并非上海"二期课改"中特有的例子。根据报道，在江苏偏远小镇上的锡山高级中学，原来开设的"自行车维修""就业指导"被学生毫不客气地拿掉了，插花艺术、烹饪、钓鱼等进入课堂。其中，开设《垂钓技巧与实践》的理由之一是"目标是指向'闲暇技能'，是现代人的高雅休闲方式"。《个性，在校本课程中生长》，《中国教育报》2001年10月12日。而在有的学校，学习驾驶技术、考驾照，也已经列入了拓展型课程。

的可能，但仅仅依靠学校和师生的良好愿望，欢欣鼓舞地迎接它的到来，是不够的。当课程改革回避了评价"社会生活"的标准问题，不提供解释"社会生活"的技术示范和理论思考，也不涉及对"社会生活"和各种能力之间衔接的正确指导的时候，现实的重压总是促使学校和教师趋易避难，无法完成独立解释和评价"社会生活"的任务。这意味着，改革后的学校教育，总是趋向于实用性技能的教学，却在培养创造性能力的方法和途径的探索上踟蹰不前。然而，一旦失去了解释和评价"社会生活"的这一环节，仅仅依靠实用性技能的传授，学校教育也就很难真正完成指导学生把握、理解乃至创造性地想象社会生活这一教育的根本责任。在影像、网络、信息技术这些不断改变着人们理解世界方式的新事物面前，仓促之间涌上讲台的"社会生活"，要么按照自身的惯性选择当下、规划未来，给出复制现实所需的实用知识，要么重新凝固起来，失去应有的鲜活和刺激，沦为另一类固化且混乱的知识。无论是哪一种吸纳"社会生活"的方式，恐怕都只是使学校教育变为社会惯性需求的"传声筒"或"复印机"。改革后的学校教育，将更方便地接受和承认某一部分的社会现实，及时应承社会对教育的种种流行需求，屈从于它对未来盲目而惯性的想象方式，失去了主动辨认、想象和构建理想社会的能力。到了这一步，学校教育对社会生活的吸纳,也就迅速失去了原有的积极意义。学校教育的含义,也因此变得越发模糊不清。

四、"社会生活"的障眼法

至此,可以对课程改革对"社会生活"使用及其实际的效果,做一个大致的概括。实际的课程改革赋予了"社会生活"教学法、课程知识来源和知识取舍标准这三重身份。其中,教学法倚重的是教师自身的技能和教学理论的示范,知识来源依靠的是课程标准、教材和学校师生间的实际协商,而成为知识取舍的标准则是国家主导意识形态和学校教师合力作用的结果。

乍看之下,这是一个重大的变化。在此之前,中国学校教育的课程生产权一直处于笼统的集中状态,为国家所垄断。对国家主导意识形态究竟如何参与和指导知识生产,往往缺乏明确的界定和梳理。然而,随着现代知识更新的日渐提速,再以此种垄断的方式统一生产课程,主导学校教育中的意识形态生产,已经无法符合发展的需要。倘若继续维持原有的课程生产模式,用集中的课程生产权来指导学校课程的设置和开发,势必影响到国家竞争力的提升和对下一代的培养。因此,面对新的知识生产状况,如何改变课程生产权的权力模式,更新学校教育中的知识生产方式,成了本次"课改"

"社会生活"的障眼法:来自课程改革的思考

最大的焦虑。[1]

想要解决这一问题,改革可以有几种选择。一种是通过对政府官僚机构自身的改革,提高国家主导意识形态对知识生产的辨别能力和决断能力,在此基础上保持国家对课程生产权的垄断。一种是将这个问题交给知识精英去处理,由他们根据自身判断,重新分配课程生产权,设计出符合当代知识生产需要的新方式。然而,这些都并非改革所采取的策略。在课程改革中,政府的确提出了针对自身的"国家—地方—学校"的三级管理模式。不过,如此改革管理模式的目的,并不在于提高国家自身的能力,而是为了将课程开发的主导权,直接下放到地方和学校,以便发挥它们的主动性。在改革的过程中,也的确有为数不少的学者参与其中。但他们的参与,往往是为了论证政府决策的合理性,而非形成替代性的方案。[2] 改革的最终选择,可以在下面这番讲话中找到最好的说明。2002年,一篇名为《十三届四中全会以来我国教育改革与发展的历史性成就》的教育部部长的讲话,这样描

---

[1] 就这一点而言,所谓的"应试教育",不过是在无法找到新的知识生产方式的情况下,对诸多病兆的最为笼统的称呼。

[2] 这一类的研究参与,往往是运用公共管理或政策研究的理论模型,就改革政策的制定、执行和评价等方面展开分析,提出相应的建议。"通过教育提升国力"是这一类研究不言自明的理论前提,并由此认同当前改革的合法性和相关政策的合理性。在此前提下,改革中出现的种种问题往往被归咎为行政或具体执行中的偏差。即便是其中不多见的批评性研究,也不例外。

述"素质教育":"全面推进素质教育,核心是提高学生思想道德水平,培养学生的创新精神和实践能力,解决在新的时代条件下培养什么样的人和如何培养人的问题。"[1] 这意味着,对于"素质教育",对于"培养什么人"和"如何培养人"的问题,国家并没有自己的认识和界定。它希望通过改革的实际过程找到这些问题的答案。而整个改革的实际过程依赖的,除了政府机构,便是学校教师和学生,是他们所代表或选择出来的"社会生活"。

于是,问题也就变成了,被课程改革纳入的"社会生活",是否能够有效地分配原本集中的课程生产权,完成课程生产方式的转型?

在改革过程中,可以看到两种运用"社会生活"分配课程生产权的状况。一种是课程生产权没有经过有效切分,便被一股脑儿下放到了教师和学生的手中。语文学科便是其中最有代表性的例子。当国家撤回对课程标准和教材的有力规范,教师和学生成了"学什么"和"怎么学"的实际决策者。正是在这一意义上,"社会生活"成了这些个人决策不得不仰仗的合法性依据。另一种状况则是课程权力看似被切分,但实际上仍然处于集中笼统的垄断状态。思想政治和历史学科,

---

[1] 何东昌主编:《中华人民共和国重要教育文献(1998—2002)》,海南出版社,2002年。

"社会生活"的障眼法：来自课程改革的思考

便属于这一类型。其中，国家主导的意识形态始终掌握着规范和修剪的大权，不仅始终控制着知识进入的速度和方式，还可以随时取消乃至否定已有权力的分配。[1] 在这一权力中被运用的"社会生活"，往往被删减为某一种特定的版本，聚焦于狭义的社会生活乃至经济生活之上。其所提供的视野，既不完整也不清晰，想要借此获得理解生活世界的知识武器，学习思考问题的基本方法，更是困难重重。

这两种运用"社会生活"分配课程生产权的实际情况并不相同，但它们所标示的却是同一个问题。那就是，无论是被视为个人决策的合法性来源，还是被修剪为某一类特定的版本，"社会生活"都没有真正解决课程生产权的分配问题。改革实际带来的，并非课程生产权的重新分配，而是在无力配置的情况下，对这一权力选择性地继续垄断或逐渐放弃。"社会生活"的作用，在于包装这一垄断/放弃，为其提供重新分配的假象。因此，在这里，"社会生活"所扮演的角色，与其说是分配课程生产权的有力的参与者，不如说是国家为了继续牢牢掌控自身所能明确或愿意明确的意识形态的部分，同时有效推脱其他种种干系而运用的障眼法。也因为如此，在"社会生活"的名义下，学校师生不得不被动地接受一切

---

1 上海"二期课改"的历史教科书被勒令停用，并要求在短短几个月之内完成新教材的编撰，便属于这一种情况。

由此产生的含混且难以处理的理论问题；其中，既包括教学法的技巧与理论，课程知识的形式和内容界定，也包括课程方案的有效制定，学校的自我定位等等。在这一情况下，可以说，国家有选择地放弃经济领域之外的处理意识形态生产的责任，已经成为本次"课改"实际形成的课程生产方式的基本特征。而"社会生活"则为这一选择提供了进退自如的宽广余地。换言之，被课程改革纳入的"社会生活"，最终成为这一新的课程生产方式得以运行的一个方便通道。它有效掩盖了这样一个事实，即经由改革的实际作为，真正能够参与课程生产权的争夺，始终是个人的选择和由国家主导的意识形态。在此种力量悬殊的对峙下，国家既可以随时收回权力，使之重新进入垄断的状态，也可以用"社会生活"的名义推脱掉自己理应肩负的责任，将其归为无数的个人选择的结果。

改革的初衷在于更新课程生产方式，重新分配课程生产的权力，但实际选择的改革策略，却显得毫无主张，课程生产权要么选择性地延续过去垄断的特性，要么被弃之不顾，完全推向个人。课程改革在处理主导意识形态如何生产课程知识这一问题上的做法，看似古怪，却自有其来源。

自改革开放以来，"以经济建设为中心"一直是国家主导的社会共识。国内国际的各种因素交汇融合，更使得"经济

"社会生活"的障眼法:来自课程改革的思考

至上"的思路日益膨胀。[1] 在此过程中,对精神文明建设的要求,是"必须紧紧围绕经济建设这个中心,为经济建设和改革开放提供强大的精神动力和智力支持。"[2] 这意味着,在很长一段时间里,"精神文明"或国家主导意识形态生产的问题,被经济的建设和发展替代,乃至包办。[3] 以至于有学者认为,在此期间,中国经历了"从在意识形态基础上建构社会秩序向以利益为基础建构社会秩序的转变。"在这一过程中,追求"单一的物质利益"为国家带来了一系列政治上的好处。[4] 与此同时,无论是在常识中还是在理论上,国家退

---

[1] 这种"首要的是发展经济"的思路,也受到国际环境的影响。二战以来,无论是福利国家,还是此后由新自由主义推动的种种改革,国家的职责和范围越来越被局限到了"经济"之中。管好经济,已经成为大多数国家和政府的首要目标;管理经济的能力,也成为不同政体中的国民选择和批评政府的重要指标。

[2] 江泽民:《加快改革开放和现代化的步伐》(1992年),中共中央文献研究室(编):《中共十三届四中全会以来历次全国代表大会中央全会重要文献选编》,中央文献出版社,2002年。

[3] 汪晖将这一转变概括为当代中国的"去政治化过程",它的特点包括:"一是意识形态领域的'去理论化',即以'不争论'为契机将20世纪逐渐形成的理论与实践的明确的互动关系转化为'摸着石头过河'的改革实践;二是政党内部的中介,即以经济改革为中心将全党的工作转移到'建设'(而不是'革命与建设')上来。"汪晖:《去政治化的政治、霸权的多重构成与60年代的消逝》,《去政治化的政治:短20世纪的终结与90年代》,生活·读书·新知三联书店,2008年,第19页。

[4] 比如,以利益为基础的社会秩序更易治理,当经济的发展与这一社会秩序相结合时,个人行为更趋和平等等。郑大年:《全球化与中国国家转型》,郁建兴、何子英译,浙江人民出版社,2009年,第65—66页。

出,社会发生,逐渐成为一个相当普遍的判断。[1] 此后,随着经济改革的日益推进,各类社会问题不断涌现,社会矛盾随之激化,意识形态的更新和整合,无法再以经济发展的名义悬置。[2] 曾经的"政治上的好处"也就逐渐变成了"坏处"。在对"单一的物质利益"的诉求中,生产新的国家主导意识形态、更新国家生产意识形态的能力等问题长期"闲置",举国上下思考这些问题的能力日趋弱化。这使得,尽管"经济至上"的共识受到越来越多的质疑,但将改革的合法性基础建立在"发展经济"之上,期待着经济的发展最终能够处理社会矛盾,甚至于解决国家意识形态生产的困境,这一基本思路无法得到真正的检讨。从政府部门到知识精英——比如主流经济学家和社会学家,再到一般国民,一方面从各

---

[1] "改革开放带来了中国社会的重新发生",这一点在很大程度上被视为各种论述的基本前提。比如,市民社会的论述认为,"中国现代化两难症结真正和根本的要害,在于国家与社会二者之间没有形成适宜于现代化发展的良性结构"。因此,这一论述将建立良性互动结构的希望寄托在社会力量之上。邓正来:《市民社会与国家——学理上的分野与两种架构》,邓正来、亚历山大编:《国家与市民社会——一种社会理论的研究路径(增补版)》,上海人民出版社,2006年。转型社会学则认为,改革开放实际过程中国家的退出和放权,促成了中国"社会"的重新发育,这将成为中国社会学观察"社会如何发生"的重大契机。参见孙立平:《转型与断裂:改革以来中国社会结构的变迁》,清华大学出版社,2004年;沈原:《市场、阶级与社会:转型社会学的关键议题》,社会科学文献出版社,2007年。

[2] 尤其是,此时的意识形态的更新和整合的问题,很大一部分同时也是由经济发展带来的。

"社会生活"的障眼法：来自课程改革的思考

个角度——不再仅是经济角度——批评改革，另一方面又仍然把改革的合法性继续确立在经济发展之上。[1] 人们并不当真认为，经济的解决会理所当然地带来政治的和文化的解决。不过，在政治和文化解决能力萎缩的情况下，寄希望于仍在发展的经济，也就成了唯一的选择。至此，将经济的发展视为一切发展的基石，将国家对经济领域的判断和规定视为清晰无误、不容变更的部分，而把政治和文化等领域的难题移交给社会，也就顺理成章。可以说，正是在这样的思路中，课程改革获得它运用"社会生活"乃是处理课程生产权的基本方式。

然而，回顾课程改革的整个过程，便不难发现，如此处理的结果，最终使得呈现在学校教育的"社会生活"，往往是由大部分难以胜任解释社会生活这一任务的课程和一小部分复制社会即时可见的需求和流行想象的课程共同规定的。就"社会生活"的不同部分而言，它的清晰程度并不一致。注重

---

[1] 比如，尽管汪丁丁通过"政府失灵"提出了转型期政府的合法性问题，不过他仍然承认"转型期政府的合法性，就目前中国社会而言，其最重要的基础仍然在于发展经济并使多数社会成员分享经济发展的好处。"汪丁丁：《中国90年代改革的政治经济学问题》，《市场经济与道德基础》，上海人民出版社，2007年，第31页。一些社会学家则一边不断警告着中国社会的"断裂"，一边仍把解决的希望首先放在建立合理的利益沟通机制之上。即便在所谓的"改革争论年"中，对这一思路的明确检讨也并没有真正有效地展开。参见马国川：《大碰撞（2004—2006中国改革纪事）》，新华出版社，2006年。

经济的知识而怠慢政治文化的内容,拥抱对"发展"的固有想象而忽略社会现实的矛盾,依赖于实际的技术而怠慢对社会问题的思考,是它的基本特点。这样的"社会生活"在教育体制内部的运转,将进一步产生几重吊诡的后果:尽管是在"社会生活"的主导下,学生们却越来越倾向于通过实用的知识和技术去看待和处理社会生活。尽管改革的口号是为了"每一个学生的发展",但在开发课程的竞争中,那些处于劣势的学校,总是趋向于压缩学生学习一技之长的可能,代之以流行的休闲方式的普及。相比之下,示范性高中的学生倒是有越发宽裕的选择,既能够学习切实的技能课程,又可以接受流行生活方式的洗礼。尽管改革希望实行的是素质教育,培养的是创造能力,但当学校师生的思考视野和理解方式由这一特定的"社会生活"所限定时,"素质"和"创造"的意义,也就成了只有对这一特定的"社会生活"显示出它的意义和价值时,方才符合要求。尽管改革把"应试"作为自己最大的敌手,不过,当所有的考试都只能围绕着由上述"社会生活"所定义的"素质"而展开的时候,其实际的效果不过是把这一特定的"社会生活"变成了"应试"内容的一种。显然,一旦被剥夺了对经济生活的解释、选择和重新想象的权力,社会生活必然残缺不全:既无法对自身展开切实的理解和有效的说明,也无力由此进行自我延续和自我保护的运动,更谈不上真正参与到对课程生产权的有效争夺之中。

至此,课程改革的这一轮尝试告诉人们,在国家独大的改革过程中,它往往延续既有的意识形态的思路,自编自导地安排着自己的协商者或竞争者。由此过程催生出来的社会,不过是习惯了垄断一切的国家,在面对新的情况之时,无法依据现有的意识形态重新定义乃至分配自身权力的产物。因此,想要倚重由此产生的社会重新分配权力,更新意识形态生产方式,这样的期望势必落空。而想要真正摆脱现有的意识形态生产的困境,更新意识形态的生产方式,首先需要检讨的恐怕正是当前这一"一切以经济发展为首要"的意识形态本身。

2010年2月20日

原刊于《热风学术》第四期,2010年8月

遥望的"生活感":来自大类通识课的思考

2012年秋季学期起,我开设了一门面向全校本科生的大类通识课——"日常生活中的文化分析"。这一课程类型,源于2011年上海大学实施的大类招生改革[1],为开阔新生视野、发现和明确其专业兴趣而设。

此类课程往往有两个特点。一是人数众多:每个班大类通识课的人数,在100到150人之间。其中,四分之三或更多的学生来自社区学院,剩下的才是已确定专业的二到四年级的学生。这一庞大的学生数量,使得课堂上的有效讨论十分困难。[2] 这种选修比例,也直接导致了另一个特点:一方

---

[1] 除报考艺术类和中外合作办学类专业的学生外,上海大学的新生入学后,按人文社科、经济管理和理学工学三个大类分类后,进入社区学院学习;一年后,再依据自己的兴趣方向和学习成绩,专业分流。绝大部分的大类通识课程都是2课时,即一个学期20课时的课程。

[2] 当然,实际上,目前大学课堂讨论所面临的困难,还不完全在于过于庞大的学生数量,更在于学生们既有的讨论习惯。能否认真倾听别人的发言,在理解对方的论点和论据的基础上展开有针对性的讨论,是大学(转下页)

面，在课堂上，大部分学生没有明确的专业意识，仍处于了解和适应大学的阶段，学习的意愿和兴致都相对较高；但另一方面，由于第一年的学习绩点直接影响之后的专业分流，课时过满、考试频繁[1]使得他们第一年的学业并不轻松。大多数时候，学生能做到的只是带着耳朵来听课，完全无法保证课下的阅读和思考。

尽管大类通识课有上述特点，但它的出现对文化研究来说，仍是一个好消息。这不仅是因为，更多非人文社科类的学生将有机会了解"文化"在社会生活中的意义，在心里种下思考的种子。更是因为，对这些学生来说，是否知道"葛兰西"或能否鹦鹉学舌地复述文化研究理论，一点都不重要；真正重要的是，经由这类课程的学习，能从文化研究的视角出发，理解和思考相关的问题或社会现象。这样的教与学，显然更合乎文化研究的初衷。一直以来，"文化研究是否体制化"是人们乐于讨论的问题。但一个更切合实际也更为精准的问题恐怕是，在中国大学改革的过程中，文化研究如何借助变动中的体制，摆脱其作为西方流行学术思潮的嫌疑，进一步凸显和传播其关注、思考乃至改造中国当代文化状况的

（接上页）生学习习惯中的薄弱环节。这一类学习习惯的养成，往往需要教师在课堂上的引导和训练。

[1] 上海大学实行的是一学年三学期的制度，因此每个学期只有十周，十周之后便是为期两周的考试周，然后开始新一轮的选课和新学期。

初衷。而面向本科生的大类通识课程,便是这样的契机。它意味着,在进入中国大陆近20年之后,文化研究既要摆脱对理论名词的依赖,也须放弃从现当代文学或文艺学这些专业得到的"掩护"[1],以更为朴素的方式证明自身。

"日常生活中的文化分析"的课程设计,便在这一思路下展开:希望通过一系列关键词,分析日常生活中的社会文化现象,帮助学生初步确立把握当代社会生活的分析性视野,获取对社会文化问题的自觉。

其中,课程选取的关键词,包括"大学""知识生产""消费社会""大众""市场"和"国家"等。整个课程的基本框架,从"上大学"这件学生们正在共同经历的事情入手,通过一系列彼此相关的问题展开:什么是今天的"大学"?为何"上大学"如此重要?如果说上大学是为了成为知识生产的劳动者,那么什么是我们这个时代的"知识生产"?这一知识生产和技术、和媒体之间的关系是什么?如果说,大学是购买教育的场所,学生是消费者这样的观念正日益蔓延,那么什么是"消费"?当一个社会被消费笼罩时,它有哪些基本特点?消费者的身份又意味着什么?如果说,无论是生产还

---

[1] 在这里,上海大学的文化研究通识课程之所以可以摆脱专业"掩护",也是来自体制设定上的缝隙。那就是,文化研究系没有本科专业。因此,文化研究系在提供大类通识课时,也就没有其他系所那样的在新生中扩大专业影响力、招募学生,以保证本系生源的负担。

是消费，其所涉及的都不再是少数人而是数量庞大的群体，那么这个正在发挥越来越重要作用的大多数人究竟是谁？如果说，生产和消费总是在市场中展开，那么我们了解"市场"吗？如果说，在现代社会中，市场和国家总是如影随形，那么，什么又是我们所理解的"国家"？

每一轮课程中，上述的关键词和问题线索是相对固定的，作为分析材料的社会文化现象则常常变化；一般多从近期的社会热点事件或文化现象中选取。比如，同样是"上大学"这件事情，有时会从"网络课程的兴起"这个现象出发，由"如果网络教育普及的话，人们还需要离家上大学吗？"入手，讨论"上大学"的意义；有时则会播放相关视频，就视频中呈现的"大学"，谈自己的看法。[1] 再比如，同样是讨论"什么是市场"，既用过食品安全的例子，也用过"打的软件"的案例。

一般教师在选择课堂案例时，一个最笼统的假设，是选取学生感兴趣的热点话题或切身问题。不过，据此选取的分析个案和它们在课堂上的遭遇，却常常出乎我的意料，挑战我对"文化研究的课堂，究竟应该如何与正在发生的现实相关联"这一问题的认识。在这里，先简单介绍围绕"大众"

---

[1] 到目前为止，我播放过两个视频。一个是上海大学毕业生自己拍摄的"大学是什么"，另一个则是"高晓松痛批清华学霸"。

这个关键词,我尝试过的案例及其课堂效果,再来说明我对这些"意外"的思考。

"谁是大众?"这个主题,希望通过重新解释"大众""群众"等日常生活中最常见的指称大多数人的名词,说明对自我/他者展开的命名方式,实际上是一种能够展开社会剥夺的文化政治行为。

关于这一主题,我用过三则不同的教学案例。

一个是2012年香港的"蝗虫"广告和内地网友跟风之作之间的对比。当时,一些香港网民花10万港元,在《苹果日报》上刊登了一则讽刺内地游客是蝗虫的广告。这则广告上最醒目的一行字,就是"香港人,忍够了",然后通过毒奶粉/香港奶粉,不自由/自由,劣质/优质的教育资源等来区分"你们"和"我们",命名"香港人",将其塑造为拥有各种优质资源,慷慨但终于"忍够了"的现代文明人。这一广告出现后,内地网民迅速跟风,制作了一系列自己城市的广告。绝大多数的城市广告,不仅复制了蝗虫广告的形式,也一并复制了区分"你们"和"我们"的命名方式。它们讽刺的具体对象虽不尽相同,但背后的指认方式和命名逻辑却出奇一致,那就是拒绝分享城市资源,进一步巩固城市人身份的自我想象,将外来者视为入侵者和低素质的人,加以歧视和驱逐。唯一不同的,是深圳网民的广告。这张广告同样沿用了蝗虫广告的形式，却彻底颠覆了本土/外来、我们/你们的命名逻辑。它提出的口号是："来了，就是深圳人"；在接下来的一段文字中，它简洁地回顾了深圳改革开放的历史，指出正是所有来到深圳的人，构成了这座城市发展的动力，因此"深圳欢迎您"。对比这两张形式相仿，但命名逻辑完全相悖的广告，不仅可以了解当前中国社会展开命名的一般逻辑，这一逻辑具有的区分的力量及其社会后果——城市的排斥性、族群矛盾等，还能够发现，由个人或集体掌握的命名方式取决于人们对自身历史的理解，并非固定不变，而是可以被不断改写的。这也就意味着，观察和思考既有的命名方式，是有意义的文化行为。

第二个案例是发生在2014年上半年的"内地女童香港嘘嘘"事件。这是当时社会舆论中的热点问题。我的做法是播放两段从不同角度展开报道的媒体视频，请同学讨论：在这个事件的报道中，存在着怎样的对于"内地人"/"香港人"的想象和命名方式？这一想象和命名方式的基本依据是什么？这样的依据成立吗？显然，与蝗虫广告不同，在"内地女童香港嘘嘘"事件中，一方面"文明素质"的标准在命名过程中发挥了很大的作用，但另一方面，"到底谁更文明"的问题又一再推进对这一事件的报道，扭转社会舆论的方向。一开始，这一事件被报道为内地游客放纵小孩当街嘘嘘，并和劝阻的香港青年发生肢体冲突；内地客由此被视为不文明的代表。但在随后的一段视频中，香港本地青年拍摄女童私处，父母为保护女童隐私而起争执的说法，又推翻了之前对"文明"的设定，引发了双方关于"到底谁不文明"的争议。有意思的是，在这一事件中，无论争议最终落在何处，对"文明"的理解，始终是左右舆论、展开对自身/他者想象和命名的最重要的方式。究竟依据何种"文明"标准展开命名，以及这一命名与实际展开的文化政治剥夺之间是何种关系的问题，也由此出现。[1]

第三个案例则是2015年的"外滩新年踩踏事件"，这一事件被官方定性为"群众自发行为"。事件发生时，"日常生活中的文化分析"正进行到"谁是大众"这一部分。于是，在新年的第一次课上，便使用了这个例子来讨论："外滩新年踩踏事件"中的"群众"，到底是如何形成的？讨论分四个方向展开。首先，在踩踏事件中死亡的多是年轻学生，那么被命

---

[1] 在这个事件中，当内地和香港的社会舆论都企图借用西方"文明"的标准来指认彼此之时，遭遇的尴尬是，当街撒尿和侵犯隐私，哪个更不文明？当内地媒体指出，女童之所以当街撒尿（父母提供了尿布），是因为在那一带找厕所非常困难时，这一争论又变成了城市文明程度的问题。而如果进一步追究下去，之所以找不到厕所，是因为在香港那一地区大多数厕所都是上锁的，只有购买东西才能使用时，此事又可以推进到对彻底私有化的社会制度是否真的足够文明的讨论。可以看到，"文明"不断地移动它的界限，展开完全不同的论述。

名为"群众"的自发去外滩跨年的人们,是否有他们的阶层属性?其二,外滩跨年的"习俗"是如何在"群众"中形成的?政府、资本、打造城市品牌的动力,全球迎新的时间感,缺乏仪式感的日常生活,大都市中的外乡人等,分别在这一大众习俗的形成过程中,发挥了什么样的作用?其三,事件发生后,大多数人的第一反应,也是媒体的一大主张,就是少去人多拥挤的地方,且学会自救。这一媒体导向和多数人的反应,意味着"群众"何种自我认识和理解方式?最后,这一事件中,普通人的死亡如何可能具有意义?虽然事后有各种报道,但究竟什么样的对这一"群众自发行为"的检讨,才能让三十几条生命的逝去真正具有意义?[1]

单就事件本身而言,这三个案例中,和学生日常生活最直接相关的,自然是"外滩踩踏事件",因为他们自己或身边的同学便可能是这一事件的当事人。[2] 关系稍远的是"内地女童嘘嘘事件"。对他们来说,这不过是一个正被媒体热议的话题。最陌生的可能是香港"蝗虫"广告和其他的跟风之作,

---

[1] 在此,我列举了"孙志刚事件"。显然,普通人的死亡能否具有历史意义,实际上是由那些仍然活着的人们,对这一事件的认知、检讨和改变类似事件再次发生的决心和行动所决定的。可惜台下的90后学生,显然对"孙志刚事件"一无所知。

[2] 当时,120人的班上,便有一名同学当晚去外滩跨年。而在这一踩踏事件中,多名死者中,有一名便是上海大学的学生。

因为它们除在网上引起争议外,基本没有在内地主流媒体中报道过。不过,按照这一日常生活中的亲疏远近,来预测学生们的反应,以为越是相关就越能引起他们的积极反应,就大错特错了。因为实际的课堂状况,恰恰相反。虽然每个案例,都有学生主动发言、参与讨论,但究其课堂效果而言,最理想的是"蝗虫"广告,反应平淡的倒是"外滩踩踏事件"。于是,一个滑稽的状况出现了。在讨论"蝗虫"广告时,因为这个例子已讲过几次,我自己觉得是照本宣科,学生们却是兴致盎然,他们显然觉得这两个广告非常有趣。而在讨论"外滩踩踏事件"时,我自己觉得很有意思[1],但又明显感觉到大多数同学的反应是比较淡然的。

如果展开事后分析的话,便会发现,学生有这样的反应,并不意外。因为即便是在日常生活里,他们仍被紧紧包裹在层层叠叠的现实之中。一味选取新鲜可感的分析材料,而忽略这些层层包裹他们的现实,那么,所谓的"亲疏远近",或"个人困扰"与"公共议题"间的关系,不过是教师的幻觉。

显然,对学生而言,两则广告之所以最容易引发兴趣,一个再直接不过的原因是,这一类型的材料符合他们既有的

---

[1] 学生的议论虽然零散,但对我思考这个问题有启发。比如他们提到了在上海陌生人和这座城市如何发生关系的问题,提到了节日的仪式感问题。

知识接受模式[1]，即了解一件新鲜的自己不知道的事情。在这种接收模式中，新奇有趣，而非和自己的生活直接相关，是知识被辨识和吸收的首要条件。[2] 于是，尽管在"内地女童嘘嘘事件"中，内地人同样是被观看、命名和排斥的对象，但在被媒体大量报道后，一种因"知道"而来的无关感也随之产生。虽然这一"知道"常常是再肤浅不过的——既无需了解整个事情的全面信息，也不必思考媒体为何这样来报道，但这种"知道"，却很容易引发将注意力挪开，以便猎取下一个"新奇"的本能反应。

有意思的是，并非所有被频繁报道的事件，都是如此下场。仍有一些会被挑选出来，认为和自己有关，比如，"习总书记出访欧洲"和"文章出轨"之类。[3] 如果进一步询问"为什么如此认为"，学生对前者的回答是"我们要关心国家大事"，而对后者的回答则往往是"有趣"或"大家都在看啊"。

这一反应，看起来抵御了因"知道"而来的冷漠。不过，

---

[1] 显然，在很大程度上，这种知识接受模式是由网络培养起来的。
[2] 这一模式自然有它的优点，但一个负面作用却在于，越发容易失去对日常生活中自以为熟悉的事物或自身经验的好奇心。
[3] 每个学期的第一堂课，我都会做这样的相关感的随堂小调查。每次的调查结果，基本脱不了这样一个奇怪的组合模式，即以领导人为主角的"国家大事"和娱乐八卦的"混搭"。

再仔细分析下去的话,便会发现,此处的相关感,恰恰是由"实际上的无法相关"这一现实形塑的一种特殊的观看方式——"遥望",生产出来的。一方面,作为大学生,他们被要求关心国家和社会。但另一方面,到底如何关心国家和社会,对此,既有的学校教育和社会舆论,实际提供的了解和参与的渠道却极为有限,甚至匮乏。最后,所谓的"关心",只能落在从小到大的思想政治课所定义的"国家大事"之上。在关注这一类"国家大事"时,学生不过是被动的信息接受者,其所关注的,始终是遥远的既难以理解也无需理解的对象。然而,与此同时,国家或社会这些看起来只能遥遥注视的庞然大物,又常常被理解为他们现实生活的绝对支配者。学生越是感到前者只能被遥望,而非理解和把握,就越是认为,真正能够关注和把握的只有自己的前途。当对自身命运的把握越是艰难之时,作为调剂品和遮蔽物的娱乐业,在日常生活中的比重也就越是增加。不过,对于娱乐界的各色事件,绝大多数学生同样抱着遥望的理性心态。一方面,他们清楚地意识到这些不过是用来逃避生活苦恼的道具,因为谁都明白"它们和我的生活其实没有什么关系",另一方面,在找不到其他出口的情况下,又只能处处依赖这一娱乐化的"解决"。

至此,这种抵御了"知道"的相关感,与其说值得信赖,能够成为打通个人经验和公共议题之间壁垒的基础,不如说,它们本身是无力相关的产物,是在主流媒体、娱乐产业、社会舆论、学校教育和社会生活经验的共同作用下,由一套业已形成的经验生产装置制造出来的一种生活经验的类型。这一类生活经验的作用,便在于掩盖大学生在日常生活中极为被动、无力相关的严峻现实。而其持续生产的结果,则是使得那些被此类经验所把持和占据的个人,势必沦为生活的最彻底的旁观者。

显然,由这一装置产生的生活经验,已经无法用正确/错误、真实/虚假来评判。因为它之所以能够站住脚,其最隐秘的根源仍是每个人在生活中非常实际的感受——无力和无关的消极状态。只不过,这样的感受,在各种社会机制的作用之下,被限制了理解的可能,被规定了表达的形式,以至于被最终改装为通过遥望来掩饰和遗忘这一消极状态的生活惯性。更要紧的是,人们对这一改装过程的不假思索的接受,对这一经验生产装置的视而不见、使之隐身,所有这些本身也已经构成了生活经验的重要组成部分。在某种程度上说,以"新奇"为首要标准的接收模式也不例外。显然,据此使用注意力的方式,之所以能够顺利成立和迅速壮大,恰恰是因为这一知识接受模式可以非常方便地寄生在"遥望的生活感"这一经验生产模式之上,而不必接受生活实感的质疑。[1]

于是，对比米尔斯当年的观察[2]，便会发现，想要处理今天中国大学生的日常生活经验，首先需要面对的，便是这样一种由既有的学校教育、互联网传播模式以及其他社会文化机制共同炼成的，在很大程度上被高度架空的生产自身经验的新模式。对他们来说，大量的生活感受便在这一模式中形成；不通过要么"新奇"，要么"遥望"的经验模式，就很难找到去感受和关注的位置，更谈不上去分析和理解它。

而这恐怕正是文化研究课程首先需要处理的现实。这是因为，当人生被习惯于寄生在这些虽起因不同，但同样"遥远"且看似"安全"的生活感中时，能够打破既有的关联方式，重新组织个人困扰和公共议题间的关系的生活经验，自然越发稀少。在此状况下，不考虑既有的生活经验得以生成的方式，便对所谓的"社会热点"展开讨论，往往是受阻于玻璃帷幕般的遥望模式，一头撞上了看似熟悉亲密、实则疏离隔膜的生活经验。平淡的课堂反应，也就毫不意外了。

---

[1] 西美尔曾精准地指出，正是大都市扑面而来的海量信息和人事，导致都市人冷漠性格的形成。只是，这一冷漠的精神状态一旦形成，那么，在它的掩护和保障下的对新奇的彻底追求，也将顺理成章地出现。

[2] 米尔斯之所以谈论社会学的想象力，便是因为他看到，人们陷入了自身经验的泥沼，感觉私人生活充满陷阱，无法战胜自己的困扰，成为他人的旁观者等等。

遥望的"生活感":来自大类通识课的思考

至此,在文化研究的课堂上,要展开将"个人经验"转化为"公共议题"的讨论,就意味着需要优先处理这一生产个人经验的遥望模式。[1] 对我而言,问题也就变成了,"日常生活中的文化分析"这门具体的课程究竟打算如何处理这一遥望模式?

对此,目前想到的可能方式是,进一步放弃对完整的课程结构的要求,更加灵活地根据学生在 Blackboard[2] 上的提问来组织课程内容,完成课程目标。在 Blackboard 上,学生常常会提出一些非常有意思、教师加以转化便可以避免遥望模式的问题。比如,"我的室友是奇葩,怎么办?""我喜欢的明星污蔑中国,我还要继续喜欢他吗?"当然,在课堂上想要保证这些问题的讨论真正有质量,并不容易。它仍然需要一些基本的前提条件。一个是课程时间的充足,参与人数稳定,否则很容易变成走马观花式的议论。一个是能够保证学生之前的准备和思考的时间,而非现场的应急反应。还有一个,

---

[1] 这显然并不容易,因为当前社会,实际上恰恰拒绝提供培养这一心智所需要的现实条件。这一拒绝有多重的原因,此处无法详述。单以学校教育为例。这一心智条件首先需要解决学生进行深度阅读和浅度阅读时的配比,真正增加学生展开独立思考的时间和空间。可是,我们实际看到的是,所谓的教育者们,在新状况面前惊慌失措,无所适从。

[2] 上海大学的所有课程都有网上论坛,学生可以在其中自由发言和提问。虽然因为人数太多,学生在 Blackboard 上的讨论,往往非常分散,但对我来说却是非常有效的收集他们"问题"的场所。

就是增加学生对相关问题的深度阅读的数量。

同时，如果大类通识课程的人数无法改变，那么，究竟如何更积极地利用现有的网络传播，也是有待继续思考的方向：即如何通过网络课堂，更有效地来处理课前准备、后续思考和课堂讨论的关系。[1] 目前，学生和老师因课程压力而完全放弃课前和课后的做法，显然非常糟糕。在今天整个大学课程改革的过程中，让连贯性的思考和阅读变得可能，这一点不仅无法通过增加课程数量和类型得到解决，其实际的改革效果更是常常相反。越是一味增加课程的数量和类型，就越是容易让学生疲于应付，陷落在这一遥望的生活感之中，任由包裹在其身心上的层层硬壳，以更加迅猛而野蛮的方式生长。这也意味着，遥望的生活感，并非哪一门课程能够单枪匹马解决的问题，而是今天的大学课程改革必须整体考虑和积极处理的现实困境。

2015年1月19日初稿

2015年2月26日修改

原刊于《热风学术》第九辑，2015年10月

---

[1] 这里不仅涉及如何真正发挥助教的作用，也涉及如何利用网络，减少在课堂上传授知识的时间，增加讨论思考的时间，从而让课堂更有效率。而这背后实际上是现有的教学方式的整体改革。

校外教育的歧路

一

在一篇名为《弦歌》的科幻小说中，作者设定了这样一个情节：地球遭外星人侵略，全面溃败。可不知何故，外星人独独不袭击正在演奏音乐的场所。于是，当地球上的一切其他活动都因入侵而停止的时候，音乐家们为了防御袭击忙碌地演奏，家长们更是趋之若鹜，把孩子送去学习艺术这一必要的防身术。[1]

这样的情节安排看似荒诞不经，但此种关于学习的共识——学习是为了生存，却并非科幻小说的杜撰，而是深深铭刻在现代社会的教育理念之中。长久以来，正是在知识和技能是个人赖以生存的防身术这一理解的指引下，家长不仅

---

[1] 《弦歌》，郝景芳：《孤独深处》，江苏凤凰文艺出版社，2016年。

希望自己的孩子在既有的学校教育制度中进展顺利，表现优秀，更是热衷于将他们送去参加各种学校之外的教育活动，培养培养再培养。可惜的是，今天的家长和小孩，比小说中遭遇外星人入侵的人们更不幸。因为没有人可以明确告诉他们，在未来二十年甚至更长的时间段内，究竟什么样的防身术，是必须学习的生存之道。于是，越是希望和热衷，就越陷入一种高度惶恐不安的情绪之中。

这样的惶恐不安，实际上是几种力量共同变动，彼此叠加和挤压的结果。

首先，在新自由主义兴盛、后福特制蔓延和网络科技迅猛发展的共同裹挟中，社会对人的要求开始转变。其中，最鲜明的举动，莫过于20世纪90年代伊始，各国政府不约而同，大刀阔斧地改革学校教育体制，提倡"终身学习"或"学会学习"的教育理念。这一改革学校教育的实际效果是，一方面，人们更深切地意识到，与大工业化生产相配合的现代学校教育形式，已不再适应社会巨变。但另一方面，新的以创造力和自主学习能力为目标的教育，又很难在旧有的学校形式内"无中生有"。既有的改革无法完成一次顺利的新旧更替，而是将原本高度集中于学校教育制度中的教育权，重新打散分解，有待其他力量捕获。于是，尽管从形式上看，学校教育既可能变得更加苛严，也可能显得格外松散，但究其实质，不过是它无力独自完成教育过程，不得不大开门户、向外寻求"救助"。

其次，在这一潮流中，家庭教育和社会教育的地位大大提高，越来越为人们所重视。但这并不等于它们能天然填补由学校教育逐渐解体带来的空缺。这是因为，今天的家庭教育和社会教育，基本取决于人们的本能反应，而这一反应自有其历史限定。就家庭教育而言，20世纪90年代以来，伴随着学校教育制度改革，人力资本观念溢出了经济领域。以家庭为单位承担下一代的教育、好的教育应该被购买以及教育是有回报的投资，成为人们在理解家庭教育时的新条款。与此同时，以70后、80后为主体的核心家庭，其自身经历的改革开放时期的家庭教育和学校教育之间稳定的依附关系，成为展开当前家庭教育时理所当然的参照系。尽管针对这一时期出现的独生子女教育问题，年轻的父母们有着各自的反思和修正，但整体来说，在经济上升时期，将教育视为一项目标明确的专门事务，家庭教育依附于学校教育，作为其有力补充的基本思路，并未改变。就社会教育而言，情况也颇为类似。作为教育市场化的有力部件，近二十年来社会教育的发展极为迅速，以配合学校教育为主的运作模式，也在市场经济的作用下日益牢固。换言之，正是在教育市场化的过程中，社会教育成了当前学校教育最稳定的同盟军。它们所分享的既有的教育理念，远远多于可能的有待扩大和明确的分歧。至此，尽管社会对教育的要求正在迅速变化和增长，这一同盟的确立却大大削弱了变化的可能。

最后，潜伏在上述两类变化背后的，是这样一幅社会图景。由人工智能、生物科技等新一轮技术和算法大规模推动的对人的工作和生存状态的重新定义，正在到来。如果说十年前，人们还在因没有稳定工作、无力消费、沦为"新穷人"而感到不安，并最终喊出"他们是1%，我们是99%"的口号的话，那么十年后，阿尔法狗开始敲响这99%的人的大门。2013年，由牛津大学两位研究者发布的《就业的未来》研究报告，罗列了今后10到20年，被机器人取代风险最高的一系列职业，其中包括汽车保险评估员、贷款业务员、保险业务受理员和信用分析师等，并指出全美将有47%的工作处于被取代的高风险之中。2016年世界银行发展报告公布其所预计的将被自动化取代的工作数量的各国比例；其中，中国的比例高达77%。2017年2月，一家名为"改革"的英国智库发布报告，认为未来机器人将取代英国公共部门近25万个岗位，以便节约成本，提高效率。如果说，在现代教育理念中，接受教育首先是为了工作和生存的话，那么正是这些预测数据，让二十年之后人类生存和工作的面目，变得扑朔迷离。

可以看到，正是在上述几股变动力量的共同作用之下，人们对下一代的教育问题感到了极大的惶恐。它普遍表现为：一方面，越来越多的精力和金钱被投入到这一组由学校教育、家庭教育和社会教育构成的联盟之中。今天每一个家庭，尤其是城市家庭，为子女教育所准备的金钱和愿意付出的时间精力，几乎达到了它的历史峰值。但另一方面，遭遇的危机越是严峻，学校教育、家庭教育和社会教育彼此之间出于本能的"协同作业"也越发紧密，留给发展出不同的对教育的理解的社会空间，也就越发狭小。由此导致的从幼儿园阶段就开始的竞争性人生，究竟可能会有什么样的未来，却也让人心底发虚、倍感迷茫。一个恶性循环开始形成，越是投入，便可能越感迷茫不安，但想要驱赶这样的迷茫不安，唯一的方式却似乎只有持续和加大投入。如果说，在过去，社会教育学的研究，往往强调教育是统治阶级巩固自身阶级地位、复制既有社会结构的稳定器和分流器的话，那么现在，在阶层日益固化的中国社会，教育更像是一堵将隐约的未来和焦虑的现实刻意区隔开来的回音壁。不同阶级的人们以各自笨拙的方式，对它卖力地呼喊，获得回声，假想着这是从未来传回的保证。

想要摆脱这一状况，首先要做的，恐怕便是在慌不择路之前，在这条现代教育的歧路边，定神坐下，思考一番它的来路和可能的去处。

二

显然，和科幻小说里的外星人不同，对人类社会而言，以阿尔法狗为代表的人工智能，它的威力不在于选择性地打击目标，而是进一步动摇了长期以来由现代学校教育规范的社会对于工作、生存和未来的基本设定。

正如福柯所分析的那样，现代学校教育在传递具体的知识和技能的同时，进行着更为隐秘的对空间、时间、知识类型和身体状态的规训，以便生产出与大机器生产相配合的主体。这一规训过程的背后，隐含了一系列更为基本的假设：现代大工业生产方式对时间积累和进步的想象、对效率的特定要求，对专业分工的设定，以及由此而来的对主体能动性的限定。由社会提供的相对稳定的工作和明确的未来，则是学校教育维持规训、延续假设的重要条件。

然而，近三十年来，新的技术手段的变革、生产状况的变化，却使得这些条件开始破产。由技术变革而进一步膨胀的新自由主义工作制度，使得人们对于"工作"的不信任感，尤其是对其所允诺的时间投入、经验积累和主体生成间稳定关系的质疑，日渐递增。这不光是指越来越多的工作机会从发达国家向后发国家转移或因自动化技术的升级而消失，年轻人失业问题分外严重，更是因为在这一波经济动荡的过程中，弹性的、不稳定和无保障的工作类型，成为新的工作常态。工作不再是一项有明确边界的任务，而是变成了一个无限吸纳时间精力的黑洞。人们必须无休止地工作，以填补这一加速归零中的洞穴，证明自身。[1] 有效的时间管理和自我管理被前所未有地强调，因为今天的时间已日益摆脱个人的管控，变得无从驯服。至此，那个由现代学校教育制度炼成的主体，如何在这一新的零散无序也无从积累的"工作"状态中获得认同和印证，成为极大的社会问题。这一类的认同匮乏、印证失效，不仅构成了意义感普遍缺失的来源，也成为一系列新病症（忧郁、拖延、过劳、自杀……）的起源。人们，尤其是欧美国家的研究者，开始用 precariaty 来指称年轻人走出校园之后不得不面对的这种新的不稳定和无保障的状态。积极乐观者由此设想"后工作社会"（post-work

---

[1] 和资本主义制度中的计件制和计时制不同，当前的工作计算是一种不断加速度的"归零"制度。无论是对金融零售业还是专业科研领域而言，尽快结算工作成果，使之归零，以便展开新一轮证明自身的竞争，构成了今天结算和考量工作的主流。无论上一个月、上一个季度的业绩如何出色，既无法对下个月的数据有任何帮助，也无法证明你目前的工作能力（其可能的效果是证明你变得更差了）。在此过程中，人被分割为越来越短暂的时间片段，必须全力证明和保存在这些时间片段中的自己。

society）的到来[1]，而消极悲观者则提出了"无用阶级"这一类极为暗淡的前景。[2]

在这样的变革时刻，对学校教育的普遍质疑和对校外教育的格外重视，究其实际，不过是一场社会自发的保护运动。和所有社会自发的保护运动一样，这一场针对教育的范围广大的社会行动，势必夹杂着各种保守与先进、后退与前行的可能。既可能是促使人们将自己对教育的重视进一步投注于学校教育中相对确定的因素，比如坚持通过竞争获得好工作的信条，从而在不改变基本设定（积累的时间观念、效率、社会分工和知识分类）的情况下，修正或改进既有的规训方式。也可能是促使人们意识到，在可见的未来，由目前这种定义理解工作、生存和教育的方式所维系的社会，只会使得竞争越发残酷，只有越来越少的人能在这一竞争中胜出，而绝大多数人势必被抛弃在外，因此教育需要改进的不仅是展开规训的方式，更是有待改写制约着规训方式的前提假设，是不得不在当前生产关系的变革过程中重新负担起社会想象

---

[1] 在欧美学界，伴随着对"工作"的质疑和人工智能而来的危机感，"后工作社会"的概念得到了越来越多的讨论。比如：Paul Mason：*Postcapitalism: A Guide to Our Future*，Allen Lane，2015；Nick Srnicek & Alex Willams：*Inventing the Future: Postcapitalism and a World Without Work*，Verso 2015；Peter Fleming：*The Mythology of Work*，Pluto Press，2015.
[2] 尤瓦尔·赫拉利：《未来简史：从智人到神人》，中信出版集团，2017年。

的责任。[1] 于是，表面看来，上述种种都是对学校教育的不满和对校外教育的重视与反思，其背后蕴含的却可能是完全不同甚至彼此错位的选择。这一对教育的选择，实际上也是在选择不远处的未来。因为无论是"后工作社会"的积极畅想，还是"无用阶级"的惨淡预言，离开了社会中绝大多数人的理解、选择和投身的代际传承的教育，便都不可能真正实现。

至此，今天家长面临的，并非要不要送孩子上辅导班，或者需要何种校外教育这一类非此即彼的问题，而是首先思考自身对于子女教育的重视，究竟是一种什么样的重视？在这样一场看似无可避免、压力巨大的社会自发保护运动中，家长们的重视和投入，企图发挥什么样的作用，又在为孩子形塑着何种模样的未来？就此而言，对下一代的教育，或对其"学会学习"的期盼，势必落实在父母对于当前工作和教育关系的自我理解和思考之上，是父母一辈对自身经验展开学习和反思的结果。缺乏或脱离了对这一思考而来的对教育

---

[1] 一直以来，关于想象力的匮乏，人们已经说得太多太多。最简明的定义来自赫希曼，所谓缺乏想象力，就是"完全没有能力去设想一种与我们已经熟知的状态完全不同的状态。"（杰里米·阿德尔曼：《入世哲学家：阿尔伯特·赫希曼的奥德赛之旅》，中信出版集团，2016年，第268页。）当学校教育要求学生学会学习，企业要求员工具有创造力的时候，究竟什么是今天的"熟知状态"，这一状态从哪里来，如何与这一状态拉开根本的距离，却都未仔细考量。回避这一思考的责任而仅向创造力和想象力喊话，是各类喊话者的失职。家长也不例外。

问题的重视，不可能存在。思考的深浅，则决定了人们在这一社会自发保护运动中的现实位置。

三

每个人的受教育和成长经历不同，工作后的社会经验也不同。就此来说，不可能有完全一致的思考清单。不过，就整个时代而言，仍然有一些大体相同的问题，是这一代人共同遭遇的。

首先，是在中国的社会语境中如何理解事关教育的一项基本信条——"教育可以被购买"？表面上看，这是教育市场化之后的必然结果，并由此延伸出一系列推论。比如，越优质的教育越昂贵，父母应该有能力在市场化的环境中为子女购买优质教育等等。但到目前为止，中国父母对子女教育的理解和投入模式，仍不同于西方，也并未在购买教育过程中形成一个以信用和债务为主线的新主体。[1] 更大多数的情况是，以家庭为单位，准备子女所需的各类教育条件——从购房择校、辅导班到出国留学。这一部分钱是否能够在实际数额上收回成本或创造更多的收益并不重要。重要的是，这笔

---

[1] 拉扎拉脱认为这一以信用—债务，尤其是由教育投入和产出的这一观念导致的学费债务所形成的主体，成为西方社会新的主体类型。Maurizio Lazzarato: *The Making of the Indebted Man*, Semiotext, 2012. 如果这一判断成立的话，那么，对中国社会而言，债务主体的形成，最重要的契机并非学费债务，而是住房贷款。

投入是否可以在未来为子女换得一个相对稳定的好生活，保持既有的社会阶层或进一步向上流动。换言之，尽管中国家庭同样将教育理解为一种投资，但相对而言，仍是一种颇为笼统的投资。它并非以个人经济利益为单位的孤立核算，而是以家庭为单位的对子女未来的可能性的合力创造。这意味着，在中国社会，教育不是个人的事，而是事关整个家庭的延续和未来，以至于所有人必须共同参与的过程。由此带来的实际的坏处和可能的好处，也就颇为明显。坏处在于，较之于相对独立的个体而言，这种全家投入的模式，更容易复制过去的社会假设和结构。但可能的好处在于，这种合力共建的意识意味着，对参与者们提出更高的能动性要求是可能的。仅仅是投入金钱，投入精力，还是父母在对社会的判断和理解中，加入自身经验，和子女一起来思考和处理当前的教育难题，也就构成了购买过程中的根本差异。

因此，在这里，对"教育可以被购买"的思考，并不在于教育是否应该被购买，而是在于在既定的购买过程中，是否可以有意识地介入其中，使这一过程从现代社会规训的两大标准制式——教育和购买[1]——中摆脱出来，形成一个在

---

1 粗略来说，现代社会通过"教育"训练生产者，通过"购买"训练"消费者"。尽管今天生产和消费之间的界线已经越来越模糊。但由"教育"和"购买"展开主体规训的模式，并未改变。

面对未来时两代人共同学习的可能空间。就这一可能的空间而言，孩子的贡献在于，他们对现代社会所规定的"教育"或"购买"，没有太多的先入之见，常常会有潜在的不同的理解和体会出现。而父母们的贡献在于，作为相对成熟也相对定型的主体，了解现代规训的意义与限度，也因此必须回答：当其所购买的教育并非一般的消费品，而是一种既有的规训手段，也是共同参与从而创造未来的可能方法时，成年人在金钱、时间的投入之外，还需承担何种抵御压力、体会异同，进而思考和想象的责任？

其次，承担这一责任的能力，受制于父母自身由现代学校制度所规训出来的主体能动性。正如之前所言，现代学校制度预设了与现代工业化大生产相配套的时间、空间和效率观念。在这些预设的支配下，人们形成各自不等的能动性。这一类的能动性，对上述预设的理解各有深浅不同，却往往分享了一系列的"二元对立"来理解教育：会与不会，简单与复杂，有趣与枯燥，应试与素质、聪明与蠢笨、勤奋与懒惰、等级和无序……。这倒不是说，世界已经无法用这些二元对立的方式来解释，而是说，当教育开始摆脱高度集中的现代生产模式之时，这些理解方式在网络高度发达，信息海量、阅读和理解模式发生变更的情况下，更容易变成新类型主体生成的障碍所在。比如，就拿看似最简单的"会与不会"

来说。什么是"会"？什么是人对自己究竟能够"会什么"的理解？什么是在第一反应中认为的"不会"？这样的反应是如何产生的？为什么在有些领域，人对于自己的"会"有着高度的自信和灵活的把握，而在别的领域却无所涉及，甚至天然生出畏惧之心？显然，在"会与不会"背后隐藏着的，是一套高度灵活变动的社会知识和制度规定，是对某个时代中人的经验、时间、限度和可能性的短暂定型，却往往被径直理解为长久有效的社会规定。至此，在关注和理解教育的过程中，父母是将这个时代所规定了的"会与不会"，直接复制给了下一代，还是对其展开了自己的思考，撬动其边界，恐怕便是在教育过程中，两种完全不同的对主体能动性的运用。

最后，这一对主体能动性边界的思考，并非漫无目的的冥想，而是和现时代的工作经验紧密关联。和上一代的父母不同，70后、80后的工作经验，没有太多喜迎改革开放的兴奋之情，也大都错过了经济高速发展期的利益分享的喜悦。他们对工作中的残酷竞争、枯燥、无意义以及其他各种形式的剥削的理解，势必更为深刻和直接，将更多的生活意义向内投注于家庭生活，成为不约而同的选择。关注子女教育问题，是其中必然包含的重要内容。然而，在此种情况下，却很少有人追问，倘若目前这一种高度竞争、没有边界、缺乏安全感和意义感的工作状态，无法令自己满意、只想逃避的话，那么，自己的孩子在将来应该如何工作才是快乐和幸福的？换言之，对所有时代的父母而言，笼统地希望自己的孩子在将来幸福快乐并不难。难的是，如何根据自己的工作和生活经验更为具体地思考和尝试这一希望，并在对子女教育的关注和重视中体现出来。比如，人是否必须工作？工作的意义是什么？如果工作只是为了维持生存，这样的工作是否值得追求？是否值得从小花费大量的时间和精力去保证？良好的教育和幸福的生活之间的关系是什么？倘若它们之间并没有必然的关联，那么一家人企图合力创造的，究竟又是什么？

一旦这些提问不再限于单个家庭的范围，而是放到社会层面加以考量的时候，问题也就变成了：对那些愿意为子女教育投入更多的精力和时间的家长们而言，媒体是否愿意以及如何在学校教育和校外教育这一二分法之外，更整体性地为现代工作经验和生活经验提供线索，促其在各种订制和购买教育的过程中，创造切实的思路？对一个要求新一代公民学会学习的政府来说，应当为这一类针对主体性边界的思考提供什么样的媒体条件和社会条件，以便在生存竞争之外，人们仍有可能获得展开这一类思考时所必需的余裕？而对一个主张"更美好的生活"的城市来说，又应当在当前已经被经济利益和行政利益高度管控的城市中，为这样的教育提供何种更为自主的空间？

此时此刻，可以说，整个社会都站在了校外教育的歧路口。每一个购买着教育的家长，他们所要摆脱的是"购买"的限定，展开对"教育"更为全面的理解。而对中国社会而言，一个急需摆脱的观念便是，无视中国家庭在教育问题上潜在的巨大能动性的社会意义，将其窄化为由家庭之间的高度竞争、优胜劣汰而决定的事务。尤其是，当今天的媒体引导、社会保障和商业空间，总是将人们既有的对能动性的理解和追求，引向各种没有未来也因此无害的日常生活领域的DIY，而独独不愿意在教育领域提供共同撬动主体性边界，重新探讨能动性的社会条件时，更是如此。

1919年，鲁迅在《我们现在怎样做父亲》中说："只要思想未遭锢蔽的人，谁也喜欢子女比自己更强，更健康，更聪明高尚，——更幸福；就是超越了自己，超越了过去。"又说，"父母对于子女，应该健全的产生，尽力的教育，完全的解放"。眼看着一百年就要过去了，父母们的愿望并未改变。只是，我们必须追问，今天的父母能为子女做的，究竟是更多了还是更少了？今天的社会，为教育和人类社会进步所能做的，是更多了还是更少了？想来，这些问题的答案，一刻也不来自于社会所能提供的物质或精神食粮的储备的多少，而是源于当前社会对于自身和整个人类历史理解能力的高低。

毕竟，离开了每一代人对自己和这个社会的健全和解放的理解，又如何可能去健全和解放下一代，从而让自己这一代变得可以被超越呢？

2017年2月16日

原刊于《中国图书评论》2017年6月

通向未来的船票：作为通识教育的文化研究

> 人只能通过经验来学习（你会说真该死，对吧?)，而这个过程必然是一个不规则而且缓慢的过程。
>
> ——雷蒙·威廉斯：《文化与社会》

一、"船票"的难题

2012年年末，玛雅预言的"末日"逼近。一时间，"世界末日"成为最吸引眼球的话题；不仅各大媒体纷纷出炉"末日"专题，就连淘宝商家也做起了兜售"末日船票"的无本生意。虽然在当代中国，一切都可以被转化为娱乐和商机，成为即刻消费的对象，不过，如此集体性地贩卖和消费"末日"，还是带着那么一股子近乎愤怒的黑色幽默，引人注目。

借着这一股"末日"盛况——为什么不呢，我给当时选

修文化研究课程的本科生[1]出了这样两道题,作为他们的平时作业:

1. 如果你掌握着所有末日船票的分配权(100张),你的分配方案是什么?
2. 根据你的分配方案,谈谈末日之后你所设想的新社会运行的可能状况。

这样的提问,没有标准答案,却也不容易回答。作为提示,我建议他们不妨看看电影《2012》。在那一年的"末日"热潮中,《2012》虽是一部借着末日预言发财的好莱坞大片,但给出的"船票"分配法,却颇有些复杂,并不全然只是娱乐。粗略说来,电影至少提供了以下几种既相互竞争又彼此互补的方案。第一种,是既有的金钱或权力可以直接换取船票。于是,各国政要和顶级富豪成了理所当然的登船者。不过,灾难来得比预想得要快,俄罗斯大亨虽购得了船票,却无法登船。教皇和美国总统,则出于对末日的理解,拒绝登船。第二种,是知识精英依靠文化资本兑换船票。当然,这一文化资本和船票之间的兑换,也不全然对等。以至于,美国科

---

[1] 2012年秋季学期,选修"文化研究导论"和"日常生活中的文化分析"的本科生共三个班,合计400人左右。

学家得以登船，而最初发现这一灾难的印度学者和他的家人却被抛弃了；掌握科学技术的专家更容易登船，而小说家之流，比如故事的男主角，则未能跻身于这一兑换的行列。显然，最终决定何种知识可以兑换的，还是第一种方案中掌握了权力的那一批。如果说前两种方案针对的是社会中多少有些特殊的群体的话，那么第三、第四种决定的就是大多数人的命运。第三种方案，在影片中并未实施，不过是美国总统转述妻子的评论：前两种方案并不平等公正，也许唯一可行的方案是随机抽取。这意味着，人类放弃对自身和社会命运的决定权，将它交给天意。而第四种方案，虽非哪一方明确提出，却是整个故事都在讲述的"实际上"的分配之法：权力、金钱、知识可能都不是最终决定是否可以登船的条件，相反，友情、亲情和爱情，以及在此激励下的个人的不懈努力，才是芸芸众生为自己争得的真正船票。于是，作家、情妇、造船工人、不懂事的小孩子、八十几岁的老奶奶、小狗……他们在克服各种困难后，把握住了自己的命运，登上由末日驶向未来的方舟。

显然，这四种不同的分配之法，都不可能分别得到彻底的实施。因为当一个社会只剩下权贵之时，权力也便失去了展布的对象，金钱成为一堆废纸。而一个只有专家、没有超越自身专业界限的思考者和行动者的社会，恐怕也很难运行。

随机抽取的方案,看似完全放弃人的主观意愿,最为平等,但实际上不过是无条件地复制现有的社会,将现有的一切可能的美好和罪恶带入未来。而第四种分配之法——只有个人奋斗才能掌握自己的命运,既是资本主义最看重的社会组织逻辑,也是好莱坞大片大肆渲染的意识形态,则又总是依附于既有的社会结构方才成立。

就此而言,今天的社会,虽未遭遇电影中的灭顶之灾,但其整体的运行,却一刻也未脱离上述几类分配方案间的彼此啮合与相互掩护。在此种状况下,人们越是只依赖于单一方案理解和参与社会,一个为权势、官僚、金钱和"民主"所控制、持续生产着不公的社会就越是顺利延续。至此,表面上看起来荒诞怪异的末日大片,骨子里却是对社会现实的直白解释。它不仅复述着现实,更是把贯穿于现实中的基本逻辑,刻写进了可能的未来。

不知道有多少学生听了我的建议,在思考影片之后提出自己的方案。也许是因为时间"匮乏",大学里的课程永远满满当当,各色假日和考试,又几乎占据了学生们所有的注意力;也许是不知从何种角度解读电影,尽管各类信息扑面而来,而大学生理解和分析信息的能力却并未真正增强;也许是经历了太多看似开放实则循规蹈矩的课程,他们中的大多数早已没有了天马行空的兴致。最终,绝大多数学生方案中的分配逻辑，比《2012》来得更加直白和现实。

其一，严厉的"强者逻辑"。

也许是把世界末日作为一个从未遇到过的极端危机来看待，绝大多数学生不假思索地选择把船票给予"强者"。不过，什么才是"强大"呢？不同人的理解看似不同。

在有的同学看来，末世之后，世界蛮荒，只有身强力壮者，才能战胜自然。于是，肌肉发达、身体健康，成为"强大"的标准。衰老、疾病或弱小，一律拒之门外。在最为极端的分配方案中，20—35岁的男人获得了大部分的船票，只有一小部分名额给了妇女。因为在这一标准的"强大"中，女性不过是弱小无用的群体，只是因为能够传宗接代才不被遗弃。另一种对"强大"的定义，来自现代科学技术的辨别。把地球人集中起来进行基因测试，从中选取最优秀的前一百名，成了最简洁方便的方案。较之于这两种生理意义上的"强大"，更多人则直接挪用今天社会中既有的强者定义。于是，政界领导、顶尖专家、商业领袖、世界首富，理所当然得到船票。新的社会自然也就由这一小撮精英重新创造。

无论是体能标准、基因检测，还是精英召集令，判断依据虽然不同，但贯穿其中的思路却大体一致。那就是，当人类社会遭遇重大危机时，活下来的机会"应该"首先留给既定的"强者"。于是，在自然实施丛林法则之前，学生们依据自己理解的"强大",完成了"优胜劣汰"。

其中,只是有一位提出了对"强大"的疑惑:如果地球毁灭,谁也无法预知灾后状况,那么又何以知道什么样的人才是真正的"强者"呢?

其二,"我"必须带上家人!

这是另一个被频繁使用的分配逻辑。超过半数的学生明确表示,一定要带上自己的家人和朋友。乍看之下,这大大不同于强者逻辑。因为家人或朋友,是因亲情、爱情和友情而来的人与人之间的依存和照顾。它不仅和强者逻辑无关——任谁也不能保证自己的家人必是精英或正当壮年,甚至还和强者逻辑相悖——正是千差万别、各有弱点的人,构成了人们彼此依恋和相互照顾的基础。

不过,有意思的是,如此表示者,在分配其余船票时依据的又往往是强者逻辑。在大多数的分配方案中,这两个逻辑并行不悖地运行。如果进一步深入这一"家人优先"的逻辑,便会发现,对年轻的分配者们来说,可以称之为"家人"或"朋友"的范围,已经大大扩张了:喜欢的演艺明星、时尚设计师、顶级厨师……既然现代生活中"我"所熟悉和喜爱的一切,都属于"家人"之列,是生活中必不可少的部分,那么所有这些也应该一同登船。

倒也不是没有人意识到这两者间的抵牾:"强者逻辑"适

用于他人，而"家人优先"独为"我"服务。不过，对此的解释却是："人是自私的"。在他们看来，既然"自私"是人的天性，那么因"我"而网开一面或标准不一，也就毫不奇怪。在这里，必须带上家人的"我"，完全不必考虑"我"的权力从何而来。而这个躲在自私"天性"背后，在末日之际掌握生杀予夺之权，甚至决定人类未来的"我"，究竟和今天现实生活中的权贵们有何相似之处，更是被彻底忽略了。

其三，"劳动力"与"管理者"。

如果说，"强者逻辑"和"家人优先"间的互补构成了基本思路，那么进一步的分配，依赖的则是既有的社会分工原则。按职业的重要程度分配船票，是相当一致的选择。当代大学生对"社会分工"的实际理解，也由此凸显。

在他们看来，需要登船的职业，可以列出一个长长的清单：银行家、律师、农民、建筑师、工人、心理分析师、演艺明星、厨师、裁缝、翻译、教师……。不过，在令人眼花缭乱的职业名单背后实际隐含的，却是一种对劳动/技艺相对僵化的看法。这种僵化既表现为，现有社会中各种"高大上"的行业被理所当然地保留下来，至于社会重建为何首先需要这些类型的工作，却语焉不详；也表现为所有人类为了维持自身生存所必需的劳动——种地、裁缝、煮饭烧菜、打扫卫生等，也被预留了位置，视为只能由专门人员提供的服务，而非每个幸存者应该或可能学习的技能。

不过,真正有意思的还不止是这样的"不假思索"。因为在分配者优先考虑的各项职业中,得票率最高的,既不是银行家,也不是农民工人,而是"领导人""政治家"或"管理者"。紧随其后的是"军人"或"警察"。在解释这一选择时,年轻的分配者们几乎异口同声:带上强有力的"领导人"和"军人",是非常有必要的,因为只有他们可以维持秩序、防止混乱。于是,维持国家机器,特别是暴力机器的有效运转,成了优先考虑的目标。而与此相对应的,是被治理者在不同方案中共有的名字——"劳动力"。[1] 显然,一面是储备最强大全面的劳动力,另一面是实施最严格有效的管控,被看成了人类重获新生的最佳方案。[2]

于是,当占领华尔街的口号——"他们是1%,我们是99%"——流传日广的时候,我在学生们的分配方案中读到的是另一组比例:只有1%的"我们"愿意把船票分给穷人

---

[1] 在中国,对一个年长者来说,被称为"劳动力",是一种侮辱性的语言;对70后来说,自称为"劳动力"可能是一种搞笑或反讽;而对此后的年轻人来说,"劳动力"似乎已经成为一个自然无感的自我指称。"劳动力"一词被使用的历史,显然是非常有趣且值得追究的当代文化现象。这不仅涉及不同世代的人如何理解劳动/工作,劳动和资本之间的关系,还直接关系到与之伴生的主体的自我认识方式的变迁。

[2] 这一类的重生方案不仅体现在学生们的分配方案中,同样也体现在网络上的各类重生文中。在灭顶之灾中,完全依靠国家和军队的力量获得重生,是比较一致的思路。

或弱者,而51%的"我们"首先考虑的是"领导人""政治家"和"军人"。

基于上述分配原则展开对未来社会如何运行的想象(第二题),自然困难重重。不难发现,年轻的分配者们,一方面普遍渴望自由、民主、平等,另一方面又不自觉地为未来装配好了威权式的管理者和暴力机关。一方面将人类文明及其存活的环境视为理所当然——城市、资源、社会分工、工业文明等等,另一方面又对这一文明本身毫无信心,在毁灭之后似乎只能为最基本的生存做打算。一方面将个体视为功能性的存在——"劳动力",另一方面又惯于依据个人喜好,选择性地复制社会。渐渐地,一个和现存社会几乎"copy不走样"或无法真正不同的未来社会,浮现在了眼前。

也许有人会说,这不过是学生们没有认真思考,随便作答,何必当真。或者说,你教的这些学生并非"一流",如果去问问清华北大,回答自然不同。也许,也许。

不过,我并不相信有这样的"也许"。因为无论是"强者逻辑""家人优先",还是凝固的社会分工和隐匿其后的阶层固化,僵化的对劳动技能的理解,乃至对新的不同于今天的社会既缺乏想象的雄心也缺乏认真的准备,所有这些都不是某一群大学生才有的特征,而是当前整个中国社会的通病。指望一小撮"精英分子"扭转这种整体性的社会病症,而放弃数量庞大的青年群体的理解力、思考力和行动力对中国未来社会的意义,则未免错判了这个时代的基本动因。

至此,如果说有一个"船票难题"的话,那么,它指的从来也不是学生们理解粗疏、想象匮乏的现状,而是指:当代大学生或青年群体对现实生活正积累起高度的不满,这种不满由就业难、购房难、结婚难、城市生活难等一系列现实问题催逼而成。与此同时,他们通过学校教育和媒体教育所形成的理解和参与现实的思路,又与社会中的既得利益群体和当权者们高度一致。于是,一方面,在上述逻辑的支配下,现实源源不断地生产出对人的压迫和紧逼,构成了年轻人对现状不满的源头,而另一方面,由此持续累积起来的不满和思考,却无法形成对现实真正有效的质疑和挑战,更遑论形成改变它的动力。这也正是"末日船票"遭遇的真正问题。原本经由末日危机,人类社会获得了更新的机会,可能走向不同的未来。可实际分配船票的方式——尤其是当当权者和无权者的分配逻辑如此一致之时,却使得人们只能不断复写旧有的社会结构,一再错失革新的可能。就此而言,世界末日的预演,不过是把当代社会面临的自我革新的窘境,浓墨重彩地标示了出来。

二、通识教育的地形图

不难发现,整个中国社会正面临着类似的自我革新的难题。

这首先是因为,改革开放三十多年以来,廉价优质的劳动力、便宜的土地和优惠政策等条件,虽构成了中国的竞争优势,但在整个全球国际分工体系中,这一优势势必无法长久维持下去。作为"世界工厂"的中国,需要实现由"中国制造"向"中国创造"的升级换代。

其次,这一无法维持,不仅来自于全球体系的竞争压力,也来自于在此过程中日益积累的社会内部矛盾。依凭由发达国家确定的"强大"标准、"让一部分人先富起来"的"家人优先"的惯性,以及与之相配套的对"劳动力"的生产和支配模式,中国经济迅速发展起来。由这三种逻辑彼此啮合、驱动社会转型的后果也日益凸显。它不光表现为,经济发展高速但不均衡,贫富差距日益悬殊,城乡差异进一步扩大,社会分层迅速固化;也是指,权力腐败问题严重、政治改革难以推进,生态环境迅速恶化,对"强大"的理解越发单一,以及整个社会的道德共识被一再腐蚀和破坏。

尽管有人将这些理解为,为了经济发展而不得不做出的"牺牲",不过问题在于,作为将"中国制造"升级为"中国创造"的主力军,中国的青年一代正是在这一不断被"牺牲"掉的中国现实中成长起来的。当一个社会长期奉行单一的"强者逻辑"和"家人优先"的原则,大大小小的掌权者总是推卸与自己利益无关的一切责任,越来越多的公共福利被转化为只能在市场上购买的服务的时候,"求稳"和"自保"不仅成为全社会的普遍心态,也使得青年们的"理想"以及追求理想的道路变得越来越狭窄。如果说,在此过程中成长起来的青年,总是显得被动和消极的话[1],那么这一被动和消极的源头,从来也不是智力和基因,而是日渐成型的社会生存模式使然。

然而,身处新一轮由互联网和生态议题所主导的全球变革中,青年所面临的生存压力和生活难度却不断增加。一方面,全球新自由主义经济渴求的,是既能够承受高强度、高流动性,同时又具有创造性的劳动力。另一方面,在这一轮新自由主义经济强力碾压社会的过程中,人们必须共同承担的社会危机也越发严峻。能否形成相应的保护社会、处理危机的能力,已经成为对新一代人类的基本要求。就此而言,无论是积极自利,还是消极自保,在当前主流社会生存模式下成长起来的青年,都显得不那么合乎时宜。

---

[1] 2013年上半年,《人民日报》连着发表文章,批评青年的这种暮气沉沉的"不良"状态。

正是针对这一不合时宜[1],或为了培养更合时宜的"创造性的人才",中国大学开始推行通识教育或增加大类通识课程,希望可以生产出更符合当前形势下全球经济竞争要求的劳动力。不过,这一以配合市场需求为目标,由站在市场背后的国家所主导的通识教育,其实际展开的方式却是,仿造西方既有的通识模式,在越来越严格的数字化管理之下,要求学生养成自主和创新的能力。

以经典化为主导的通识教育模式和整齐划一的数量化管理,能否将中国学生驱赶入"创新"的轨道?这一点恐怕值得所有关心中国社会未来的人们,打上一个大大的问号。

这首先是因为,创新和自由的意义,从来也不是自明的,而是在于,社会究竟在多大程度上因它们的存在而得到了真正的改善和进步。倘若缺乏对整个社会状况的基本理解,缺乏对"何谓社会危机"的根本判断的话,创新和自由也就模糊了它的意义来源,成了无的放矢。

20世纪60、70年代,西方大学之所以开发通识课程,针对的是不同文化和种族的移民大量涌入,旧有的西方社会价值观念遭到前所未有的冲击。对彼时的西方社会而言,开

---

[1] 这一"不合时宜",按照《国家中长期教育改革和发展规划纲要(2010—2020年)》中的说法是:"学生适应社会和就业创业能力不强,创新型、实用型、复合型人才紧缺;教育体制机制不活,学校办学活力不足……"

展大学通识教育的主要目的,从来不在于由后发到先进的升级换代,而是在已经占据优势的现代化进程中进一步固本正源。因此,重新确认西方文明经典、形成社会核心价值,成为通识课程的基本模式。显然,中国当前展开的通识教育,面对的是完全不同的历史情境。这不仅是因为,中国社会培育整体判断力的动力,来源于变革的压力——无论是从经济、政治还是文化来看,都是如此,更是因为,在经历了整个现代化的冲击和20世纪的社会主义革命之后,究竟什么才是应当通过学校教育延续的"经典",本身仍处在继续创造和争议的历史过程之中。

就此而言,一味按照欧美既有的通识模式,依赖于数字化管理的技术手段,推行通识课程,不过是一次毫无主体性的模仿。正如船票分配方案所揭示的那样,中国当代大学生,早已耳濡目染了整个社会主流的生存逻辑。正是这些逻辑,构成了其判断力和想象力得以展开的基础。如果罔顾这一教育的基本现实,不分析既成的受教育者的心智地形图并加以改造,一味灌输自认为的那一套恰好被标记为"创新"或"经典"的知识的话,那么,被由此选拔和培养出来的人才,只能以既有的生活逻辑去整合新的知识,由此展开的,势必是在既有社会逻辑划定范围内的"墨守成规的创新"。

倘若上述质疑成立的话,那么,对中国大学的通识教育而言，其首要任务便是和学生一起，辨认和绘制已经布满了堑壕、堡垒和陷阱，也因此急需展开争夺的社会心智的地形图。实际上，这样的心智地形图，就藏在我们的课堂之上。只看我们是否愿意放弃固有的教导模式，挪开西方理论的直尺，促其现身。

就拿学生们构思的船票分配方案来说。针对主流的分配逻辑，教师应该开展教育。比如，在危急时刻，只考虑强者而排除老弱妇幼，是不义的行为。再比如，凡事优先照顾家人，在某种程度上，和今天所有的贪官的行为逻辑是一致的。不过，这样的教育常常收效甚微。因为只是说出"真理"而不考虑"歪理"如何形成或"真理"在现实中何以立足的话，那么其实际效果，便只能是：一方面，教师永远"真理"在握，但另一方面，这样的"真理"因无视人们在日常生活中遭遇的不义现实而被"遗忘"。在某种意义上说，教师越是无视真理如何在不义的社会现实中被扭曲的事实，就越是模糊了实际上需要介入和改变的现实，削弱了自己改造现实的能力。因此，在这里，真正的关键在于，如何和学生一起分析由上述分配方案呈现出的心智地形图，搞清"正义"和"未来"得以生存、壮大的土壤状况。

首先，如果登船是为了人类社会的重建，那么"重建社会的目的是什么"，便是分配船票时需要正视和思考的第一个问题。有意思的是，对绝大多数学生来说，这个问题并不存在。为什么这个问题不需要思考，或者说，这样的问题究竟在什么样的知识/感觉的结构中被"无视"，也就成了描绘其心智地图的第一步。

想来，社会重建的目的被"无视"的原因一定不少。其中，最根本的一条便是，在既有的心智图景中，"社会"的形象既是模糊的又是固定的。这一方面是因为，在现代社会中，"社会"往往作为"个体"的抽象的对立面存在。据此展开的谈论，总是将"个人"和"社会"视为明确而遥远的两极，比如，"个人对抗社会"，"社会由无数的个体构成"或者"个体的发展促成社会的发展"等等。然而，这两者究竟在具体的历史状况中缔结何种关联，或者说，具体的关联方式究竟有何差异？对此的描述，却最为单调和含糊。[1] 另一方面，对中国而言，这一个人和社会之间关系的特殊性还在于，当国家控制和管理着绝大多资源之时，"社会"既是国家垄断一切之后的别称，正如我们可以毫无困难地交替使用"国家"和"社会"来指称中国[2]，却又是人们想要挣脱这一垄断的一个极为模糊的企图——除了"国

---

[1] 关于这一点，雷蒙·威廉斯在《漫长的革命》中有更为仔细的描述。
[2] 就此而言，领导人和军队的高得票率，不过说明了中国这一社会和国家之间特有的模糊性。

家",还有什么?

如此说来,"社会重建的目的"这一问题之所以难以被认真提出和思考,恰恰是因为,对青年人而言,现实中的社会与个体、社会与国家这一系列关系以及对这些关系的描述,总是含混不清的。个体的改变,究竟如何能够引发社会的变动,个人的选择究竟在什么意义上对社会的变革具有意义?自90年代以来,这一类对个体与社会之间如何发生关联的具体描述,总是异常匮乏。[1] 年轻的分配者们对"我"的定位,正是在这一状况下发生。一方面,是这样的含混与匮乏,另一方面,个体又只能在具体的线索中发展出和社会的实际关联。于是,"家庭"成为唯一可以依赖的线索。在这一意义上说,"家人优先"不过是在现代社会中,个人得以成立,与社会构建起具体关联的方式之一。这一关联方式本身并没有问题。它之所以成为一个问题,是当个人与社会的关联方式只剩下这样一种的时候,缺乏其他关联方式的个人,就势必陷入将人性简化为"自私"的危机。

---

[1] 从这个角度来说,各类名人传记的畅销和流行,比如《乔布斯传》,除了传授个人主义和成功学之外,也可以被理解为,人们在自身所处的时代中,对个体与社会的具体关联方式被更具体、更生动地说明的渴望。实际上,在资本主义兴起的过程中,成长小说这一类型的文学作品,提供的便是对个人与社会如何在资本主义制度下发生具体联系的最细致入微的描述。相比之下,中国90年代以来的文学创作中,越来越难以读到这一方面的描述,个人和社会的关系,在文学作品中往往是给定的。

那么，究竟是什么阻碍了家庭之外的关联方式的建立呢？或者说，在现代社会中，是什么使得其他类型的关联，即使存在也不被"看见"和重视呢？其中，学校教育对人的生产，显然是重要的一个步骤。这不仅是指，在长年累月的学业竞争、分数排名之后，学生之间被规训得只剩下了对手关系，更是指，在大规模的教育产业化之后，学校教育放弃了师生之间建立其他类型关系的可能。教师成为兜售知识的服务人员，学生成为购买知识的消费者以及此后有待推销的劳动力。无论处于什么位置，将自己"人力资本化"，成了最方便和安全的选择。当年轻人经过十多年此种教育的训练和熏陶，进入社会，他们对个人和社会之间只能由经济建立关联这一点，更是深信不疑。对他们来说，一则从来没有见过或被示范过别的建立关联的方式，二则一旦踏上社会，个体作为生产者和消费者的身份将进一步明确下来，在没有其他关联方式——除了"家人"——可供选择的状况下，此种经济关系势必完全支配着他们对日常生活的处理和想象。当单一的"强者逻辑"和孤立的"家人优先"成为仅存的关联类型时，这两种个人和社会的关联方式，自然不可能提供对人性的更丰富的理解。而一旦将自己的"自私"理解为天性，那么，个人与社会的其他关联方式，也就进一步失去了被讨论和探索的可能。阶级、集体、其他类型的共同体和可能关联的方式，都将被这一"天性"轻而易举地否定和摧毁。就此而言，"家人优先"，甚至于将"家人"的范围扩大到自己喜爱的明星或现代生活所需，与其说是分配者的"自私"，不如说是凸显了他们在思考个人和社会关系时的孤立无援和无效挣扎。

于是，我们发现，今天的大学生，要能够充满想象力地分配船票、构想未来，他们需要攻克的心智地形图上的堡垒，实在不在少数。在我们初步勾勒的这张心智地形图上，就包括：学校教育体制、生产者和消费者在社会中可能占据的位置，由经济主导的单一的对"现代"理解和想象，文化在这一想象中的作用，大多数人想象自身的方式，"市场"的意识形态功能，"国家"的模糊性质……

攻克所有这些，仅凭一己之力——无论是学生、教师、某一门课程或某个文化研究系，几乎是不可能完成的任务。但这却是今天，作为通识教育的文化研究，或者有使命感的通识教育，应该齐心合力的目标。

三、以文化研究的方式改造/教育社会

在我写作此文的过程中，新一轮教育体制内的"人力资本化"正在展开。

自2014年起，中国大学的研究生教育开始收费。与这一

项规定同时出台的，是财政部的《研究生学业奖学金管理暂行办法》。[1] 和所有中央发布的"宜粗不宜细"的政策一样，这一暂行办法使得评定学业奖学金的难题，从教育部和财政部，到中央和地方高校，层层下放，最后落到不同院系、学科和师生们的头上。于是，什么是学术创新，什么是好的激励学术研究的方式和标准、评定需要何种民主程序、研究生教育作为社会公共物品的基本性质是否发生变化、社会公正如何体现，以及数量化指标究竟在多大程度上是有效和客观的，所有这些问题，既在这一轮学业奖学金的评定过程中轮番登场，又在庞大的限时限刻的科层制度中，被彻底消解。

在2014年10月开始的评定中，有的学校在征求学生意见后，不设等第，完全按照学费标准设定学业奖学金金额，使学生这一年的学费完全得到返还。有的学校，虽设了一二三等奖，但因经济实力不错，最低等的奖金，仍能保证学费的返还，而对于"优秀"学生的奖励，则是给予更多的奖金。有的学校，彻底拉开了不同等级的差距，只有学业成绩优良、

---

[1] 该办法规定："中央高校根据研究生收费标准、学业成绩、科研成果、社会服务以及家庭经济状况等因素，确定研究生学业奖学金的覆盖面、等级、奖励标准和评定办法（可分档设定奖励标准），报财政部、教育部备案。研究生学业奖学金标准不得超过同阶段研究生国家奖学金标准的60%。研究生学业奖学金名额分配应向基础学科和国家急需的学科（专业、方向）倾斜。中央高校应根据实际情况，对研究生学业奖学金覆盖面、等级和奖励标准进行动态调整。"

期刊成果多多的学生,才能"多劳多得",而那些成绩平平,不写论文的家伙,则注定"赔本"。而有的学校,则优先直研学生和学生干部,让他们在等级评定中占据优势,以便为今后直研和学生工作的顺利进行,打下伏笔……

如果说,在此之前,在教育市场化的大环境下,公费的研究生教育仍是一块飞地,每年的国家奖学金还不足以将全体研究生驱赶进"创新"轨道的话,那么新的收费与奖学金的制度,则是对这块飞地的彻底整编。在此过程中,一方面,你不由感叹中国之大,因为大,同一个"宜粗不宜细"的政策,可以变幻出这么多不同的评定方式。但另一方面,也因为中国之大,各地、各校、各院的执行方式都可能不同,师生们的反应自然不一,而存在于这一整编过程中的根本问题,便很难被捕捉,更遑论引发公众对这一轮教育"人力资本化"的关注。

不过,倘若对照之前的心智地形图来看的话,便不难发现,就大学教育的革新而言,新一轮激励机制的根本问题在于,它不仅不改变当前教育体制下,学生和教育之间的关系完全靠经济来确立的基本状况,反而进一步加剧了其兑换的频率。如果说,之前教育过程中的"人力资本化",指的是缴纳学费换取学位,以便在市场出售"某一等级"的劳动力的话,那么改革后的研究生教育,采取的则是一度已经被资本主义制度抛弃的短视的激励方式——计件制。每一个学分，每一篇 CSSCI 的期刊文章，每一项为学校管理贡献的服务，每一次国际化的交流，都被视为可以兑换金钱的产品。在此过程中，教育所必须经历的过程，学术研究所需要的时间，公共服务所要求的"公共意义"，统统被一年一度的兑换节奏彻底打乱。

当年，在分析大机器和工业时，马克思曾感慨：

> 机器不是使工人摆脱劳动，而是使工人的劳动毫无内容。……变得空虚了的单个机器工人的局部技巧，在科学面前，在巨大的自然力面前，在社会的群众性劳动面前，作为微不足道的附属品而消失了；科学、巨大的自然力、社会的群众性劳动都体现在机器体系中，并同机器体系一道构成'主人'的权力。[1]

显然，如果学习只是一种将自身资本化的劳动，那么，以教育部学科目录为标准、负责颁发学位和奖学金的激励体系，也就成了那巨大的让一切劳动变得没有内容的"科学"的

---

[1] 马克思：《资本论》（第一卷），人民出版社，2004 年，第 487 页。

"机器体系"。如果说，既有的学术规范、理论范式和学科体制，是一切学术创新需要反思和超越的对象，而完整的无功利色彩的学习和研究，是这一超越之所以可能的保障，那么，不得不时时拿去兑换的学习和研究，便将彻底粉碎这样的保障。在既有的学术规范、理论范式和学科体制内循规蹈矩地写作和思考，既是最容易"出活"的选择，也就自然成为这一整套学术激励机制的直接后果。于是，整编之后，缴纳学费的研究生们，将越来越和在机器体系中劳动的工人们趋同。区别只在于，他们的"劳动"机会，是需要付费购买的。而指望这样的计件劳动有怎样的创造力，即便是历史上最贪婪的资本家，恐怕也从未奢望过。

毫无疑问，这一类将人彻底资本化的体制，势必再次巩固社会主流心智地图中的内容，大大缩小文化研究在学校体制内的空间。当文化研究鼓励学生多多发表短平快的针砭时弊的文章，在大众媒体上发出自己的声音的时候，这一套兑换体制看重的却是高度专业化的论文。当文化研究引导学生走出学校的高墙，与不同诉求的社会团体交流，搭建更为广泛的公共平台，展开多样的践行的时候，这一套兑换体制看重的，是学生是否为既有的行政和党团体制提供管理服务。当文化研究训练学生的心智，促其反思社会关系的全面"资本化"，重建对乌托邦的信心的时候，这一套兑换体制则致力于将一切规定为"资本",将一切为未来而积蓄的力量,转化成了此时此地的"盈亏"。

不过,同样是这一肆意扩张中的兑换制度,却也给文化研究的教与学,带来最鲜活的刺激。正如之前所说的那样,文化研究的教学之所以有意义,从来也不在于"说出真理",而是在于人们能否运用真理,使其在现实中真正扎根。当文化研究的主张遭遇不义的教育制度时,它应该做出怎样的判断和反应?在大学教育过程中,究竟有没有可能建立经济关系之外的人与社会的关联方式?理论的学习和思考,能否让人最终获得不同于现实世界的行为方式?而这样的行为,又将在多大程度上实现对周遭现实的改造?

这意味着,在这项改革面前,文化研究面临两种选择。一种是将这一现实挑战视为检验平日所教、所学和所信的绝好机会,集结一切可能的力量,与这一扭曲的现实作斗争。哪怕暂时的结果是失败,也不屈从于现实,而是将其视为练习和积蓄力量的过程。另一种则是承认现实的强大,"聪明"地意识到理论和现实间的巨大落差,无论这样的"聪明"是否导致更为激进的言辞、更加激烈的姿态,其结果都不过是蜕变为被体制圈养的学术之一种。

因此,对文化研究系的师生而言,学业奖学金的评定问题变得格外现实。这一现实不仅是指评定的具体标准、奖金的多少，而是指向一系列涉及到今天研究生教育制度的根本问题：是否接受这一套以刺激学术生产为名的将人、学习和社会关系进一步"资本化"的制度？如果不能接受，我们如何挑战和改造这一逼到眼前的既是压力又是诱惑的制度？我们如此行事的依据又是什么？为什么这样的行事，可以带来我们认为的更好的教育效果和社会效果？而这正是上海大学文化研究系的师生，在这几天之中持续讨论的议题：

> 我们为什么有这样强烈的愤懑？就是因为它戳中了我们的痛处！我们不是不需要钱，相反，我们很需要钱。正是因为"英明"的决策者知道我们缺什么，它就以此来胁迫我们，让我们为了钱屈服于它的指挥，如此卑鄙粗暴的手段，这是多么非人的教育！[1]

> 国家将私钱集中起来，不是用于公共事业，而是奖优（其初衷），这本身就是不道德的，那么学生有没有理由要求取学业奖学金来冲抵学费？[2]

---

1 袁剑：《学业奖学金：你不要用钱来指挥我!》，2014年11月21日，http://www.cul-studies.com/index.php?m=content&c=index&a=show&catid=6&id=1006。
2 王磊光，内部讨论邮件，2014年11月21日。

> 如果不是因为今年国家笑纳了我们的学费，有关此事的讨论各高校的学生会这么热情洋溢吗？好像大家都更甘愿于埋头在自身的一亩三分地中，只有私人利益很露骨地遭遇公共领域调戏的时候，大家的热情反而一下高涨起来。看得见的被调戏，很快就刺激了我们反抗的行动本能；还有很多不直接的调戏，怎么就不能刺激我们大脑皮层的活跃？[1]

> 在这次讨论中，我有种体会，那就是参与讨论是很重要的。结果当然重要，但是过程更重要，因为在这个过程中，我开始体会很多理念落到地上的生疼。我们常说理论结合实践，这次事件可以作为绝佳的示例范本。[2]

如果说上述议论还是在批评这一不合理的制度，结合文化研究的思路对自身展开反思的话，那么更多的讨论则企图创造出不同于既有的分配之法的新方案：

> 既然我们要解构教育部/学校的经费分配权力，

---

[1] 方旭东，内部讨论邮件，2014年11月20日。
[2] 王欣然，内部讨论邮件，2014年11月20日。

> 那么是不是应该创造一种文化研究自己的分配模式?从逻辑自洽的角度出发,在文化研究系层面讨论/解决再分配问题,而大家又都认可再分配,不同意量化,是不是就只剩下平均分配一条了?……从文化研究"夺权"的角度出发,我们是否就不要把是否具备共和国国籍作为标准,而应该把所有人都纳入分配?[1]

众所周知,文科的科研经费有限,更不要提学生了。当文化研究系的学生在学习以及田野调查时面临经济压力时,现有的学校体制根本无法保障。依靠学校每月的生活补助,那只够买米的钱。所以,我想,如果获得学业奖学金的同学,愿意拿出一部分奖学金注入到集体的基金里,那么大家可能获得更多的保障。[2]

为什么一定要用这次的"学业奖学金"冲抵学

---

[1] 邓剑,内部讨论邮件,2014年11月20日。目前,上海大学文化研究系有一名外国留学生、一名台湾学生。虽然他们同样交了学费,但却不属于"国家学业奖学金"的评定对象,因为该奖学金明确规定接受者须具有中华人民共和国国籍。
[2] 柯桢,内部讨论邮件,2014年11月20日。

> 费？……我不同意用这样的思路去分析"奖学金"，因为我不同意，"奖学金"来自"你的学费"，这样的思考逻辑。我认为这些钱来自整个社会，也需要我们拿钱的人，去回应社会（所以，要思考受教育的自己如何回应）。[1]

显然，较之于各高校或平均分配或三六九等的做法，这些方案的分配思路和眼界，要开阔得多。国家的界限、新的共同体及与之相应的经济形式、奖励的缘由和目的、不同类型的社会共同体（比如文化研究系，或者仅仅是有志于文化研究的人们）等等，被列为有待争议而非不假思索的问题。在此过程中，个人与社会之间一种新的关联方式也开始出现，那就是一种强烈的成员感。个人不再仅仅是屈从于社会，或者单纯的反抗社会，而是融入了可以包容和探讨不同主张的共同体，成为通过经济和其他组织方式来变革社会的力量。

也许是太过巧合，从分配船票开始的对文化研究教学的讨论，重新又回到了面向未来的分配问题。不过，我宁愿将其视为今天中国大陆的文化研究，在大学体制内展开教学所遭遇的基本境遇。那就是，面对现实，文化研究从没有任何

---

[1] 刘睿，内部讨论邮件，2014 年 11 月 20 日。

知识上或道德上的特权。它所做的,从来都是直面"船票难题",在美好未来[1]的指引下,和一切因固着于现实而放弃未来的教育体制和其他制度,和固化为心智地形图的知识现实,以及和自身的限度——没有人可以真理在握,做近身的格斗。这一近身格斗,既是文化研究教学的基本实践活动,也是积累积极正面的斗争经验,获得理论和现实之间转化的基本能力以及树立更强大的信心的过程。

就此而言,每一个老师也好,学生也罢,甚至于整个中国大陆的文化研究,其所面对的都是再具体不过的现实的三维世界。而身处现实之中、经由文化研究训练的主体,在此过程中获得的正面经验、基本能力和强大信心,则共同构成了不可见的第四维空间,并由此形成对不美好的三维现实的降维打击。

2014年11月初稿

2015年2月修改

原刊于《文化研究》2016年春第24辑

---

[1] 美好未来的想象究竟如何形成?文化研究应该在此做什么样的工作?这一部分的讨论,未能在此展开。请参考热风书系"讲义与读本"中《中国现代思想文选》和《巨大灵魂的战栗》提供的论述和思考。

作为空间的中国大学：
来自文化研究的"课堂"观察

　　自2003年北京大学以"一流"为口号高调教改以来，关于中国大学的批评，已连篇累牍。最新一波的批评文章，始于2016年教育部撤销"985""211"，改建"双一流"的新政。[1] 只是，由政府主导管理高等教育的基本模式未变，对行政化管理的讨伐也就可以永远弹唱。这类批评背后的一大潜台词是，如果给大学松绑，大学便有能力自治。可倘若以此明确询问今天的大学中人，又很少有人真正相信。在这里，人们遭遇了社会批评在当代中国的普遍困境：即当长年批评某一类制度性顽疾，却又无法推动切实的改进，原有的替代

---

[1] 2016年6月，教育部官网宣布《关于继续实施"985工程"建设项目的意见》等"985""211"工程以及重点、优势学科建设的相关文件失效，中央对新时期高等教育重点建设做出新部署，将"985工程""211工程""优势学科创新平台""特色重点学科建设"等重点建设项目，统一纳入世界一流大学和一流学科建设。

方案也随着时势推移失去效力之时[1],如何更加坦诚持续地面对旧疾未去、新病又来,问题焦点不断变化、彼此叠加的实际状况?如果社会批评者自身尚且缺乏这一"续航"能力,又如何能够指望当政官员抵制政绩诱惑、避免病急乱投医的盲目和混乱?

有感于此,本文希望通过对所在高校和系所的教学活动的实际观察,展开另一条思考大学问题的线索。这一线索,无意回答政府应该如何管理大学的"难题",而是希望更有力地提出今天的大学究竟如何自我理解这一问题。大学在既有的社会结构中,创造新的不同空间类型的实际状况和难度,则是这一自我理解中应该首先被讨论的议题。

一、混乱的"课堂":大学空间的理解现状

自晚清以来,中国社会中的现代大学一直是一种特殊的社会空间。这不光是因为大学维系着现代知识类型的成型与

---

[1] 目前,对于时代变迁后大学中人本身的意识、学术共同体的构成,以及由此而来的对大学的理解这一部分的讨论相对较少。比较特别的努力来自于项飚的《中国社会科学"知青时代"的终结》,文章认为随着"知青时代"的结束,整个学术共同体的氛围和相关的学术实践,都有非常大的改变;并直言不讳地指出:"后知青时代,研究操作是高度专业化的;民间半民间的专业知识生产不复存在,学者和政府之间的合作是以强化政府管治为主要目的、以封闭的智库咨询、命题作文为主要方式的。"《文化纵横》2015年12月。

生产，更因为从一开始，它就获得了一种社会空间上的进步性，负有示范乃至推动其他类型的社会空间改造的功能。在这一意义上说，大学相对"独立"和"完整"的一个重要条件，便来自于它与其他社会空间的这一特别的关联方式。[1] 可以看到，在当前讨论大学的诸种话语中，大学的这一示范与推动的空间特性并未被放弃，且是多数立论的出发点。但此类"不放弃"，又往往是在不讨论身处迅速变化的社会结构中，大学空间的独特性或进步性何以维系的状况下展开的。这背后实际上是对今天大学空间问题的理解不足。

这里，不妨先来说说今年我在大学"课堂"上遇到的一件"小事"。

2012年以来，针对S大学的本科生，我开设了一门叫做"日常生活中的文化分析"的大类通识课，采取的是课前阅读、当堂讨论与网络发言相结合的课堂模式。这一课堂模式，基于以下条件逐步形成。其一，每轮选修这门课程的学生人数较多——一个班在100名左右，因此在短短两课时内，无

---

[1] 在《新帝国主义》中，大卫·哈维将资本在地理空间中的循环运动和剥夺性积累的普遍规律做了极为犀利的描述（大卫·哈维：《新帝国主义》，社会科学文献出版社，2009年）。倘若将这一对空间和资本关系的论述和日益市场化的大学教育相关联，那么，一个需要进一步思考的问题是，作为社会自我保护运动的一个部分，教育运用和积累时间和空间的模式，是否可以彻底被上述资本的运动和其创造/毁坏空间的模式同化？如果答案并非全然的肯定，那么大学教育空间实际上是基于何种原则被坚持或重建？

法保证学生充分参与课堂讨论。其二，大类通识课虽然可以聘请助教，但学校提供的聘请条件颇为苛刻——每50名学生方能聘请一名助教，助教费用为200元。没有教学经验的研究生，如何组织50名本科生展开有效的网上或网下的讨论？任课教师如何与助教保持有效沟通，以便在如此少的助教费用下，使之免于"学术劳工"的心境？这些都是问题。最后，几年前，S大学购买了网络课堂（Blackboard），鼓励教师多多利用，加强师生之间的交流。至此，通过网络课堂，提供阅读材料，鼓励学生在课堂和网上积极发言，彼此交流看法，成为一个相对适合的选择；线上和线下，无论缺少哪一块，剩下的那一部分都很难独立运行，达成教学目标。

在这一课堂模式的背后，是一系列社会状况变迁导致的大学教育空间重构的问题。首先，在持续了近二十年的大学扩招和教育资源高度集中之后，二三线城市的大学开始出现萎缩，由此面临危机，而上海、北京这些城市的学生数量仍稳步增长。在既有的大学空间中，为这些学生提供足够的可供选择的课程，控制课堂人数和保证教学质量，这些问题并没有真正解决。其次，社会空间归根到底是一种社会关系的组织和再生产。大学空间自然也不例外。然而，随着大学教育的市场化，学生在数量和质量上的改变，知识生产在社会结构中位置的转移，以及教师的社会处境和自我理解的变更，所有这些都使得原来的师生关系发生了很大的变化。这一关系如何在行政管理和市场逻辑之外,参与、维系乃至整合教育空间的问题,变得日益突出。最后,随着网络时代的到来,大学和中学一样,越来越"强调"多媒体技术的运用,虚拟课堂、BBS等手段,理所当然地进入课程。然而,在网络的冲击之下,面对面的大学课堂如何展开教与学?新的技术手段究竟如何运用,方能有利于大学教育空间的重构?这不仅包括什么样的课程需要更多地使用Blackboard,也包括在网络课堂中,如何展开讨论才能让大家彼此倾听和相互看到,教师如何组织和参与这一形式的讨论、并将其与线下的教学空间相结合等一系列问题。[1] 显然,对大学来说,新的教育空间的出现与融合,既意味着对旧有的教学习惯/技能的挑战,也是重新理解大学教育空间的契机。结果如何,则取决于人们打算如何共同面对这一挑战。

令人遗憾的是,在大学教育中,这类问题少有认真的思考和正面的讨论。[2] 这意味着,仅仅依靠具体而分散的教学

---

[1] 据我粗浅的观察,在S大学的Blackboard的运用中,数学类或计算机类基础课程的使用频率最高,人文类通识课的使用率则普遍较低,以至于"日常生活中的文化分析"的课程名称在整个排行榜上显得颇为突兀。

[2] 一个颇为滑稽的现象是,当人们忙于议论今天的中国大学之时——无论是为政府出谋划策,还是作为"反对派"口头抵抗,其出发点都极为统一。那就是,站在了(未来)管理者或统治者的立场之上,谋篇布局,却很少有人愿意为作为整体的大学——既包括大学师生,也包括基层行 (转下页)

过程，师生之间需要长期的磨合方能推进这些问题。[1] 而这样的磨合所需要的时间，又往往是现有的大学课程制度不提供的。一件富有象征性的"小事"则进一步说明，在今天大学教育的自我理解中，一旦教育空间重构的问题被忽略，或教育空间只是作为物质手段被对待时，教育主管部门颁布的相关制度和措施也就带有极大的任意性。

2016年秋季学期伊始，在没有任何告知的情况下，S大学的Blackboard突然无法登录了。这让站在讲台前，向学生介绍课程的我措手不及。下面的学生，有一两个已经遇到过相同的状况。他们告诉我说，这是因为学校和Blackboard的续约出现了问题。一开始，对这样的解释，我将信将疑，或者说，我无法相信学校对待网络教学空间的态度竟会如此

（接上页）政人员——在当前状况中自处，推动或提供切实的建议。在我看来，这也是今天中国知识分子感觉结构中非常有趣的一个部件：要么将自己理解为微不足道的小人物，对整个历史也好社会也罢，毫无力量可言，要么就一步站在领导者或统治者的角度，提出批评或设想新的治理方案，把"知识就是权力"的意识无限放大。在这一感觉结构中，知识分子无意于寻找自己的立足点，由此形成的大学批评的一整套话语，不过是其中的一个例子罢了。

1 我的课堂经验，正是如此。当我浏览收集了学生们在网络课堂上的发言，做成ppt向全班同学展示时，他们都表现出很强的倾听兴趣。可是，这样的兴趣在网络课堂的讨论中却很少出现，自顾自地说话、只看自己感兴趣的话题而无回复，以及无法区分在一般BBS上的灌水和在网络课堂中的发言，是他们的基本状态。于是，在使用了两个学年的网络课堂之后，如何在网络课堂中展开讨论，讨论需要遵守哪些基本的规则，成了必须在线下课堂展开和推动的话题。

"随意"。等到打电话询问负责本科教务的行政人员时，才发现这是真的：学校方面和网络公司的合同到期，续约不畅，导致 Blackboard 无法使用。而被问及何时才能使用，本学期内是否可能重新开通之类的问题时，回答是一连串的"不知道"。[1] 写作此文时，秋季学期已经结束。当我向校方再次询问冬季学期的 Blackboard 使用问题时，得到的回复是："Blackboard 一直有支付问题，因此能不能继续使用还待定，请老师另谋网络平台和学生交流。"

这样的"随意"，并不意味着当局对高等教学质量不重视。因为就在轻描淡写处置网络课堂的同时，主管部门对看得见摸得着的教学空间的要求和监控，大大加强了。2012 年 1 月，S 市教育委员会下达《关于开展市属本科高校骨干教师教学激励计划试点工作的通知》，特别强调，学校应建立并完善大学教师为本科生学习提供辅导答疑的坐班答疑制度和晚自习辅导制度。S 大学是执行这一制度的试点学校。这两项制度，落实在教师的工作表上，成了教师担任一门本科生课程，就需要配套提供两课时的在固定地点的答疑时间；同时，每学年必须安排 20 次的晚自习，即在固定的晚上，留在

---

[1] 之后，虽然采取了一些补救措施，比如开通讨论邮箱，但想要在短短的十周内，弥补此类课堂空间的突然缺失，形成新的课堂模式，着实困难。

办公室内"守株待兔"。[1] 凡是在规定的时间和地点没有出现的老师,一律视为教学事故予以处罚。[2]

显然,在提高高等教育质量的压力下,大学正生产出对"教学"五花八门的新认定。其中根本的一条,便是不断增加对于时间和空间的管控。这看似无可厚非,学校本就是现代社会中展开规训与惩罚的样板间。但此处的问题恰恰在于,当人们以教育之名,重新规定大学的时空,展开分配和治理之时,它的依据是什么?这些依据呈现出何种大学教育的自我理解?倘若这些依据,不仅无法推进时代变迁中大学教育所需的自我理解,反而损害之,那么这些"规定",又将对大学教育空间造成什么样的影响?

就此而言,S大学内网络课堂的悄然"关闭"和坐班制度的强势成型,看似偶然,实则表现出大学在理解教育空间时的高度混乱。"规定"和"随意",不过是这一混乱的两副面孔,并由此形成恶性循环。在当前大学教育的危机中,主

---

[1] 就我所了解的情况来说,基本上没有本科生会在晚自习的时间段前来,也很少有学生会在答疑时间段出现。在答疑和晚自习这两项制度中,本科生成了老师们集体等待的"戈多"。真正受益的反而是研究生,他们与指导教师见面讨论或展开读书会的时间,因这样两个硬性制度而变得日常和固定了。

[2] 对今天的教育部门而言,可以用来奖励和处罚人的手段已经极为有限,唯一的方法就是发钱和扣钱。因此,执行试点的大学,可以从教育部门得到一笔额外的经费,以奖励完成坐班答疑和晚自习制度的教师。而对那些没有"出现"的教师所在的系所或学院,则实行连坐式的扣钱惩罚。

管者希望有所作为。实际的做法是花了大量的人力物力,监管实际的空间,由此划定时间,却对大学教育应该思考和规范,使之有利于有组织的知识生产的虚拟空间的分配和使用问题,放任自流。在严格的明显脱离实际的监管之下,对待大学教育的态度日益消极,成为大多数教师的集体无意识。这使得他们一旦离开了被强行规定的时间和空间,既不会主动建设大学教育空间,更遑论为自己所隶属的大学共同体思考新的教育空间如何整合的问题。而此种消极所导致的教育水准的下降,反过来又让行政部门的监管,显得并不那么无理。至此,当大学教育的空间形式相对稳定,且被国家大包大揽之后,对这一问题失去感受能力,进而丧失自我理解能力,是今天中国大学的一般状态。目前大学空间的混乱状况,不过是大学失去自我理解能力和行政部门强势管理之间相互作用,彼此拉低的结果。

想要打破上述的恶性循环,首先需要澄清的,是隐含在混乱中,由管理者和大学教师们共享的对于大学空间的定见。

其中的第一条,就把大学视为由实际的地点、围墙、大楼和课程、考试等一系列组织或管理手段所构成的固有空间。因此,对大学的管理者而言,无法为学生提供教室,是教学事故,而网络课堂的"失踪",则不在此列。值得指出的是,在这里,网络空间不过是其他空间类型对于大学教育空间展开冲击的一个最为明显的例子。如果留心一下大学校园里的海报展板、宣讲招聘信息的话,便会发现,以消费和商业的方式组织起来的其他社会空间,同样大规模地渗透在大学的围墙之内。所有这些,实际上都在逼问一个问题:今天的大学教育空间,其组织的特殊性,究竟体现在哪里?对整个社会而言,除了具有由国家赋予的颁发文凭证书的特权外,它对于社会知识的生产,对既有的社会关系的生产和规范,以及所能提供的把握社会整体的雄心,和其他类型的空间比较起来,究竟有何进步之处?如果不能回答这个问题,便等于自动放弃了大学对于知识生产及其背后的空间生产的规范能力。因为正是这构成了大学区别于其他、独立自主起来的基本依据。

其次,这一定见延伸出另一种无意识,广泛地存在于乐于对大学展开批评的人士身上,也包括我自己。那就是,大学空间的建设、整合和理解,是掌握着权力的主管部门的事务,是他们需要展开整体筹谋思虑之事。普通师生只管使用和批评,不问其他,更谈不上对这一空间的所有权和建设权。这一意识,实际上使得大学空间彻底沦为有待治理的对象。在这样的空间中工作与生活,自然也就很容易催生出一种被治理者的心态,并由此形成对既有的大学空间内的权力关系的基本想象。在这一想象里,对方的大权在握和自己的毫无权利，形成鲜明的对比，构成此后判断和行动的"现实"前提。

最后，这也就形成了在大学内部发起抵抗时的惯性模式。一种可笑的局面由此出现，批评者往往要求政府当局或市场应该对大学拿出有所不同的治理逻辑，却对自己发现乃至坚持教育自身逻辑的责任，轻轻放过。正是在这一惯性中，大学教育空间的特殊性，在"抵抗"或"批评"名义下被彻底放弃。

如果说，在形成之初，大学的雄心，正在于通过有组织的知识活动对社会展开整体把握，形成不同的空间理解和组织方式的话，那么如何通过教育空间的整合和革新，维持这一整体把握的能力，构成空间上的特殊性，便是大学自我理解时始终需要面对的任务。在此，教育者面对的问题，并非取舍既有的社会空间，而是对这些空间展开判断和规范，形成不同的空间组织样式，并由此确立教育所特有的独立和进步的价值。

至此，大学教育空间并非天然正当和可供依赖的对象，相反，它需要时时检验和更新。而今天展开大学批评的任务，除却对行政当局坚持不懈的批判之外，同样甚至更应该思考的是：如果说，建设新的大学教育空间是一种必须，那么，在上述现实条件中，参与在这一大学空间中的人们的实际能力如何？是什么样的现实条件和认识方式限制了人们参与的能力？哪些思想和行动上的惯性，构成了今天大学展开空间更新和自我理解时的无形障碍？

二、新的教育空间如何可能：惯性中的网站和月会

回到我在 S 大学遭遇的这件"小事"上来。当行政人员要求我"另谋网络平台和学生交流"的时候，我的第一反应是窘迫。一个是因为实际问题，一旦离开由体制保障的网络空间，仓促之间，如何找到适合和一百多名学生展开讨论的虚拟场所？另一个是，作为大学中人，且自认为关注教育议题，对于主管部门的这种"随意"，并非第一天知道，却依旧毫无防备。在这一毫无防备的背后，还是对当前这一套体制和既有空间的高度依赖。然而，更令人窘迫的是，这样的准备，或者说，企图创造大学内部不同的教育空间的努力，对文化研究并不陌生，却往往并不成功。这说明，想要打破定见的宰制，对大学空间进行不同方向的建设，仅是"意识到"是不够的，还需要回答更进一步的问题，从而理解为何对既有的大学空间的批评，总是无法转化为建设新型空间的努力。

用王晓明老师在《文化研究的三道难题》中的话说，S 大学的文化研究系是在充分意识到文化研究进入体制后可能逐渐丧失批判和活力的情况下，"硬着头皮挤入现行大学体制

的";并且,从一开始就企图通过一系列的教学制度上的安排,来开拓一个属于文化研究的相对独立的空间。[1] 转眼之间,七八年过去了,这一独立空间的建设情况如何呢?此处,仅以网站和月会的状况为例,展开初步的讨论。

从 2003 年成立至今,当代文化研究网已有十多年的历史。最初的网站,由首页、热风论坛和课程讨论区等多个部分构成,鼓励对文化研究有兴趣的师生共同参与。此后,网站经历了多次改版。2012 年,参与网站更新作为研究生实践课的内容列入培养方案,予以评价和考核。这一改动基于以下两个原因。第一,之前学生参与网站的方式,以自愿为主。一旦确定参加之后,便参与到网站工作的规则制定、工作讨论和内容更新之中。由此反复出现的问题便是,每次开完工作会议,人人热情高涨,信心满满,内容更新也比较积极及时。可时间一长,热情和积极性随之消退,原有的工作制度便开始形同虚设。因是自愿参加,对这样的行为,网站缺乏问责机制,往往不了了之。通常的补救之法是再次开会或更换一批学生。虽然是这样磕磕绊绊的方式,网站还是做了不少的事情,但如何形成有效的运作机制,既保证网站的持续更新,又可以让学生在"做"的过程中加深对文化研究的理

---

[1] 王晓明:《文化研究的三道难题》,《近视与远望》,复旦大学出版社,2012 年。

解,这一问题一直没有解决。将其纳入课程内容,便是一次新的尝试。第二,2012年文化研究系成立独立的学科点,正式招收名正言顺属于"文化研究"的研究生。如何将文化研究的理论学习和社会实践相结合,免于专业化和学科化,是文化研究系在设置课程时面临的一大问题。受到台湾世新大学社发所实践课程的启发,文化研究系希望可以设置这一类的实践课程,以便在制度上确认文化研究对社会实践和理论学习之间关系的基本看法。较之于其他仍然有待开拓的平台[1],当代文化研究网是相对成熟的媒体实践平台。至此,当代文化研究网正式成为文化研究教与学的体制性空间的一部分。[2]

可惜的是,这一尝试的结果,却不尽如人意。课程化的评价和考核,并没有解决学生参与热情难以持续的问题。虽然对定期更新文章、撰写快评、组织圆桌等的要求一再降低,但一个奇怪的现象是,无论如何降低,这些预定的课程任务总是无法完成。2015年,以当代文化研究网为主,其他实践活动为辅的实践课程,在一年级硕士的培养计划中取消;2016年,整个实践课程取消。

---

[1] 在中国大陆的语境中,文化研究基本上仍是学科体制的产物,其在学术思想上的传播和其与社会实践活动的互动关系,并没有同步发生。彼时,对文化研究系而言,文化研究实践课的其他两个部分内容,即"我们的城市"市民论坛和工人文化共建,都刚刚起步。

[2] 在此之前,网站虽然同样负担这一功能,但并未被制度化。

另一项教学制度——文化研究系的月会,同样始于2012年,初衷在于为全系师生在课程规定之外,提供一个定期的思想交流的平台。月会分为三个部分。第一部分,是邀请本系师生或其他青年学者,对自己正在关心的议题做个发言。第二部分,主要由学生提出一个热点问题供大家讨论。第三部分则是漫谈,主要用于交流资讯和信息。最初的模式,是由系内老师负责组织,一月一次,但越是到后来越无法定期进行。一个经常被提出来的理由,是凑不齐时间:因为月会并非体制内非开不可的会,也就很容易为其他事务让路。从2015年开始,停办月会的提议一再出现。2016年10月,月会保留原有模式,但交由学生全权组织。

不难发现,网站也好,月会也罢,最初的设想都很美好,目标也颇为明确,就是本着对文化研究的理解,借由体制的力量——这是一个系所,创造不同的教育空间。但实际上,在现有的体制内,仅有此类笼统的意识是不够的。一旦实际操作起来,便会面临一系列更为具体的无法用既有的抽象理念来打发的身心混乱。

其中,第一个问题便是,对于网站或月会这样的试图创造不同类型的教育空间的制度设置,师生应该如何理解?这个问题,对教师或学生而言的意义也许不同,但其在理解"制度"时的障碍,却颇有雷同之处。长久以来,总是处于被

(学校/政府）治理的状态中，中国人对于制度的反感近乎成为一种本能。这一本能，一经出现便和社会生活中已经积累起来的其他不满迅速串联结盟，并不断自我合理化：既不屑于辨识其针对的对象是什么样的制度，也无限延宕这样的反应有何实际意义的问题。只要体会到这一反感，便在制度之外寻找取巧的捷径，或想方设法破坏制度的约束力。即便在欢迎和接受文化研究思路的人中间，仍然留有一部分这样的本能。

从理性上看，这样的本能自然极为幼稚。但在现实中如何化解，使以建设新空间为目标的努力免于此类"微观抵抗"的消耗，是日常教学中必须面对的一大问题。比如，对学生来说，无论是网站要求的上传文章、撰写快评和组织圆桌，还是月会要求的学术发言和话题讨论，是难度各不相同的学习任务；如果没有学习的主动性，往往无法完成。但学习的主动性，就目前的教育制度和社会状况而言，又并非天然就有、只待挖掘的东西。它的构成成分，除却对知识的好奇，对现实的热情，还有很大一部分是既有的教育空间所导致的学习生活的巨大惯性。此时，如果没有严格的教导和监督，没有制度上的强制性，主动性即便出现，也很难长久维持。而在上述反感的本能中，任何强制性往往被不假思索地理解为"压迫"，哪怕只是迫使人改变原来过于"舒服自在"的状态。而关于个人自由和兴趣、权力关系之类的说辞，便在这样的时刻喷涌而出。更值得注意的是,这样的理解,不仅在学生中存在,在教师中同样存在。后者往往表现为,不敢或不愿用制度严格要求学生,认为那样做有"压迫"的嫌疑。如此一来二去,理念上再好的制度也就变得形同虚设。

其二,与这种情绪性反感相伴随的另一种混乱,是信心的缺乏,以及由此而来的"及时兑现"的诉求。人们一方面极度需要由新事物来支持信心,以抵抗对现实的不满,但另一方面,给予新事物以生长的时间和空间条件时,又表现得极为吝啬。其中的逻辑往往是:既然新的教育空间是有意义的,那么最好立即证明,如果不能立竿见影地证明,那么怎么能够叫人相信呢?在这种逻辑的支配下,新的教学制度和组织方式,会遭遇各种看似"有理"的问题。比如,月会主讲者的内容太过无聊或不够深刻,是不是在浪费大家的时间呢?网站文章的浏览量那么低,更新有意义吗?快评写了没人看,有什么意思呢?学生花时间做了太多琐碎的"实践",真的有意义吗?大家已经很忙了,新的制度把大家搞得更忙,忙到无法做"我"更想做的事,这有意义吗?如果上面这些问题的答案都是否定,那么,这个制度究竟有什么继续存在的必要呢?

对想要在严酷的环境中确立自身的另类教育空间而言,这些问题往往似是而非。这不仅是因为教育从本质上说,仍然是到目前为止，所有人类活动中最需要时间，无法通过任何技术手段加速的积累运动；更是因为，上述质疑者往往有意无意地要求教育和资本一样，通过一家独大式的运作模式"及时兑现"，获得迅速的成功。在这些噪声般的提问中，教育的力量，一个新的教育空间的出现，如何避免以资本相同的逻辑运作，获得人们持续的支持与参与，这一问题，并没有得到正面的回答。然而，也是在这一混乱中，不断发起对新制度的质问，动辄推倒重来，成了信心匮乏者革新/逃避现实的唯一武器。

最后，不同的批判立场、思想倾向和解决思路，在这一新的教育空间的建设中，应该如何共处？这一问题，显然具有文化研究的特殊性质。文化研究将自己理解为是一种必须介入现实并且改变现实的力量。当人们对现实的判断有所不同时，思想倾向、主义或所谓"路线"取舍的问题，便会出现。[1] 当这

---

[1] 此处，继续引用王晓明老师在《文化研究的三道难题》(2012) 对中国大陆文化研究从何着手介入现实这一问题的基本概括："目前，文化研究圈内的回答大致是两个：一个认为，主要的动力来自城市里的中等收入的阶层（而非"中产阶级"），这个阶层成分复杂……有相当一部分人，明白自己的真实社会地位，亦有一定的文化和经济资本，因此，他们既有变革的愿望，也有变革的能量。……另一个回答则认为，良性变革的真正的动力，还是来自城乡的底层民众，主要是城市低收入阶层、农民工和留在乡村的尚未富裕的农民，因为他们承受了最大的压迫，而按照毛泽东式的思路：哪里压迫最大，哪里反抗就最大。"这是他在 2009 年做的概括。今天中国社会的状况已经有相当大的改变，文化研究内部的思路也有所变化，但大体而言，仍不脱这两大类。

一取舍和教育空间的建设相关联时，问题也就变得格外具体：这一空间的包容性和临界点究竟如何确定？在这一新的教育空间中，包容和排斥的依据是什么？在这里，韦伯关于"价值中立"的论述，虽不一定适用，但恐怕还是存在着两种不同的对待教育空间的方式。它们的分歧之处并不在于如何判断现实，而是对教育空间的不同理解。换言之，在紧迫的现实中，何种新的教育空间是文化研究应该追求的，什么是这一类空间得以自立的理据？倘若对这一点没有正面的交锋，那么，仅有的"避免体制化"或"坚持跨学科"之类的论述，并不足以支撑起文化研究想要在体制内生存且创造新的教育空间时所必需的基本共识。

三、新的教育空间为何是必须的？奖学金后续

至此，在现有的大学体制内革新和创造新空间的难度，不光来自霸道得近乎"无厘头"的行政权力，也不直接来自企图夷平一切的资本之力。它更直接的来源，恐怕是在行政和资本的长期治理之下，内化了种种既有的空间惯性而不自觉的大学中人。一旦在这一空间惯性中，将空间的创造、养成和维护，视为体制的责任，与自己无关，或对上述问题持一个"知道分子"的态度，却不愿意时时准备，为创造和维持新的空间持续努力，那么最终遭受损害的，自然也是这同

一个群体。

在《通向未来的船票：作为通识教育的文化研究》中，我记录了2014年开始的中国大学研究生收费和学业奖学金制度，以及文化研究系的师生对于这一制度的思考和讨论：

> 对文化研究系的师生而言，学业奖学金的评定问题变得格外现实。
>
> ……
>
> 在此过程中，文化研究系的师生还是不可避免地要"分钱"，但区别于教育部的"以利诱之"，学生在思考和探索新的分配方案时，从来不是立足于一个糟糕的功利化的现在，而是从他们所相信的更美好的未来出发，来设想今天对金钱的支配，或如何运用经济的力量，建立起不美好的现实和更美好公正的未来之间的实际联系。而所有这些，正是当"学业奖学金"试图将人直接碾压为彼此竞争或无差别的个人时，文化研究的教与学所产生的现实。[1]

现在看来，这样的记录，仍然是太过乐观了。在中国大

---

[1] 罗小茗：《通向未来的船票：作为通识教育的文化研究》，《末日船票：日常生活中的文化分析》，上海人民出版社，2015年，第16页。

学教育的体制中,从"说出真理"到"运用真理,有所作为"的距离,比原本以为的更加遥远。想要建设新的教育空间的人们,倘若不能正视这个距离,过于乐观,进而丧失对情况的基本判断,那么失败也并不奇怪。

就拿当年这一轮学业奖学金的内部讨论来说,参与者对于这一制度的批评,可以说颇为一致,由此感到的愤慨也极为真实。这些自然可以视为学习了文化研究的结果。但当讨论推进到需要构想和协商一个切实方案推行之的阶段,和网站和月会相类似的结构性问题,便开始出现。简要言之,就是一旦需要通过内部讨论,确立一个制度,每个成员应该如何看待这项制度对自己的强制性?他们是否有信心坚持从更长远的创造共同体或形成新空间的角度,非临时性效用的角度理解制度的确立?如何理解在这一状况中,教师和学生各自拥有的权利和必须履行的义务?不同的思想立场,如何在这一类事件中彼此协作,共同推动制度的形成?

在后续的讨论中,这些问题并未得到讨论和澄清的机会。在此情况下,学生提出教师应该退出具体方案的讨论,理由是教师参与是一种压力和权力关系的表现,应该由学生自己来组织后续讨论。同样的,教师在明确提出和推动上述问题的讨论之前,便全盘接受了学生的意见。最后,教师的退出,在某种意义上也就意味着讨论的悄然中止。虽然有零星的学生要求进一步讨论，但响应者寥寥，以至于此事最终不了了之。

事后回顾，可以相对清晰地看到，如果无法就上述问题在文化研究系内部形成基本共识，那么仅仅是针对奖学金一事，就事论事的知识的批判或情感的累积，无法提供足够的动能让人摆脱既有的空间惯性，投身于新制度的建设。同样应该看到的是，上述共识并非事情突发时，可以仓促成形的判断。它们实际上是文化研究这个空间内发生的各类事件和教学过程中积累下来的产物。这意味着，对文化研究来说，平日里如果对以网站、月会为代表在新空间创造过程出现的混乱不清，不做及时的澄清和争论，那么一个必然的后果，便是一旦需要面对这样的事件，展开集体行动时，文化研究的共识永远不足。或者说，文化研究既有的共识，实际上无法在体制内为一个需要行动的而非知识性议论的集体事件，提供足够的空间条件。

2016年，是国家收取研究生学费的第三年，也是学业奖学金发放的第三年。这一年，S大学的研究生们突然发现，三六九等的奖学金数额，大大减少了。即便是拔得头筹，拿到的奖金也要比他们每年付出的学费少上数千元。如果说以往的分发，是小部分人盈利，大部分人收支平衡，小部分人亏本的话，那么这一次，所有的S大学的研究生，尤其是文科生，恐怕就没有所谓的"受益者"。于是，照例是学生不满抗议，学院安抚协调。这样的"抵抗"不负有创造新的空间的意识，更多的是发泄因自己利益受损而来的激烈情绪。但也是这样的"抵抗"及其后续效果，让人更加意识到，在一个高度治理化的社会中，倘若不能建立一个能够长久与之相区别的空间，确立不同的空间组织逻辑，那么想要制约治理者的"规定"和"随意"，或者想要对这些时时都有可能发生的"规定"和"随意"做出有意义和有力量的反应，便是不可能完成的任务。

此处，有必要回顾一下涂尔干讨论巴黎大学时讲的小故事：由于与教皇之间的权力纷争，法国皇帝威胁要关闭巴黎大学，谁知巴黎大学的师生们毫不畏惧，表示随时可以离开巴黎，去别处重建大学。最终，法国皇帝威胁未遂，只能低头认输，巴黎大学也就继续留在了巴黎。对此，涂尔干评论道："当时的确有些具体情势，让贫困赋予这些群体以力量，让他们可以四处流动，增强了他们的抵抗能力。"[1] 在涂尔干看来，正是巴黎大学师生们的两手空空，让他们具有了一种抵抗力。把这个小故事放到今天来看，让一个大学离开了固有的空间依旧能够重组的，恐怕并非他们的赤贫，而是他们

---

[1] 涂尔干：《教育思想的演进》，上海人民出版社，2003年，第125页。

对于自己所拥有的教育空间特有的生产能力以及为这一空间重建持续投入的高度自信与自觉。没有这样的自信和自觉,赤贫便只会让人向权力和资本频频折腰。而这正是今天的大学变得孱弱无力,让大学内的所有劳动集体贬值的原因所在。

2016 年 11 月 26 日

"做土"的问题:文化研究"建制"在上海[1]

> 泥土和天才比,当然是不足齿数的,然而不是坚苦卓绝者,也怕不容易做;不过事在人为,比空等天赋的天才有把握。这一点,是泥土的伟大的地方,也是反有大希望的地方。
>
> ——鲁迅《未有天才之前》

差不多十年前,王晓明老师在《文化研究的三道难题:以上海大学文化研究系为例》中,将如何在现有体制内开辟空间、保持活力,向其借力而不被其收编,列为在中国大陆开展文化研究的第一道难题。这是因为,虽"反体制是文化研究的基本立场之一",但既有体制对于资源的高度垄断、大

---

[1] 感谢王智明老师的邀稿,让我有机会记录这一部分的观察和思考。匿名评审对于此文的认真点评和详细意见,对于修改本文有非常大的帮助,在此一并致谢!在"未有天才之前",鲁迅鼓励人们做虽不足齿,但非坚苦卓绝也做不到的泥土,本文的标题即由此而来。

学在支配性文化生产机制中的核心位置等现实条件，构成了中国大陆文化研究在学院内建制的必要性。[1]

在"硬着头皮挤入现行大学体制"十多年后，再来思考这道难题，便会发现，社会整体状况的急遽转变、大学体制的变革和文化研究开展的实际状况，已经为这道难题增加了新的条件、限定和补充说明，难题的重心也有所转移。至此，考察体制在当代社会语境中的准确位置和实际状态，捕捉反其道而行之的可能与策略，进一步思考文化研究与大学体制之间的关系，促其更深入地在地化，在吸纳欧美理论之外形成新的动力装置，也就变得格外重要。

一、变化后的现实条件

粗略说来，围绕中国大陆文化研究的建制问题，现实条件的变化在于这样几个方面：

首先，是大学体制的日趋固化和善变。表面看来，固化和善变是彼此矛盾的状态，但就大学体制十多年来的转变而言，却形成了一体两面、齐头并进的态势。

---

[1] 王晓明：《文化研究的三道难题：以上海大学文化研究系为例》，罗小茗编：《反戈一击：亚际文化研究读本》，上海书店出版社，2019年。文章列出的后两道难题是文化研究如何展开对社会良性变革的动力分析和文化研究的中土特质如何创建。对后两道难题，本文也有相应的思考，但限于篇幅，不做具体的论述。

2003年,北京大学率先以数量化和核心期刊(SSCI、CSSCI)为导向的学术评鉴和聘任制度改革大学。尽管这样的方式在当时引起了巨大的争议[1],但整个大学体制——无论是教学改革还是科研管理,围绕这两个标准日益固化的趋势,并未改变。此后,中央、地方乃至大学自身,不断出台各种政策措施,处理由改革带来的新问题[2]。但总体而言,单一的评价标准不改变[3],这些头痛医头脚痛医脚的措施,让大学在固化的方向上越陷越深。

---

[1] 部分讨论文章收入了甘阳、李猛编的《中国大学改革之道》(世纪出版集团,2004年)。事后看来,围绕北大教改展开的这场大辩论,也是最后一次中国大陆学界不同思想立场的人文知识分子,就一个重要的社会问题集体发言,形成争议,并引发社会关注。遗憾的是,这些言论对大学改革进程并没有太大影响。

[2] 这些问题包括:重视科研而忽视教学,强调数量而忽略质量,教育资源过于集中于部分大学等等。2012年,上海市教委下达《关于开展本市本科高校骨干教师激励计划试点工作的通知》,增设针对本科的教师坐班答疑和晚自习辅导制度;2016年6月,教育部官网宣布,对新时期高等教育做出新部署,"985""211"工程以及重点、优势学科建设等相关文件失效,统一纳入"双一流"(世界一流大学和一流学科建设)。2019年2月,"翟天临事件"后,教育部发布《关于进一步规范和加强研究生培养管理的通知》(http://www.moe.gov.cn/srcsite/A22/moe_826/201904/t20190412_377698.html)。2019年6月11日,中办、国办印发《关于进一步弘扬科学家精神加强作风和学风建设的意见》,旨在整顿学界不正之风、强调科研诚信,http://kjj.jyg.gov.cn/kjgl/kjjh/201906/t20190612_466918.html。从这些意见的频频出台和"事无巨细"中,可以一窥当前学界风气之恶劣和问题之严重。

[3] 早在20世纪90年代,雷丁斯便指出了其中的关键所在:即一旦使用量化考核的标准,就意味着评价学术的权力势必为行政部门所掌握。比尔·雷丁斯:《废墟上的大学》,郭军等译,北京大学出版社,2008年,第30—31页。

"做土"的问题：文化研究"建制"在上海

同时，这一唯数量和核心期刊马首是瞻的制度改革，进一步弱化和掏空了本来就不怎么强健的学术共同体，导致大学体制不得不越来越善变。当大学忙于应付各类偏于形式的检查，行政部门以连坐/扣钱/解聘之法惩治教师，以放弃大学的独立品格、无视教师的个人尊严为代价，换取各类好看数据[1]的时候，也就很难想象，还有什么样的力量，可以阻止大学的各个层级，将自身利益——首先是政绩好坏、仕途升迁，其次是"免责"与"懒政"——摆在教书育人和生产新知的公共职能之前。朝令夕改之事，变得稀松平常。于是，在量化指标的强光之下，大学体制一方面正变得越发固化僵硬，另一方面，却也因放弃了教育的基本原则而不断改弦更张。[2]

其次，当大学体制发生上述变化之时，体制中的学科和

---

[1] 在这里，数据的好看不光是指科研发表和项目经费的数量多少，更重要的是毕业率、就业率、考研率、国际生比例、获奖和保研比率等一系列大学考核指标的高低。

[2] 长期以来，在乡村社会的研究中，人们特别关注中国社会中官僚体制自身的变化。比如，欧博文、李连江在《中国乡村中的选择性政策执行》便讨论了这一变化，指出"一种选择性的政策执行的模式已经在中国的乡村中形成。许多干部尽职尽责地执行着不受村民欢迎的政策，但是却拒绝执行其他那些受村民欢迎的政策。"（http://www.aisixiang.com/data/39088.html.）遗憾的是，当相类似的事情发生在城市社会或相关机构中时，却少有人关注和研究。一方面，人们意识到"懒政"和"免责"普遍存在，但另一方面，这些究竟会给城市社会，比如像大学这样的机构，带来什么变化，却显得比乡村治理问题更像是一个禁区。

研究者的状况也在变化。在《中国社会科学"知青时代"的终结》中，项飚通过勾勒知青一代学者的学术践行，提出了对学术规范化之后学界中人的担忧：

> 虽然公务员和体制内学者在 2014 年以后都反对 20 世纪 90 年代末以来的"维稳"政策，但是他们归根到底是要维稳的。维稳是其最大利益所在。在课题选题、工作方法上"唯上"，心中的目的是要"维稳"。[1]

这一学术生产的实际状况——管理者和被管理者之间的日益"和谐"与"共情"，带来了文化研究在中国语境下的特殊挑战。

它具体表现为，文化研究进入中国大陆二十多年来，其挑战既有学科边界的难度，远没有在西方学界那么大。这是因为，将欧美理论及时吸收进社会人文学科，是中国学界自 20 世纪 80 年代以来的传统。文化研究在中国大陆的兴起，

---

[1] 其后，项飚准确地指出法兰克福学派——这一重要的文化研究源头——的独立性："独立性确实是法兰克福社会研究所在 20 世纪初能够形成法兰克福学派的一个重要条件。但是，它的独立，不是独立于政治和社会，而是独立于已经独立了的学术界。"项飚：《中国社会科学"知青时代"的终结》，《文化纵横》2015 年 12 月刊。

"做土"的问题:文化研究"建制"在上海

在某种程度上也隶属于这一传统。同时,自1977年恢复高考以来,社会人文学科的历史积淀本就不足,新的学科系所在社会需求之下不断涌现;在大学拥抱市场的过程中,基础学科又往往被边缘化。所有这些都使得既有的社会人文学科的内在理念和价值,远不是那么明晰有力。至此,将一个学科有力统合起来的,与其说是值得捍卫的学科理念与价值,不如说是由教育部的学科目录、学术规范、课程考试、学位制度、期刊会议所构成的一整套学科制度。在此过程中,学界中人往往高度依赖于这一系列规范化的制度章程来锚定自身的位置。这使得人们对于体制和规范的敏感性和警惕心,持续减弱。最终,在这些因素的共同作用之下,社会人文学科内部相对独立的自我推进的逻辑,尚未牢固确立便被打翻在地。这些身形不定的学科,很难成为持续对话的对手。以挑战既有学科的"顽固不化",获得自身合法性和进步性的文化研究,据此展开演进的动力,也就格外不足。而体制外社会运动和思想运动的稀缺,又使得文化研究找不到更好的结盟与对话的对象。[1] 至此,这一前进动力的双重匮乏,构成了文化研究在中国大陆持续推进时的特殊困境。

最后,另一个极为重要的现实条件——受教育者,也在

---

[1] 因为生存环境恶劣,体制内外的机构或团体,实际形成的是一种抱团取暖、交换资源而非诤友的关系。

发生急速的转变。尽管事后的追溯往往将一个学科或流派的确立壮大,功劳归于少数著书立作之人,但实际上,那些对未来有着好奇、对现实有着不满的年轻学生,他们的生活直感和热情呼应,对于新的问题领域的形成和学科更新有着极其重要的推动作用。表面上看,是老师在开辟新的局面,领着学生往前走。若定睛细看,又何尝不是学生更本能地呼应着时代的冲击,以"长江后浪推前浪"的方式,催促着老师们前行。

然而,对文化研究来说,这样的"前浪"和"后浪"之间的推动关系有所改变。作为另类的研究计划,文化研究从不指望"振臂一呼应者云集",却也期待偌大的中国社会,总有那么几条漏网之鱼。可惜的是,在一个乍看起来多姿多彩,实质上生活的丰富性和可能性急速缩减的社会里,这样的期待越来越落空。[1]

上海大学文化研究系不设本科。[2] 最初的目的,是希望

---

[1] 自晚清以来,中国社会已经养成了将社会希望寄托于青年之上的新习惯。虽"一代不如一代"是每一代人都会有的感慨,但社会在青年身上看不到希望和热情这件事情,既是百多年来头一遭,也是 21 世纪以来中国社会逐渐富裕之后的一个新现象。这并非文化研究独有的困扰,而是整个社会都必须面对的问题。

[2] 2004 年,上海大学文化研究系成立,当时的设想便是不组建文化研究的学士学位课程,只提供本科选课。发展到今天,文化研究系提供给学校和学院的本科选修课程有 5~6 门。2012 年,经教育部审核批准,文化(转下页)

学生经过四年本科的学习，积累了一定的专业知识之后，再来接受以问题为导向的文化研究的训练。但是，在前两种变化的作用之下，大学本科教学质量严重下降。四年的大学教育，既无力为广大学生提供相对稳定的专业知识，也不培养他们的好奇心和自主学习的能力。这意味着，一旦进入研究生阶段，传统学科的学生还有可能通过加强专业训练，依照学术规范，依样画葫芦地撰写论文、换取学位的话，考入文化研究系的学生则发现，自己所要面对的挑战，远不止于此。这不仅是因为，对文化研究来说，依样画葫芦的"好事"根本不存在，也是因为，就连阅读和思考都无法按部就班、照本宣科，而不得不在随时随地的反思中进行。而这恰恰是一路接受着应试教育的标准答案、习惯了与权威相安无事、事不关己地成长起来的青年，最感不适之处。面对这样的挑战，知识储备、心理能量和思考能力的不足，势必让他们在前行时产生更多的畏难情绪，更不容易确立起对自己的信心，更遑论以"后浪"的姿态面对时代了。

(接上页)研究成为由上海大学自主增设的二级学科，获得硕士和博士的招生资格，并于当年正式招生。迄今为止，共招收博士生17人（其中外籍3人），硕士生29人（其中外籍1人，非中国大陆籍1人）。其中，已毕业博士生4人，硕士生16人；博士毕业生多进入大学或研究机构，硕士毕业生除继续攻读博士学位的5人外，多为公务员、媒体工作者和自主创业者。近十年来文化研究系所展开的制度建设和教学实验的状况，可以参考《作为空间的中国大学：来自文化研究的"课堂"观察》中的记录和分析。

至此,中国大陆文化研究和体制发生关联的现实条件,已经发生了很大的转变。如果说,文化研究一路走来,其在英美诸国获取进步力量的路径,在最初的十多年中尚对我们有借鉴意义和实施效果的话,那么现在,这一路径已基本失效。站在反体制立场上的中国大陆文化研究的"建制问题",已经由"是否/如何进入体制"进入到了下一个阶段,即如何在上述现实条件中,重新确认立场,锁定对手,装配起文化研究往前发展的新一轮动力装置。

二、"文化事实"的累积

不难发现,在这一社会变化的过程中,不管是围绕大学体制展开的现实,还是更为广泛的中国社会状况,文化研究对于"文化"的强调,不仅依旧有效,而且越发关键。这是因为,这一对"文化"的强调,直接针对和持续挑战当前社会体制的运行后果——随着集权体制-量化经济-网络技术的套装的深入,中国社会失去了整体性地理解、把握和克服危机的能力。就此而言,深深的无力感越是包围着人们,将人撕裂为不可对话、缺乏共识、也无从合作的散兵游勇。而将"文化"视为一整套将他们囊括其中,由生产组织、家庭结构、制度结构乃至社会成员之间的沟通形式等所构成的特殊的生活方式,并对此展开分析,也就越发成为一个社会展开自我理解,而非将其拱手让人时不可退让的据点。对于当下这一种生活方式,观察得越仔细,记录得越清晰,分析得越深入,它在历史长河中的特殊和短暂,也就越发显豁,被其全然控制的无知和恐惧,也就不那么容易霸占人心。

问题在于,面对这样的现实,文化研究应该展开什么样的立足于"文化"的记录和分析,方能真正占据要津、牵制全局?在这里,文化研究的方法需要被重新讨论。

一直以来,文化研究主张,根据对现实的判断和对问题的理解来选择方法。此处的现实,既非泛泛言之,也不是一般的社会论断或主流媒体的话语呈现,而是明确指向以完成漫长的"文化革命"为目标[1]而被持续捕捉,以便展开分析、批判、改进和累积的"文化事实"。[2] 这意味着,当文化研究

---

[1] 雷蒙·威廉斯以"漫长的革命"命名这一文化上的巨变,指出:"如果我们想要理解理论上的危机,理解我们的真实历史或是我们目前的现实状况以及转变的条件,那么就必须始终努力把这个过程当作一个整体来把握,以新的方式视其为一场漫长的革命。"雷蒙·威廉斯:《漫长的革命》,倪伟译,上海人民出版社,2013年,第5页。

[2] 在这里,"文化事实"的命名来自于对迪尔凯姆的"社会事实"的改造,以区别于未经整理的散落于社会之中的各类现实。社会学的奠基人之一迪尔凯姆在《社会学方法的准则》第二版序言中,再次解释了在当时引发极大争议,此后成为社会科学基础的"社会事实"这一概念。他强调:"凡是智力不能自然理解的一切认识对象;凡是我们不能以简单的精神分析方法形成一个确切概念的东西;凡是精神只有在摆脱自我,通过观察和实验,逐渐由最表面的、最容易看到的标志转向不易感知的、最深层的标 (转下页)

跟随雷蒙·威廉斯的脚步，将展开文化分析的目的确认为促成良性文化的完成之时，如何以文化之名，将那些隶属于文学、社会学、政治经济学、历史学、人类学或传播学等等的现实材料，经由整理、分类和解析，使之成为"文化事实"，由此纳入文化革命的视野？如何确认在这一过程中，被如此分析的"文化事实"，其所具有的客观属性，以及由此而来的延续/断裂和累积？如何对这一收集、分析、研究的过程展开检验和反思？这些都构成了需要仔细讨论的方法上的问题。因此，就在体制内展开的文化研究的学术工作来说，其步骤势必包括：首先是捕捉、辨别和整理一部分的社会现实，将其归纳概括为"文化事实"，其次是从良性的社会文化生产的角度，就这一部分事实展开分析和判断，最后才是据此做出相应的诊断、建议和进一步的理论概括。然而，就目前中国

（接上页）志的条件下才能最终理解的东西，都是物"，而将社会事实视为"物"来展开研究，承认社会事实的客观实在性，是其确立自身方法、建立社会学科时最基本的规则。（迪尔凯姆：《社会学方法的准则》，商务印书馆，1995年，第7页。）对文化研究来说，迪尔凯姆对争议时特别强调的"社会事实"的整体性和公共性，是文化研究在确认"文化事实"时无需过多讨论的共识。反倒是将文化的改造过程视为一种需要被物化的对象，重视它的客观属性和由此而来的延续性这一点，需要更多的讨论来澄清。然而，自文化转向以来，建构主义的思路已经深入人文学科的骨髓。对于"文化事实"的建构过程所具有的客观性、物质性和可供检验的可能，又往往因为文化研究总拒绝成为一个学科，因此也不介意其研究对象是否区别于其他学科而具有独特性，而被大大忽视了。

"做土"的问题:文化研究"建制"在上海

大陆的文化研究而言,这三个步骤之中,最为薄弱、令人犯难,也最不被重视、缺乏讨论和思考的是第一步。[1]

仔细分析的话,文化研究的第一步之所以迈得如此艰难,源于这几个方面的因素:

首先,在"中国速度"的指引下,社会空间迅速变迁,网络技术日新月异,审查制度更是日益苛严。所有这些都使得,无论是在实体还是虚拟空间中,散落各处看似经济技术实则发挥着重塑心智的文化作用的现实,其效用越来越强,更新的速度越来越快,而留存的时间越来越短。未经整理的文化现实的随时消失,已经成为一种常态。[2] 人们还未来得及从文化的角度展开甄别和评价,形成"文化事实",并由此生成"选择性传统",它们便已经过时和隐形了。[3] 比如,就中国当代文化研究中心进行的"都市青年居家生活调查"来

---

[1] 粗看之下,这和文化研究最初是以一种西方先进理论的面目进入中国大陆学界有关,实则不然。真正的问题在于,为什么中国大陆的文化研究始终盘旋于最初的阶段,而无法进入下一个阶段。大学体制固然是其成因之一,但对于方法的讨论过于匮乏和笼统,却是文化研究自我认识的问题。特别是,当这一步——"文化事实"而非别种类型的现实的捕捉、辨别与整理,实际上是很难通过笼统地向别的学科——无论是社会学、人类学还是政治经济学——学习具体的方法,自动完成时,更是如此。

[2] 在这里,还不止是指以"404"的方式大声宣告的即刻消失,更多的是在人们毫无意识的情况下的悄然不见,以至于看起来从未存在过。

[3] 一个现成的例子是微信。有兴趣的朋友可以查看它历年来的版本更新记录。其中,引发争议的更新和它的更新频次比较起来,数量是极少的。比如,2018年对于朋友圈"三天可见"的议论。

说,十多年前在城市中心还随处可见、到处耸立的巨幅楼盘广告,已经销声匿迹。日后,人们虽可以从报纸和影视剧里,找到"居家生活"的兴起和成为强势文化的只言片语,但这一曾大规模覆盖城市的文化事实,却已经被后续的城市空间充分内化和迅速抹除了。[1] 再比如,1998年被认定为中国大陆网络文学的起点。仅仅20年之后,人们再来回顾这一历史时,最大的感叹便是网络文学作为研究对象,其灭失的速度何其惊人。[2]

显然,政府部门、资本和媒体对积累和保存曾经发挥过作用的文化事实,兴趣不大。甚至于,他们努力的方向恰好相反,那就是不断重组现实,以便让某一种片刻的文化看起来"永恒"与"唯一"。这种操纵现实的做法,使得人们活在越来越短促的当下。社会记忆被不断破坏、拼贴和重组,只能以一种悠远的文化怀旧的面目、作为此刻的装饰品出现,而不具备与当下这一种现实展开辩驳的能力。[3]

其次,对中国大陆文化研究而言,这个文化事实未经整

---

[1] 2019年5月31日,文化研究系"数码文化与社会"硕士课程的总结讨论。

[2] 何平:《行将隐失的证词》,《热风学术(网刊)》2018年冬季刊。显然,这一出现和消失,不光是指狭义的作品内容,也包括它是以何种技术手段呈现、经过审核的过程、被浏览的数量和分布时间以及在何种网络分类法中被放置和引发讨论等等。

[3] 熟悉网络技术的人也许会说,只要在网络上存在过,那么就一定可以找到。的确如此。但问题在于,人们必须先知道自己要找的是什么,才能在网络信息的海洋上较有信心地出发,展开"IT考古"。而这种寻找和重组"文化事实"的能力,恐怕又是技术无法代替人来完成的。

"做土"的问题：文化研究"建制"在上海

理便过快消失的问题，一直以下面这样的面目出现。那就是，对于那些新的社会文化现象，特别是其中的一大部分都是由主流媒体推到人们眼前的社会热点，文化研究是否需要和如何及时关注？予以关注、展开研究的意义到底是什么？对文化研究的学徒们来说，这一困扰是非常直接的。一方面，他们的日常生活浸润在媒体世界之中，社会热点往往牵动着他们的兴趣。及时思考这些文化现象，对此发言，是文化研究特别鼓励的。但另一方面，他们又发现，实际做的似乎不过是用"文化工业""消费社会""新自由主义"或其他刚学会的理论名词，批评一通，好似一场换汤不换药的练习。[1] 更经常发生的事情是，等他们好不容易做了一番研究，觉得可以发声的时候，社会热点早就移到了别处。这样的经验，难免让人感到疑惑和寂寥。

在过去，对于这样的困扰，通常的回答是，这些五花八门、时时翻新的文化现象背后，是一整套20世纪90年代后逐渐形成的支配性文化生产机制；通过对它们的调查和研究，来勾勒这一背后的机制是有意义的。这样的回答虽正确，却回避了文化研究在捕捉和整理文化事实时因速度和标准而遭

---

[1] 《视界》是20世纪末21世纪初在中国大陆推动文化研究的重要刊物。在第7辑，发布一组本科生的文化研究论文的同时，《视界》便刊出了旷新年对文化研究的批评文章《文化研究这件吊带衫》，认为文化研究的套路化严重。可见，这个问题从一开始便存在。

419

遇的挑战。前者表现为，与文化相关的现实总是消失得过快而文化研究的反应总是"显得"过慢，而后者则是，捕捉和记录的判断标准，到底由什么来决定。

实际上，上述困扰蕴含的是在捕捉此起彼伏的文化现实、将其确认为"文化事实"时的第二重难度，即文化研究是否有自觉和有可能从"理想的文化"的角度，建立起记录和判断现实的相对独立的节奏和标准？特别是，当今天的经济活动大规模以文化之名展开，文化往往被高度挤压进经济和政治的维度之中，难以自成一体的时候，更是如此。而在一个整体把握能力严重受损的社会中，这一难度无疑是大大增加了。就此而言，一味向社会学、传播学或政治经济学要求方法上的输入，不仅无助于文化视角的形成，反而会模糊这一问题，让其被海量的数据、信息和概念淹没。

第三重的难度，来自于研究者个人近乎无意识的情绪和态度：对于当下此刻的现实的不耐烦、轻蔑和逃避。这样的情绪和态度，恰恰是在第一部分所讨论的现实中逐渐养成的。认为现实糟糕，并有更好的社会状态可以追求，是文化研究的起点。但当代中国的社会语境和大学体制显然以此为起点，规划了多条逃逸路线，使得人们从批判现实出发，或通过高深的理论或通过半古的史料绕道而行，离现实越来越远。其中又有几种不同的情况。一种是在逃逸路线的映衬之下，认

"做土"的问题：文化研究"建制"在上海

为对于当下的认真刻写和努力争夺，是无意义和不值得做的，"不是学问"。一种是充分认识到当下很重要，但因整个教育和学术的训练都是教人对当下袖手旁观的，一时之间也不知道如何着手才好。第三种则介于两者之间，摇摆不定。

如果上面的分析大体不错的话，那么，这些困难实际上也为中国大陆的文化研究，提供了一些有待确认的共识：

首先，对于文化现实的争夺、命名和保存，是"文化事实"得以形成和持续积累的前提，也是文化研究想要在中国现实中确立自身时不可回避的基本任务之一。这是因为，在当前的社会状况之下，对于文化事实的整理、保存和累积的工作，既是文化研究对现实摆开自己的态度，形成言之有物的批评的基础，也是其拉开与权力/体制/资本的距离，通过保存不同的社会记忆和现实类型，形成自己的问题领域和思考节奏的依凭。

其次，进一步的文化研究"建制"工作——从课程设计、教学方法到评价方式，也应该围绕加强文化研究争夺和积累文化事实的能力、建设相配套的学术平台而展开。这是新世纪第一个十年之后，将文化研究反体制的立场，更具体地落实在体制之内需要思考和推进的议题。

最后，对于运用当前的学术体制培养什么人的设想，也由此进一步明确。那就是通过聚焦于上面这一基本任务，吸引不知道怎么办和仍在犹豫的后两种人，更踊跃地加入到对文化事实的刻写和保存之中。而这一对人的培养，显然不限于为大学体制输送教师，也包括在各类文化事业之中、同时参与此项任务的毕业生。

可以说，越是意识到在当代中国最终腾挪定义"文化"的权力之手，越是充分理解到左右着上述难度的决定性力量，就不难得出这样的推论：真正需要严肃思考、认真筹措的，是正视上面这些困难，为文化研究开足马力捕捉、定义和整理"文化事实"，制定更加实际的战法。

三、"考现"的共识与方法

以上述任务来打量既有的中国大陆的文化研究，特别是上海大学文化研究系的工作，便会发现这样两个不足。

首先，全系上下，无论是教师还是学生，其展开学术研究、理解资料的方式，仍是颇为个人的和"学术"的，或者说是遵从既有的学术规范的。尽管文化研究从不看重数量，也不对核心期刊另眼相待，但这两点"否认"，只是对既有的糟糕制度做减法[1]，而非"别立新宗"。虽然我们有当代文化

---

[1] 在某种意义上说，这又何尝不是对于此刻当下的不耐烦、轻蔑与逃避的一种表现。这种态度常常表现为对于制度的单纯的否定或"回避"，而非更积极地反其道而行之的建设。这也许是因为，在这个体制内浸泡得越久，人们就越容易把单纯的否定想象成一种建设。

研究网和《热风学术（网刊）》，来发布和保存所有无法被"知网"化的论文与文章，但其取舍的标准，仍不脱学术观点或批评意见的范围，而不涉及对于文化事实的记录、保存和积累。对于已经展开了研究的文化事实的保存、公开和共享，更是阙如。

仍以之前的"都市青年居家生活调查"为例。此项研究的最终结果，是发布论文和出版一份 10 万字左右的研究报告，供相关的研究者和有兴趣的人阅读。虽然研究是在拍摄大量的实地照片、大规模收集住房广告和相关政策、整理近 1 000 人的问卷数据和 20 多组访谈的基础上，得出上述报告和结论，却从未想过应该将这部分的文化事实的资料，充分档案化、数据化，从而保存、分享，供后来这一问题领域的研究者使用。[1] 而这项研究所针对的文化事实的不保存/不公开，将导致两个后果。一是，研究观点，特别是对于现实的归类和看法，变得难以检验和接续。二是，这样一来，由这项研究努力开辟出来的新的问题领域，也就很难有真正的积累和认真的推进。

实际上，对于这一点更有直觉的，反而是学生们。回想

---

[1] 这当然可以说是从中国现当代文学转移到文化研究之中时，研究方法的惯性所致——现当代文学虽有版本学，但没有如此迫切地保留"文化事实"的问题。但如果仔细推究的话，又何尝不是对于当下的傲慢和对于"观点"的过于看重所导致的文化研究方法上的盲点。

起来，在硕士学位论文中，各类现场照片、网络截图、数据地图，作为可视化的证据，越来越多地出现。但作为证据进入论文，最终进入"中国知网"的毕竟是少数。如何让大量的在调查和研究过程中被辨别出来的"文化事实"——它们显然经过了从文化的角度展开的初步分类、整理和加工，得到更加系统的保存和分享，成为一种有意义的累积和贡献，如何呈现使之得供后来者检验、思考和接续，则是文化研究需要进一步考虑的问题。

其次，文化研究在学术评价方式上，过于看重对现实的看法或创见，却对分类保存和积累文化事实这一部分的工作的意义，认识不足。就对于创新的偏爱而言，文化研究和当代学术体制乃至整个中国社会，基本同构。在这样一种评价方式之下，文化研究的学术工作，变得神秘起来，而非与现实展开短兵相接的非常实际的劳动过程。但实际上，离开了第一步的文化研究，不可能有什么真正的创造。唯有真切地认识到什么是"旧"，方有可能准确地把握到与之相对的"新"。在教学和指导论文写作的过程中，这种评价方式上的厚此薄彼，则更直接地表现为，学生们宁愿躲在图书馆里读理论，也不愿意展开实际的调查研究；又或者，明明做了很多实际的调查研究，却因感觉不到它有价值而更加焦虑。这当然是因为整个学术体制都在暗示他们，前者才是更重要的。

但同样也是因为，明知如此，文化研究却没有更明确地修正这一评价方式，也没有给出更切实的行动方向。

好在只要意识到这两点不足，对文化研究有利的现实条件和相应的改进措施，也就随之涌现。

最基本的一点便是，今天的年轻人对于网络技术的亲近感、接受和学习能力，远远高于非网络原住民的前辈。无论是利用网络上大量的免费软件和小程序，分析网络直播和弹幕评论，还是将其运用到实体空间之中，对于文化事实做数据记录、分类和保存，都是他们擅长的部分。如果能够在文化研究的课程设置和讲授上，打破"文科生可以不懂技术也不需要掌握新的网络技能"这一类的惰性观点，鼓励他们这一方面才能的学习和发挥，那么，他们对新事物和新现象的热情，不仅有了用武之地，由此而来的独特能量也将被大大激发出来。

第二，充分利用既有的学科制度，改变文化研究对于学位论文的指导和评价方式。也就是说，不仅要在课程设置中加入对于如何收集、保存"文化事实"的技术、方法的学习和讨论，教学相长，更要在学术论文的写作中予以明确的要求，确保它的完成和呈现。这意味着，文化研究的学术论文将包括两个部分，一部分是研究对象的相关资料的数据化和档案化，从中可以清晰地看到对于其所研究的"文化事实"

的分类整理和理解思路,另一部分才是基于这些资料的后续分析和深入思考。

第三,对于后一部分的论文,"中国知网"会予以保存[1],教育部会加强抽检。而对于前一部分的论文,文化研究则鼓励在当代文化研究网上以公开或半公开的方式予以保存和分享,以留待后来的研究者们的使用、检验、比较和更新。

如果上面这些有利条件可以被充分运用,相关措施可以真正落实的话,那么,将可能进一步改善文化研究在当代中国的现实处境。

这首先是因为,随着文化研究内部评价方式的改变,将文化事实充分数据化和档案化的能力,实际上构成了青年一代独特的"后浪"优势。就各色文化现实展开的将其更好地分类、保存和分析的学习过程,使得他们可以和老师之间形成真正的对话关系,而非一边倒的"受训"。以档案化、数据化的最新技术为媒介,以文化事实的保存为目标,代际之间、

---

[1] 因写作本文的需要,我在知网上查询了本系硕士研究生毕业论文的收录状况,意外地发现,知网对此的收录似乎并没有什么规律可循。原因不得而知,但并非文化研究系所有的研究生论文都可以在知网上搜索和下载到,却是可以肯定。而从研究生教务部门得到的回答,则是他们也没有文化研究系所有研究生毕业论文的名单可供查询。至此,虽然本系的历史并不长,但这一部分的资料和信息,却已经开始消失了。

同侪之间相对良性的彼此对话和挑战的模式,有可能逐渐形成。

其次,当这一文化事实的保存和积累得以展开的时候,文化研究也就获得了新的动力装置。在这一动力装置中,它的对手是任意展布着现实的权力,它的研究对象,是在这一任意展布的过程中,不断变化和形塑人们的心智结构的文化事实与权力逻辑。它得以前进的方式,是对于这一持续变化的对象孜孜不倦地保存、分析、分享、检验和更新,从而为获取整体性的把握和理解能力做积极和沉着的准备。通过这一装置,文化研究者们的努力,在被"中国知网"和大学评鉴体制分解成一篇又一篇仅以引用率串联起来的学术论文的同时,也将高度聚焦于对于文化事实的集体保存、积累、思考和建设之中。

最后,当这样一个文化事实的保存、积累和分享平台开始出现的时候,围绕这一目标和理念的学术共同体的形成,也将变得更有可能。这是因为,这样的保存、累积和分享,既无法靠个人,也并非仅靠一个系所单枪匹马就能完成,而是需要说服、吸引、带动有着相当共识,且愿意以相类似的方法展开学术操作和知识共享的人们,协力合作。这一共同体的初步目标,便是分辨和积累当代中国的文化事实,使它以相对完整的面目得以保存,作为此后人们对这一时期的文化类型及其功过是非，展开比较、评价、反思和批判的档案依据。而一旦如此，那么这部分工作的是非曲直、功过好坏，也就摆脱了当代大学限时限刻的评鉴标准，拥有了自己的历史坐标。相信这一点，对于很多学术中人，会有不小的吸引力。

也许有人会说，这不就是把研究资料以数字化的方式公开出来，根本不是什么新玩意。这样说似乎也没错，早就有人将自己的研究和所有的资料搬上网站，实现共享。不过，这些做法往往被视为研究者的个人兴趣和方法，而非文化研究发展的整体方向。而这也是把这样的步骤，作为文化研究"建制"来谈论和推动的意义所在。也许有人会说，把文化研究定位于对"文化事实"的搜集、整理和积累的工作，这样的定位和期待太过悲观，好像是在做最坏的打算。的确如此。好在这个时代，最不缺的就是悲观。但我们也希望，上述思考可以让今天的悲观适得其所，实现它们的价值。

还记得，初入文化研究的天地，我曾把它想象成一场整装待发的华山论剑。后来才慢慢发现，其实根本就没有什么华山。于是，便常常想起文章开头所引的鲁迅的这段话，觉得文化研究需要的，不是不断立志发愿，出发去不存在的华山，而是大家一起，就地来"做土"的沉着和耐心。在那段文字的后面，鲁迅接着写道：

而且也有报酬,譬如好花从泥土里出来,看的人固然欣然的赏鉴,泥土也可以欣然的赏鉴,正不必花卉自身,这才心旷神怡的——假如当作泥土也有灵魂的说。

2019 年 6 月 23 日初稿

2019 年 6 月 28 日修改

2019 年 9 月 11 日修改

原刊于《文化研究》(台湾)2019 年 12 月

图书在版编目(CIP)数据

现实三重奏:中国当代城市文化分析/罗小茗著.—上海:复旦大学出版社,2024.6
(城乡文化/文学关系研究文丛)
ISBN 978-7-309-17283-6

Ⅰ.①现… Ⅱ.①罗… Ⅲ.①城市文化-研究-中国 Ⅳ.①C912.81

中国国家版本馆 CIP 数据核字(2024)第 032887 号

现实三重奏:中国当代城市文化分析
罗小茗 著
责任编辑/杨 骐

复旦大学出版社有限公司出版发行
上海市国权路 579 号 邮编:200433
网址:fupnet@fudanpress.com http://www.fudanpress.com
门市零售:86-21-65102580 团体订购:86-21-65104505
出版部电话:86-21-65642845
常熟市华顺印刷有限公司

开本 890 毫米×1240 毫米 1/32 印张 14 字数 244 千字
2024 年 6 月第 1 版
2024 年 6 月第 1 版第 1 次印刷

ISBN 978-7-309-17283-6/C·447
定价:78.00 元

如有印装质量问题,请向复旦大学出版社有限公司出版部调换。
版权所有 侵权必究